〔元〕脱脱 等撰
陳 述 補注

遼史補注

第 九 册
卷七一至卷九四（傳一）

中華書局

遼史補注卷七十一

列傳第一

后妃

肅祖昭烈皇后蕭氏　懿祖莊敬皇后蕭氏　玄祖簡獻皇后蕭氏
德祖宣簡皇后蕭氏　太祖淳欽皇后述律氏　太宗靖安皇后蕭氏
世宗懷節皇后蕭氏　世宗妃甄氏　穆宗皇后蕭氏
景宗睿智皇后蕭氏　聖宗仁德皇后蕭氏　聖宗欽哀皇后蕭氏
〔補〕聖宗德妃蕭氏　〔補〕聖宗芳儀李氏
興宗仁懿皇后蕭氏　興宗貴妃蕭氏　道宗宣懿皇后蕭氏
道宗惠妃蕭氏　天祚皇后蕭氏　天祚德妃蕭氏
天祚文妃蕭氏　天祚元妃蕭氏

書始嬪虞，詩興關雎。國史記載，往往自家而國，以立天下之本。然尊卑之分，不可易也。司馬遷列吕后于紀；班固因之，而傳元后于外戚之後；范曄登后妃于帝紀。天子紀年以叙事謂之紀，后曷爲而紀之？〔一〕自晉史列諸后以首傳，隋、唐以來，莫之能易也。遼因突厥，稱皇后曰「可敦」，國語謂之「䏚俚蹇」，尊稱曰「耨斡麼」，〔二〕蓋以配后土而母之云。太祖稱帝，尊祖母曰太皇太后，母曰皇太后，嬪曰皇后。等以徽稱，加以美號，質於隋、唐，文於故俗。后族唯乙室、拔里氏，〔三〕而世任其國事。太祖慕漢高皇帝，故耶律兼稱劉氏；以乙室、拔里比蕭相國，遂爲蕭氏。〔四〕

耶律儼、陳大任遼史后妃傳，〔五〕大同小異，酌取其當著于篇。

〔一〕索隱卷八：「案晉書華嶠傳，嶠以皇后配天作合，前史作外戚傳，以繼末編，非其義也，故易爲皇后紀，以次帝紀。又史記外戚世家，索隱：外戚，紀后妃也。漢書則編之列傳中，王隱則謂之紀，而在列傳之首，是華嶠之漢後書，王隱之晉書，已皆有皇后紀，故錢大昕謂范書因之，何焯以爲范氏合史家之變臆說也。章宗源、洪貽孫但云蔚宗本華嶠，未考及王隱也。史通題目篇云：馬遷撰皇妃傳，而以外戚命章。案外戚憑皇后以得名，猶宗室因天子而顯稱，若編皇后而曰『外戚傳』，則書天子而曰『宗室紀』可乎？蓋劉知幾亦取王隱說。」

〔二〕賦俚蹇，本史卷一一六國語解作「忒里蹇」；耨斡麽，國語解「麽」作「麽」。

〔三〕乙室，本史卷四五百官志作乙室己。

〔四〕此說與本史卷六七外戚表互歧，詳本書卷一一六國語解注。

〔五〕金史卷一二五党懷英傳：「泰和元年，增修遼史編修官三員，詔分紀、志、列傳刊修官。……懷英致仕後，章宗詔直學士陳大任繼成遼史云。」

皇后。

肅祖昭烈皇后蕭氏，小字卓真。歸肅祖，生四子，見皇子表。乾統三年，追尊昭烈皇后。

懿祖莊敬皇后蕭氏，小字牙里辛。肅祖嘗過其家曰：「同姓可結交，異姓可結婚。」知爲蕭氏，爲懿祖聘焉。生男女七人。〔一〕乾統三年，追尊莊敬皇后。

玄祖簡獻皇后蕭氏，小字月里朵。玄祖爲狠德〔二〕所害，后嫠居，恐不免，命四子往依鄰家耶律臺押，乃獲安。太祖生，后以骨相異常，懼有陰圖害者，鞠之別帳。重熙二十一年，追尊簡獻皇后。

德祖宣簡皇后蕭氏，〔三〕小字巖母斤。遥輦氏宰相剔剌之女。男、女六人，〔四〕太祖長子也。天顯八年十一月崩，明年二月葬，〔五〕祔德陵。重熙二十一年，追尊宣簡皇后。

〔一〕子四人：玄祖第三；餘三人見本史卷六四皇子表。

〔二〕狠德，各本作狼德，本史卷七五耶律鐸臻傳亦作狼德。

〔三〕以上四后，均在太祖前，蕭氏即指通婚氏族。

〔四〕子五人：太祖第一；餘四人見本史卷六四皇子表及補傳。

〔五〕八年十一月崩，八年原誤十一年，脱「十一月」，按本史卷三太宗紀：「天顯八年十一月辛丑，太皇太后崩。」此誤以十一月爲十一年。又「明年二月葬」五字原缺，並據太宗紀天顯八年、九年補正。

太祖淳欽皇后述律氏，〔一〕諱平，小字月理朵。其先回鶻人糯思，生魏寧舍利，魏寧生慎思梅里，慎思生婆姑梅里，〔二〕婆姑娶匀德恝〔三〕王女，生后于契丹右大部。〔四〕婆姑名月椀，仕遥輦氏爲阿扎割只。〔五〕

后簡重果斷，有雄略。嘗至遼、土二河之會，有女子乘青牛車，倉卒避路，忽不見。未幾，童謡曰：「青牛嫗，曾避路。」蓋諺謂地祇爲青牛嫗云。

太祖即位，羣臣上尊號曰地皇后。神册元年，大册，加號應天大明地皇后。行兵御衆，后嘗與謀。太祖嘗渡磧擊党項，黄頭、臭泊二室韋〔六〕乘虚襲之；后知，勒兵以待，奮擊，大破之，名震諸夷。

時晉王李存勗欲結援，以叔母事后。〔七〕幽州劉守光遣韓延徽求援，不拜，太祖怒，留之，使牧馬。后曰：「守節不屈，賢者也。宜禮用之。」太祖乃召延徽與語，大悦，以爲謀主。〔八〕吴主李昪〔九〕獻猛火油，〔一〇〕以水沃之愈熾。太祖選三萬騎以攻幽州。后曰：「豈有試油而攻人國者？」〔一一〕指帳前樹曰：「無皮可以生乎？」太祖曰：「不可。」后曰：「幽州之有土有民，亦猶是耳。吾以三千騎掠其四野，不過數年，困而歸我矣，何必爲此？萬一不勝，爲中國笑，吾部落不亦解體乎！」其平渤海，后與有謀。

太祖崩，后稱制，攝軍國事。及葬，欲以身殉，親戚百官力諫，因斷右腕納于柩。太宗即位，尊爲皇太后。〔一二〕會同初，上尊號曰廣德至仁昭烈崇簡應天皇太后。〔一三〕初，太祖嘗謂太宗必興我家，后欲令皇太子倍避之，太祖册倍爲東丹王。太祖崩，太宗立，東丹王避之唐。〔一四〕太后常屬意於少子李胡。太宗崩，世宗即位于鎮陽，太后怒，遣李胡以兵逆擊。李胡敗，太后親率師遇于潢河之横渡。〔一五〕賴耶律屋質諫，罷兵。遷太后于祖州。

應曆三年崩，年七十五，祔祖陵，謚曰貞烈。〔一六〕重熙二十一年，更今謚。

〔一〕述律氏即蕭氏，後稱石抹。元姚燧牧菴集卷二一少中大夫静江路總管王公神道碑：「述律氏遼之貴族，世連姻帝室，由金譌爲石抹氏。」元史卷一五〇石抹也先傳：「其先嘗從蕭后舉族入突厥，及后還而族留，至遼爲述律氏，號稱后族。遼亡，改述律氏爲石抹氏。」通鑑卷二〇五：「萬歲通天元年十月辛卯，契丹李盡忠卒，孫萬榮代領其衆，突厥默啜乘間襲松漠，虜盡忠、萬榮妻子而去。」嘗入突厥即指此而言。

〔二〕婆姑梅里，本史卷三七地理志一作容我梅里。

〔三〕匀德恝似即太祖祖父匀德實。

〔四〕由應曆三年（九五三，癸丑）七十五歲上推，應生於唐僖宗乾符六年（八七九，己亥）。耶律老古之母，爲淳欽皇后之姊。見本史卷七三老古傳。

〔五〕阿扎割只，本史卷六七外戚表作阿札豁只。詳卷四五百官志。

〔六〕通鑑後梁紀四均王貞明二年十二月胡注：「黄頭，室韋强部也。臭泊，室韋以所居地名其部。」度磧用兵，則諸部在磧西可見也。

索隱卷八：「臭當作臭。說文：臭，大白澤也。契丹國志作臭泊，其字更訛。明金幼孜北征録言闊灤海子云：遥望但見白浪隱隱，周圍千餘里。此海子即遼臭泊、唐名俱輪泊。唐書北狄傳：室韋，南契丹，北瀕海，黄頭部最彊。自俱輪泊而東，有移塞没部，稍東有塞曷支部，亦最强。即此傳二室韋與黄頭合爲三部，其北瀕海非北海即俱輪泊，今名庫楞湖，亦名多倫諾爾。」按此節史文來源爲通鑑，今存各本通鑑皆作臭泊。索隱之說未審。胡注謂以地名部，亦準泊字而言。即令先有部名，亦於理可解。日本白鳥庫吉謂臭泊係阻卜異譯，方壯猷室韋考，馮校並因白鳥說。

〔七〕太祖曾與李克用結盟，約爲兄弟。故存勗以叔母稱。

〔八〕按自「行兵御衆，后嘗與謀」以下至此，源於通鑑（見通鑑後梁均王貞明二年），惟截去「述律后有母、有姑，皆踞榻受其拜。曰：吾惟拜天，不拜人也」一節。太祖重用延徽因后進言。並見本史卷七四延徽傳。后自有頭下屬珊軍。

〔九〕契丹國志卷一三記此事只稱吴王，不著李昪之名。索隱卷八：「李昪昪平元年，當遼會同元年，不與遼太祖相值，此當是吴主楊溥之誤。」

〔一〇〕索隱卷八：「宋張世南遊宦紀聞：『唐顯德五年，占城國王遣使者來貢猛火油八十四瓶，油以洒物，得水則出火。』又王得臣麈史：『宋次道東京記有廣備攻城作，其作凡十一目，火藥、青窑、猛火油、金火、大小木、大小爐、皮作、麻作、窑子作是也。』明陶宗儀記元氏掖庭侈政，油有猛火油，注云：『得水愈熾。』又王泌東朝紀：『建文未遜時，先於大内蘭香殿上塗猛火油。語宫人城破舉火。』是自宋至明並同此傳曰猛火油。」新五代史卷六一吴世家楊隆演：「（天祐）十二年（九一五）冬，濬楊林江，水中出火，可以燃。」可知當時吴已見此油。

按猛火油即石油，史亦稱脂水、石漆。漢書卷二八下地理志下：「上郡高奴（縣）有洧水，可難。」注：師古曰：「難，古然字。」水經注卷三：「河水，東逕高奴縣合豐林水，地理志謂之洧水也。故言高奴縣有洧水，肥可難。水上有肥，可接取用之。」注：博物志稱酒泉延壽縣南山出泉水，大如筥，注地爲溝，水有肥如肉汁，取著器中，始黄後黑，如凝膏，然極明，與膏無異，膏車及水碓缸甚佳，彼方人謂之石漆。水肥亦所在有之，非止高奴縣洧水也。」後漢書志二三郡國志五：「涼州酒泉郡延壽（縣）。」注：博物記曰：「縣南有山，石出泉水，大如筥簏，注地爲溝，其水有肥，如煮肉洎，羕羕永永，如不凝膏，燃之極明，不可食，縣人謂之石漆。」

北史卷九七西域傳：「龜茲，其國西北大山中，有如膏者流出成川，行數里入地，狀如餻餬，甚臭。服之，髮齒已落者能令更生，癘人服之皆愈，自後每使朝貢。」唐段成式酉陽雜俎卷一〇：「高奴縣石脂水，水膩，浮水上如漆，採以膏車及燃燈，極明。」出産不止一地，用途不限一端，照明、潤滑，且有藥用者。本草綱目卷四有石油，藥用；卷九，製墨用。元和郡縣志卷四〇：「玉門縣：石脂水，在縣東南一百八十里。泉有苔如肥肉，燃之極明。水上有黑脂，人以草盉取用，塗鴟夷酒囊及膏車。周武帝宣政中，突厥圍酒泉，取此脂燃火，焚其攻具，得水逾明，酒泉賴以獲濟。」此始作軍用城防。本傳則用爲攻城者。夢溪筆談卷二四：「鄜、延境内有石油，舊説『高奴縣出脂水』，即此也。生於水際，沙石與泉水相雜，惘惘而出，土人以雉尾裛之，乃採入缶中。頗似淳漆，燃之如麻，但煙甚濃，所霑幄幕皆黑。予疑其煙可用，試掃其煤以爲墨，黑光如漆、松墨不及也，遂大爲之，其識文爲『延川石液』者是也。此物後必大行於世，自予始爲之。蓋石油至多，生於地中無窮，不若松木有時而竭。」此後多用於戰備。康與之退軒筆録（又名昨夢録）：「西北邊城防城庫，皆掘地作大池，縱横丈餘，以蓄猛火油。」宋軍器監内設有猛火油作。武經總要前集卷一二記「火罐」附有「猛火油櫃」、「筒櫃」等裝置。用以儲油。明茅元儀武備志卷一三二有「盛油引火車」，皆爲軍用防城、攻城武器。

〔一二〕試油，「油」字原誤「鏅」，據道光殿本及通鑑卷二六九改。

〔一二〕契丹國志卷一太祖紀，卷一三述律皇后傳並云：「后任智用權，立中子德光，在其國稱太后，左右有桀黠者，后輒謂曰：『爲我達語於先帝。』至墓所即殺之，前後所殺以百數。最後，平州人趙思温當往，不肯行。太后曰：『汝事先帝親近，何爲不行？』對曰：『親近莫如后，后行，臣則繼之。』太后曰：『吾非不欲從先帝於地下，顧諸子幼弱，國家無主，不得往耳。』乃斷一腕置墓中，思温亦得免。」（宏簡録卷二〇七同）契丹國志卷一又云：「太祖於夫餘城崩。述律后召諸酋長妻謂曰：『我今寡居，汝不可不效我。』又集其夫，泣問曰：『汝思先帝乎？』對曰：『受先帝恩，豈得不思。』后曰：『果思之，宜往見之。』遂殺之。」

〔一三〕「皇」字原脱，據本史卷四太宗紀會同元年十一月補。

〔一四〕契丹國志卷三太宗紀：「遼連歲入侵，中國疲於奔命，邊民塗地，人畜多死，國人厭苦之。述律太后謂帝曰：『使漢人爲遼主，可乎？』曰：『不可。』太后曰：『然則汝何故欲爲漢帝？』曰：『石氏負恩，不可容。』太后曰：『汝今雖得漢地，不能居也。萬一蹉跌，悔所不及。』又謂羣下曰：『漢兒何得一餉眠，自古但聞漢和蕃，不聞蕃和漢。漢兒果能回意，我亦何惜與和。』」此意代表草原自足願望，不謂一時一事也。

〔一五〕舊五代史卷八八李彦韜傳、契丹國志卷一三述律皇后傳並云：彦韜爲太后（李胡）排陣使，彦韜迎降。太后兵由是大敗。兀欲即世宗幽太后於太祖墓側，居之没打河，此河不見地理志。索隱卷八謂即「巴林旗東北布雅鼐河。」陷北記：「（世宗兀欲）及述律（后）戰於沙河，述律兵敗而北，兀欲追至獨樹渡，因囚述律於撲馬山。」

〔一六〕重熙六年撰韓椅墓誌銘（見全遼文卷六）有「聖元神睿真列（貞烈）皇后」之謚。此脱「聖元神睿」四字。

太宗靖安皇后蕭氏，小字温，淳欽皇后弟室魯〔一〕之女。帝爲大元帥，納爲妃，生穆宗。及即位，立爲皇后。性聰慧潔素，尤被寵顧，雖軍旅、田獵必與。天顯十年崩，謚彰德，葬奉陵。〔二〕重熙二十一年，更今謚。

〔一〕本史卷六七外戚表亦稱靖安皇后父室魯。

契丹國志卷一三太宗蕭皇后傳：「太宗皇后蕭氏，遼興軍節度使蕭延思之女也。太宗南入大梁，述律后專秉國事，后無所預。弟蕭幹，性殘忍，后每戒其多殺。太宗崩於欒城，后時在國。后崩，與帝合葬。暨穆宗即位，立陵寢廟，建碑頌德。」按本史卷三太宗紀「天顯十年正月，皇后崩於行在。十二年七月幸懷州，謁奉陵。」契丹國志所記皇后涿州人，死於太宗既死之後，均係傳聞之誤。

〔三〕按本史卷三七地理志：「懷州，奉陵軍，節度。太宗崩，葬西山，曰懷陵。」此奉陵係軍名。葬太宗後稱陵名。但必有陵始稱奉陵軍。

世宗懷節皇后蕭氏，小字撒葛只，淳欽皇后弟阿古只之女。帝爲永康王，納之，〔一〕生景宗。天禄末，立爲皇后。明年秋，生萌古公主。〔二〕在蓐，察割作亂，弑太后〔三〕及帝。后乘步輦，直詣察割，請畢收殮。明日遇害。謚曰孝烈皇后。重熙二十一年，更今謚。

〔一〕淳欽皇后姪女，嫁淳欽后之孫，契丹俗婚娶不拘行輩。

〔二〕索隱卷八：「此公主不見公主表，蓋亦爲察割所害。」

〔三〕按本史卷五世宗紀天禄元年八月，尊母蕭氏爲皇太后。

世宗妃甄氏，後唐宫人，有姿色。帝從太宗南征得之，寵遇甚厚，生寧王只没。〔一〕及即位，立爲皇后。〔二〕嚴明端重，風神閒雅。内治有法，莫干以私。劉知遠、郭威稱帝，世宗承强盛之資，奄奄歲時。后與參帷幄，密贊大謀，不果用。察割作亂，遇害。景宗立，葬二后于醫巫閭山，建廟陵寢側。

〔一〕契丹國志卷一三世宗甄皇后傳：「世宗皇后甄氏，漢地人，後唐潞王時爲宫人，世宗從太宗南入大梁，得之宫中，時后年四十一歲，世宗幸之，生六子，長曰明記，後即位爲景宗，次曰平王、荆王、吴王、寧王、河間王。」按景宗非甄氏所生；平王隆先、荆王道隱、吴王稍皆世宗之弟，非世宗之子。

〔二〕甄氏立爲皇后或被廢均不見於世宗紀，本史卷六四皇子表亦稱「妃甄氏」，索隱卷八云：「皇后字訛。」按本史卷五世宗紀天禄四年册皇后蕭氏，即懷節皇后。世宗何以於即位四年之後始册皇后，疑由天禄元年至四年，皇后是甄氏，後循本俗傳統，又立蕭氏。

穆宗皇后蕭氏，〔一〕父知璠，内供奉翰林承旨。后生，有雲氣馥郁久之。幼有儀則。帝居藩，納爲妃。及即位，〔二〕正位中宫，性柔婉，不能規正。無子。

〔一〕按此傳源於契丹國志卷一三穆宗蕭皇后傳。志云「幽州厭次（安次）人。」蕭氏非安次人，截去，是。

〔二〕「即位」二字，據契丹國志傳文「暨即位，后正中宮。」補入。此下契丹國志傳文有「是時，契丹繼代恬安，兵勢少弱，中朝藩鎮如南唐、北漢及李守貞之類，皆用蠟丸帛書求援以爲强，帝不能甚應之」一段四十四字。

景宗睿智皇后蕭氏，諱綽，小字燕燕，北府宰相思温女。〔一〕早慧。思温嘗觀諸女掃地，惟后潔除，喜曰：「此女必能成家！」帝即位，選爲貴妃。尋册爲皇后，生聖宗。

景宗崩，尊爲皇太后，攝國政。后泣曰：「母寡子弱，族屬雄强，邊防未靖，奈何？」耶律斜軫、韓德讓進曰：「信任臣等，何慮之有！」於是，后與斜軫、德讓參決大政，委于越休哥以南邊事。統和元年，上尊號曰承天皇太后。二十四年，加上尊號曰睿德神畧應運啓化承天皇太后。〔二〕二十七年崩，謚曰聖神宣獻皇后。重熙二十一年，更今謚。

后明達治道，聞善必從，故羣臣咸竭其忠。習知軍政，澶淵之役，親御戎車，指麾三軍，賞罰信明，將士用命。聖宗稱遼盛主，后教訓爲多。〔三〕

〔一〕長編作蕭守興女。畢沅續通鑑考異開寶二年五月謂李燾係傳聞之誤。然李燾長編考異云：「仁宗實録乃以燕燕爲北宰相蕭思温女，與此異，疑守興別名思温耳。」

〔二〕太平八年李知順墓誌（見全遼文卷六）：「遇崆峒大舉之秋，俄捷偏師，俘公而來，遠詣行闕之下，英文睿武聖母承天皇太后服而捨之。」契丹國志卷一三本傳作「睿德神畧應運啟化法道洪仁聖武開統承天皇太后」。

〔三〕東都事畧卷一二三：「隆緒自稱天輔皇帝，尊母燕燕爲承天皇太后。」「燕燕姓蕭氏，宰相思温之女，有機謀，善馭左右大臣，多得其死力。先是蕃民毆漢人死者償以牛馬，漢人則斬之，仍以其親屬爲奴婢。燕燕一以漢法論。每戎馬南入，親披甲督戰；及通和，亦出其謀。然天性殘忍，多殺戮，與耶律隆運通，遣人縊殺其妻。又幸醫工迪里姑，有私議其醜者輒殺之，隆緒畏莫敢言。既卒，謚曰宣獻，年五十七。隆運即韓德讓也。」乘軺録：「蕭后幼時，嘗許嫁韓氏，即韓德讓也。行有日矣，而耶律氏求婦於蕭氏，蕭氏奪韓氏婦以納之，生隆緒，即今虜主也。耶律死，隆緒尚幼，襲虜位。蕭后少寡，韓氏世典軍政，權在其手，恐不利於孺子，乃私謂德讓曰：『吾嘗許嫁子，願諧舊好，則幼主當國，亦汝子也。』自是德讓出入幃幕無間然矣。既而酖殺德讓之妻李氏，每出弋獵，必與德讓同穹廬而處，未幾而生楚王，爲韓氏子也，蕭氏與德讓尤所鍾愛，乃賜姓耶律氏。」契丹國志卷一三景宗蕭皇后傳：「景宗皇后蕭氏，名燕燕，侍中、守尚書令蕭守興之女也。或以燕燕爲北宰相蕭思温女。自南北通和後，契丹多在中京。武功殿，聖宗居之；文化殿，太后居之。好華儀而性無檢束，每宴集有不拜不拱手者。惟后頤顧盟好，而年齒漸衰，宰相耶律隆運專權，有辟陽侯之幸，寵榮終始，朝臣莫及焉。其後歸政於帝，未踰月而崩，臨朝二十七年，年五十七，謚曰宣獻。」拾遺卷一九謂：「睿知，史稱賢后，隆運辟陽之幸，其説近誣。」續通鑑考異真宗大中祥符四年三月亦謂：「太后以統和二十七年殂，隆運以統和二十九年死，則同柩而葬之誣，不辨自明矣。」述按南北禮俗傳統不同，未可全以漢俗擬，此説姑以異聞存之。契丹國志卷一三同傳又云：「女三人，長曰燕哥，適后弟北宰相留住哥；次曰長壽奴，適后姪東京留守悖野；次曰延壽奴，適悖野母弟肯頭。延壽奴出獵，爲鹿所觸死，后即縊殺肯頭以殉葬。后有姊二人，次適趙王，王死，趙妃因會飲毒后，爲婢所發，后酖殺之。后天性忮忍，陰毒嗜殺，神機智畧，善馭左右大臣，多得其死力。」

聖宗仁德皇后蕭氏，〔一〕小字菩薩哥，睿智皇后弟隗因之女。母爲韓匡嗣女。〔二〕后〔三〕年十二，美而才，選入掖庭。統和十九年，册爲齊天皇后。〔四〕嘗以草莛爲殿式，密付有司，令造清風、天祥、八方三殿。既成，益寵異。所乘車置龍首鴟尾，飾以黄金。又造九龍輅、諸子車，以白金爲浮圖，各有巧思。夏秋從行山谷間，花木如繡，車服相錯，人望之以爲神仙。

生皇子二，皆早卒。開泰五年，宮人耨斤生興宗，后養爲子。帝大漸，耨斤詈后曰：「老物寵亦有既耶！」左右扶后出。帝崩，耨斤自立爲皇太后，是爲欽哀皇后。護衛馮家奴、喜孫等希旨，誣告北府宰相蕭浞卜、國舅蕭匹敵謀逆。詔令鞫治，連及后。興宗聞之曰：「皇后侍先帝四十年，撫育眇躬，當爲太后；今不果，反罪之，可乎？」〔五〕欽哀曰：「此人若在，恐爲後患。」帝曰：「皇后無子而老，雖在，無能爲也。」欽哀不從，遷后于上京。〔六〕

車駕春蒐，欽哀慮帝懷鞠育恩，馳遣人加害。使至，后曰：「我實無辜，天下共知。卿待我浴，而後就死，可乎？」使者退。比反，后已崩，年五十。〔七〕是日，若有見后于木葉山陰者，乘青蓋車，衛從甚嚴。

追尊仁德皇后。〔八〕與欽哀並祔慶陵。〔九〕

〔一〕錢氏考異卷八三聖宗紀：「（統和）四年九月辛巳，納皇后蕭氏。案：統和十九年三月，皇后蕭氏，以罪降爲貴妃，其五月，册蕭氏爲齊天皇后。紀不言復立，而仁德皇后傳亦無中廢之文，其非一人可知。后妃傳不載，蓋史闕文也。至開泰六年六月，德妃蕭氏賜死，其即廢后與否，史無明文，無以知之矣。」索隱卷八謂：統和四年，聖宗年十八歲爲初立之后。十九年三月，皇后降爲貴妃，貴妃之名不復見。開泰六年六月賜死之德妃，蓋即前廢后。

〔二〕以上六字，據以下記載增補。全遼文卷六耿延毅墓誌銘叙延毅乃齊天皇后姨兄，延毅母爲韓匡嗣季女韓德讓之姊。東都事畧卷一二三：「齊天（皇后），平州節度使蕭猥思之女，耶律隆運之甥，有容色，隆緒寵愛之，事其姑燕燕甚謹，燕燕亦以隆運故深愛之。」

〔三〕后字據文義增。

〔四〕契丹國志卷八：「齊天后事承天太后尤謹。承天上仙，齊天預政，權勢日甚，置宮闈司，補官屬，承教令。生辰曰順天節。有子皆不育，元妃生子，長即今帝也。次曰達妲李，又生楚國公主、燕國公主。承天太后以楚國公主嫁其弟蕭徒姑撒，爲築城以居之，曰睦州，號長慶軍，徙户一萬實之，曰從嫁户。齊天善琵琶，通琵琶工燕文顯（燕文顯，續通鑑作燕文頗）、李文福（李文福，東都事畧作李有福，長編作李睦文），元妃（即耨斤）屢言其事，聖宗不之信，又爲番書投聖宗寢帳中，聖宗得之曰：『此必元妃所爲也。』命焚之。」

潛研堂金石跋尾卷一七：「興中故城東北六十七里有古城址，遼白川州地也。城中有遼石幢，首云：『奉爲神贊天輔皇帝、齊天彰德皇后萬歲。……』遼史仁德皇后傳稱：統和十九年，册（仁德）爲齊天皇后。本紀亦同。自後別無加上尊號之事。史文闕畧，當據此以補之。」本史卷二〇興宗紀重熙二十一年更謚（太宗后）彰德爲靖安，似與齊天皇后有彰德尊號有關。

藝風堂金石目卷一三：「爲□輔神贊皇帝齊天彰德皇后造佛像幢，正書，在淶水城内大寺。」缺字即天字。

全遼文卷六耿延毅墓誌銘：「燕京留守尚父秦王（韓匡嗣）季女，累贈陳國太夫人耶律氏，乃妣也。大丞相晉國王（韓德讓）贈太傅謚文忠，乃伯舅也。齊天章德皇后乃姨兄妹也。」

〔五〕全遼文卷二聖宗仁德皇后哀册：「想興皇留囑之語兮，有靈而潛知。」興宗所囑，應同此意。

〔六〕按本史卷一八興宗紀太平十一年即景福元年六月「遷齊天皇后于上京」。

〔七〕按本史卷一八興宗紀在重熙元年春。

〔八〕按本史卷二〇興宗紀在重熙二十一年九月。哀册云：「先謚仁德皇后蕭氏。」非追尊。

〔九〕據哀册：初葬祖州。自祖州遷祔於永慶陵，爲大康七年十月八日。

契丹國志卷八：「重熙三年（應爲四年乙亥，一〇三五），帝因獵過祖州白馬山，見齊天太后墳冢荒穢，又無影堂及灑掃人，只空山中一孤塚，惻然而泣曰：『吾早同今日，汝不至於此也。』左右皆沾涕。因詔上京留守耶律貴寧、鹽鐵使郎玄化等於祖州陵園内選吉地改葬，其影堂廊庫（廟）等，並同宣獻太后園陵。」

聖宗欽哀皇后蕭氏，〔一〕小字耨斤，淳欽皇后弟阿古只五世孫。黝面，狠視。母嘗夢金柱擎天，諸子欲上不能；后後至，與僕從皆陞，異之。

久之，入宫。嘗拂承天太后榻，獲金雞，吞之，膚色光澤勝常。太后驚異曰：「是必有奇子！」已而生興宗。仁德皇后無子，取而養之如己出。后以興宗侍仁德皇后謹，不悦。聖宗崩，令馮家奴等誣仁德皇后與蕭浞卜、蕭匹敵等謀亂，徙上京，害之。自立爲皇太后，攝政，以生辰爲應聖節。〔二〕

重熙元年，上尊號曰法天應運仁德章聖皇太后，〔三〕二十三年尊爲仁慈聖善欽孝廣德安靖貞純寬厚崇覺儀天皇太后。〔四〕三年，后陰召諸弟〔五〕議，欲立少子重元，重元以所謀白帝。帝收太后符璽，遷于慶州七括宫。六年秋，帝悔之，親馭奉迎，〔六〕侍養益孝謹。后常不懌。帝崩，殊無戚容。見崇聖皇后悲泣如禮，誚曰：「汝年尚幼，何哀痛如是！」

清寧初，尊爲太皇太后。崩，〔七〕謚曰欽哀皇后。

后初攝政，追封曾祖爲蘭陵郡王，父爲齊國王，諸弟皆王之，雖漢五侯無以過。

〔一〕全遼文卷二清寧三年聖宗欽愛皇后哀册作欽愛皇后。卷七重熙七年耶律元妻晉國夫人蕭氏墓誌銘：「父諱諧里，贈魏王。母齊國太妃。太妃有五子：長諱孝穆，次諱孝先，次諱孝誠，次諱孝友，次諱孝惠。女三人：長曰長沙郡妃，適同政事門下平章事長沙郡王。次法天應運仁德章聖皇太后，夫人即太妃之小女也。」齊國太妃次女即欽哀皇后。

〔二〕遼史本紀中應聖節凡五見：一見三月十七日，二見三月五日，二見十二月五日。十二月，似就賀正之便。

〔三〕以上十五字據本史卷一八興宗紀重熙元年十一月補。該月己卯：「上皇太后尊號曰：『法天應運仁德章聖皇太后』。」重熙七年晉國夫人墓誌銘石刻所稱皇太后尊號與此同。

〔四〕本史卷二〇興宗紀重熙二十三年十一月，上皇太后尊號曰：「仁慈聖善欽孝廣德安靜貞純懿和寬厚崇覺儀天皇太后。」按二十三年所上尊號較此處所記，尚多「懿和」，想係漏記。據此補「二十三年」四字。宋大詔令集卷二二九：安靖作安靜，貞純作正淳。（諱貞作正）

〔五〕諸弟姓名參見本傳注〔一〕。

〔六〕按本史卷一八興宗紀，此事在重熙八年七月。長編：「康定元年四月，初，契丹幽其母法天后於慶州。既改葬齊天后，或勸契丹主復迎之，且以覬中國歲聘之利。契丹主聽講報恩經，感悟，即遣使迎法天后，館置中京門外，筵日以見，母子如初，加號法天應運仁德章聖皇太后，然出入舍止，常相距十數里，陰爲之備。」（契丹國志卷八重熙八年畧同。）

〔七〕按全遼文卷二聖宗欽愛皇后哀册，清寧三年十二月己巳「崩於中會川行宮之壽安殿，旋殯於慶州北別殿之西階。明年夏五月四日，將遷祔于永慶陵」。本史卷二一道宗紀清寧三年十二月己巳，「太皇太后崩」。四年五月庚午朔，「上大行太皇太后尊謚曰欽哀皇后。癸酉，葬慶陵」。契丹國志卷一三：「聖宗皇后蕭氏，父突忽，追封陳王。性慎靜寡言，聖宗選入宮，生木不孤，即興宗，次曰達妲李，又公主二人。册爲順聖元妃，三兄二弟皆封王、姊妹封國夫人。弟徒古撒又尚燕國公主，兄解里尚平陽公主，陳六尚南陽公主。皆拜駙馬都尉。又納兄孝穆女爲興宗后，弟高九女爲帝弟妃。前後恩賜，不可紀極，諸連姻婭，並擢顯官。后殘忍陰毒，居喪未及一年，先朝所行法度，變更殆盡，不俟聖宗服闋，加尊號曰法天皇太后。駙馬蕭懇得一子疋梯，自景宗朝承天后襁育之，逮至成人，聖宗恩視比之皇子，尚韓國公主，後平渤海，勳業隆重，封蘭陵王。后兄弟娼而殺之，連坐如木拙里太師、觀音太師、彌勒太師等十餘人，一皆功臣，駢首誅夷，内外歎憤。犯贓等人累朝切齒，雖經赦宥，竝不叙用，山陵未畢，后已洗滌用之，一一擢諸清途。毛克和等四十人，后家奴隸，咸無勞績，皆授防、團、節度使，至於出入宫掖，詆慢朝臣，賣官鬻爵，殘毒蕃、漢。自是幽燕無行之徒，願没身爲奴者衆矣。后姊秦國夫人，早年嫠居，艷醜私門。后見長沙王名謝家奴，瑰偉美姿容，爲殺其妃，而以秦國妻之。后妹晉國夫人，喜户部使耿元吉貌美，后從晉國之請，亦爲殺其妻，以晉國妻之。淫虐肆行，刑政弛紊，南北面蕃、漢公事，率其弟兄掌握之，凡所呈奏，弟兄聚議，各各弄權，朝臣朋黨，每事必知。太后臨朝凡四年，興宗方幽而廢之，契丹已困矣。太后之廢也，諸舅滿朝，權勢灼奕，帝懼内難，乃與殿前都點檢耶律喜孫，護衛太保耶律劉三等定謀廢后，召硬寨拽剌護衛等凡五百餘人，帝立馬於行宫東之二里小山上，喜孫等直入太后宫，驅后登黄布車，幽后慶州，諸舅以次分兵捕獲，或死或徙，餘黨並誅。具不便軍民三十餘事，並立改之。」

〔補〕聖宗德妃蕭氏，開泰六年六月戊辰朔賜死，葬兔兒山西。〔一〕

〔一〕索隱卷八謂德妃即聖宗統和四年初立之后，十九年三月降爲貴妃。參見本史卷一五聖宗紀及上文聖宗仁德皇后蕭氏傳注〔一〕。

〔補〕聖宗芳儀李氏，南唐元宗李景女，初嫁供奉官孫某，爲武彊都監，聖宗統兵至，獲之。既入契丹，封芳儀。〔一〕李氏生一女，名賽哥，封金鄉公主。〔二〕

〔一〕默記卷下引趙至忠虜廷雜記言聖宗芳儀李氏事：「晁補之爲北都教官，因覽此書而悲之，與顏復長道作芳儀曲云：『金陵宮殿春霏微，江南花發鷓鴣飛，風流國主家千口，十五吹簫粉黛稀。滿堂詩酒皆詞客，拭汗争看平叔白，後庭一曲時事新，揮淚臨江悲故國。令公獻籍朝未央，敕書築第優降王，魏俘曾不輸織室，供奉一官奔武彊。秦淮潮水鍾山樹，塞北江南易懷土，雙燕清秋夢柏梁，吹落天涯猶並羽。相隨未是斷腸悲，黄河應有卻還時；寧知翻手明朝事，咫尺千山不可期。蒼黄三鼓滹沱岸，良人白馬今誰見；國亡家破一身存，薄命如雲信流轉。芳儀加我名字新，教歌遺舞不由人，採珠拾翠衣裳好，深紅暗盡驚胡塵。陰山射虎邊風急，嘈雜琵琶酒闌泣，無言數徧天河星，只有南箕近鄉邑。當年千指渡江來，千指不知身獨哀；中原骨肉又零落，黄鵠寄意何當回。生男自有四方志，女子那知出門事，君不見李君椎髻泣窮邊，丈夫漂泊猶堪憐。』余嘗遊廬山，見李主有國時修真風觀，皆宮人施財，刊姓氏於碑，有泰寧公主，永嘉公主，二人皆景女，不知芳儀者孰是也。」拾遺卷一九云：「聖宗十三女賽哥，封金鄉公主，李氏生。（李氏）當即是芳儀。」

清毛先舒撰南唐拾遺記亦引默記此事。此事又見陸游避暑漫抄。按李景即元宗璟初名。馬令、陸游兩南唐書俱云，初名景通，陳彭年江南别録乃云初名景。

〔二〕本史卷一五聖宗紀開泰二年正月：「以馬氏爲麗儀，耿氏淑儀，尚寢白氏昭儀，尚服李氏順儀，尚功艾氏芳儀，尚儀孫氏和儀。」卷六五公主表：「馬氏生一女，大氏生一女，白氏生四女，李氏生一女賽哥，第十三，封金鄉郡主，進封公主。艾氏生一女。」馬氏應即麗儀，白氏應即昭儀，李氏應即順儀，艾氏應即芳儀。與上注默記所叙芳儀李氏不合，不知孰誤。或李氏亦曾封爲芳儀。

興宗仁懿皇后蕭氏，小字撻里，欽哀皇后弟孝穆〔一〕之長女。性寬容，姿貌端麗。帝即位，入宮，生道宗。〔二〕重熙四年，立爲皇后。〔三〕二十三年，號貞懿慈和文惠孝敬廣愛崇聖皇后。〔四〕

道宗即位，尊爲皇太后。清寧二年，上尊號曰慈懿仁和文惠孝敬廣愛宗天皇太后。〔五〕九年秋，敦睦宮使耶律良以重元與其子涅魯古反狀密告太后，乃言于帝。帝疑之，太后曰：「此社稷大事，宜早爲計。」帝始戒嚴。及戰，太后親督衛士，破逆黨。〔六〕大康二年崩，謚仁懿皇后。

仁慈淑謹，中外感德。凡正旦、生辰諸國貢幣，悉賜貧瘠。嘗夢重元曰：「臣骨在太子山北，不勝寒凓。」寤，即命屋之，慈憫類此。

興宗貴妃蕭氏，小字三嬙，駙馬都尉匹里之女。選入東宮。帝即位，立爲皇后。重熙初，以罪降貴妃。

〔一〕按全遼文卷二聖宗欽愛皇后哀册：「有兄之女兮，還尊居於永樂。」契丹國志卷一三聖宗蕭皇后傳：「又納兄孝穆女爲興宗后。」孝穆應是欽哀皇后之兄，弟字誤。

〔二〕按本史卷一八興宗紀太平十一年七月，「時奥隈蕭氏始入宫」。明年八月丙午，「皇子洪基生」。

〔三〕按本史卷一八興宗紀重熙三年七月，「上始親政」。四年三月，「立皇后蕭氏」。卷一九興宗紀重熙十一年十一月，册皇后蕭氏曰「貞懿宣慈崇聖皇后」。

〔四〕按本史卷二〇興宗紀重熙二十三年十一月，册皇后蕭氏，册號同。契丹國志卷一三興宗蕭皇后傳：「皇后蕭氏，楚王蕭孝穆之女也。容德兼美，曲盡和敬，生三子，長曰洪基，即道宗；次曰紇根，名洪道，封燕王；又次曰壽千，名洪德，封晉王。帝酷好沙門，縱情無檢，后每伺帝有所失，隨即匡諫，多所宏益。」

〔五〕按本史卷二一道宗紀清寧二年十二月上皇太后尊號，與此同。高麗史卷八文宗十九年（遼咸雍元年）三月契丹東京留守致高麗牒稱：「册上皇太后尊號慈懿仁和文惠孝敬顯聖昭德廣愛宗天皇太后。」宋大詔令集卷二三〇「孝敬」作「純孝」，後有「顯聖昭德」四字，與高麗史同。

〔六〕按本史卷二二道宗紀：「咸雍元年秋七月，以皇太后射獲熊，賞賚百官有差。冬十月，幸醫巫閭山。皇太后射獲虎。大宴羣臣，令各賦詩。」

道宗宣懿皇后蕭氏，小字觀音，欽哀皇后弟樞密使惠〔一〕之女。姿容冠絕，工詩，善談論。自制歌詞，尤善琵琶。重熙中，帝王燕趙，納爲妃。清寧初，立爲懿德皇后。〔二〕皇太叔重元妻，以艷冶自矜，后見之，戒曰：「爲貴家婦，何必如此！」后生太子濬，有專房寵。好音樂，伶官趙惟一得侍左右。大康初，宮婢單登、教坊朱頂鶴誣后與惟一私，樞密使耶律乙辛以聞。詔乙辛與張孝傑劾狀，因而實之。族誅惟一，賜后自盡，歸其尸於家。

乾統初，〔三〕追謚宣懿皇后，合葬慶陵。

〔一〕據出土碑誌，考證宣懿父爲蕭孝惠（本史作孝忠），母爲聖宗女越國公主槊古（楚姑、初古），嘗以媵臣户建頭下懿州，隸上京。清寧五年薨逝，七年，由宣懿皇后進入，改隸東京。蕭惠非欽哀之弟。宣懿之父孝忠，在晉國夫人墓誌中作孝惠。

〔二〕按本史卷二一道宗紀册爲皇后在清寧元年十二月，上懿德尊號在二年十一月。

〔三〕按本史卷二七天祚帝紀乾統元年六月同。全遼文卷一〇道宗宣懿皇后哀册云：「載念寵渥，失於姦臣，青繩之舊污知妄，白璧之清輝可珍。」道宗皇帝哀册云：「姦邪屏逐，朝列肅清，寃憤咸雪，昭懷正名。」均指宣懿因寃誣致死。昭懷即昭懷太子濬。又宣懿皇后哀册：「大康元年十一月三日辛酉，先懿德皇后崩于長慶川，旋祔殯于祖陵，即以乾統元年六月二十三日壬子，將遷座于永福陵。」聖宗、興宗、道宗陵域均稱慶陵，道宗陵墓則稱永福陵。

契丹國志卷一三道宗蕭皇后傳：「皇后蕭氏，贈同平章事蕭顯烈女也，入宮爲芳儀，進位昭儀，生空古里，是爲秦王，後名元吉，餘子皆不育。道宗登位，后正位中宮。性恬淡寡欲。魯王宗元之亂，道宗與同射獵，内外震恐，未知音耗，后敕兵鎮帖中外，甚有聲稱。後崩，葬祖州。」

王鼎焚椒録曰：「懿德皇后蕭氏，爲北面官南院樞密使惠（應爲孝惠，亦即孝忠）之少女，母耶律氏（聖宗女趙國公主槊古）。后幼能誦詩，旁及經子。及長，姿容端麗，爲蕭氏稱首，皆以觀音目之，因小字觀音。（重熙）二十二年，今上（道宗）在青宮，進封燕趙國王，慕后賢淑，聘納爲妃。后婉順，善承上意，復能歌詩，而彈箏琵琶，尤爲當時第一。由是愛幸，遂傾後宮。及上即位，以清寧元年十二月戊子，册爲皇后。宮中爲語曰：『孤穩壓帕女古鞢，菩薩喚作耨斡麽。』蓋以玉飾首，以金飾足，以觀音作皇后也。二年八月，上獵秋山，后率嬪妃從行在所，至伏虎林，上命后賦詩，后應聲曰：『威風萬里壓南邦，東去能翻鴨緑江；靈怪大千俱破膽，那教猛虎不投降。』上大喜，出示羣臣曰：『皇后可謂女中才子。』次日，上親御弓矢射獵，有虎突林而出，上曰：『朕射得此虎，可謂不媿后詩。』一發而殪，羣臣皆呼萬歲。是歲十一月，羣臣上皇帝尊號曰天祐皇帝，后曰懿德皇后。三年，上作君臣同志華夷同風詩，后應制屬和曰：『虞廷開盛軌，王會合奇琛。到處承天意，皆同捧日心。文章通鹿蠡，聲教薄雞林。（按史記卷一一〇匈奴傳：「置左右賢王，左右谷蠡王。」谷蠡爲封號。史記集解服虔曰：「谷音鹿，蠡音離。」谷蠡鹿蠡，同音異寫，連下句，即文章聲教，通於匈奴新羅之意。）大寓看交泰，應知無古今。』明年，后生皇子濬。皇太叔重元妃入賀，每顧影自矜，流目送媚，后語之曰：『貴家婦宜以莊臨下，何必如此。』妃銜之，歸罵重元曰：『汝是聖宗兒，豈虎斯不若，使教坊奴得以可敦加我，汝若有志，當除此帳（倀），笞撻此婢。』於是重元父子合定叛謀。於九年七月，駕幸灤水，聚兵作逆，須臾軍潰，父子伏誅。而討平此亂，則知北樞密事趙王耶律乙辛與有功焉，尋進南院樞密使，威權震灼，傾動一時，惟后家不肯相下，乙辛每爲怏怏。及咸雍初，皇子濬册爲皇太子，益復蓄姦爲圖后計矣。后嘗慕唐徐賢妃行事，每於當御之夕，進諫得失。國俗君臣尚獵，故有四時捺鉢，上既擅聖藻，而尤長弓馬，往往以國服先驅。所乘馬號飛電，瞬息百里，常馳入深林邃谷，扈從求之不得，后患之，乃上疏諫。上雖嘉納，心頗厭遠，故咸雍之末，遂稀幸御。后因作詞曰回心院，被之管弦，以寓望幸之意也。時諸伶無能奏演此曲者，獨伶官趙惟一能之，而宮婢單登，故重元家婢，亦善箏及琵琶，每與惟一爭能，怨后不知己，后乃召登對彈，四旦二十八調皆不及后，單媿耻拜服。於時上嘗召登彈箏，后諫曰：『此叛家婢，女中獨無豫讓乎？安得輕近御前。』因遣直外別院。登深怨嫉之，而登妹清子，嫁爲教坊朱頂鶴妻，方爲乙辛所暱，登每向清子誣后與惟一淫通，乙辛俱知之，欲乘此害后，以爲不足證實，更命他人作十香淫詞，用爲誣案。乙辛陰屬清子，使登乞后手書，登時雖外直，常得見后，后善書，登紿后曰：『此宋國忒里蹇所作，更得御書，便稱二絶。』后讀而喜之，即爲手書一紙，紙尾復書己所作懷古詩一絶云：『宮中只數趙家妝，敗雨殘雲誤漢王。惟有知情一片月，曾窺飛燕入昭陽。』登得后手書，持出與清子云：『老婢淫案已得，況可汗性忌，早晚見其白練掛粉脰也。』乙辛已得書，遂構詞命登與朱頂鶴赴北院陳首伶官趙惟一私侍懿德皇后，有十香淫詞爲證，乙辛乃密奏上。上覽奏大怒，即召后對詰，后痛哭轉辨曰：『妾托體國家，已造婦人之極，況誕育儲貳，近且生孫，兒女滿前，豈忍更作淫奔失行之人乎？』上出十香詞曰：『此非汝作手書，更復何辭！』后曰：『此宋國忒里蹇所作，妾即從單登得而書賜之耳，且國家無親蠶事，妾作那得有親桑語。』上曰：『詩正不妨以無爲有，如詞中合縫鞾，亦非汝所著，爲宋國服耶？』上怒甚，因以鐵骨朵擊后，后幾至殞，即下其事，使參知政事張孝傑與乙辛窮治之。乙辛乃繫械惟一、長命等訊鞫，加以釘灼盪錯等刑，皆爲誣服。獄成。上猶未決。指后懷古一詩曰：『此是皇后罵飛燕也，如何更作十香詞？』孝傑進曰：『此正皇后懷趙惟一耳。』上曰：『何以見之？』孝傑曰：『宮中只數趙家妝，惟有知情一片月。是二句中已含趙惟一三字也。』上意遂決。即日族誅惟一，並斬長命，敕后自盡。時皇太子及齊國諸公主咸被髪流涕，乞代母死，上曰：『朕親臨天下，臣妾億兆，而不能防閑一婦，更何施眉目覥然南面乎？』后乞更面可汗一言而死，不許。后乃望帝所而拜，作絶命辭曰：『嗟薄祜兮多舛，羌作儷兮皇家，承昊穹兮下覆，近日月兮分華，託後鈎兮凝位，忽前星兮啓曜，雖釁纍兮黄牀，庶無罪兮宗廟，欲貫魚兮上進，乘陽德兮天飛，豈禍生兮無朕，蒙穢惡兮宫闈，將剖心兮自陳，冀回照兮白日，寧庶女兮多慙，遏飛霜兮下擊，顧子女兮哀頓，對左右兮摧傷，共西曜兮將墜，忽吾去兮椒房，呼天地兮慘悴，恨今古兮安極，知吾生兮必死，又焉愛兮旦夕。』遂閉宫，以白練自經。上怒猶未解，命裸后屍，以葦席裹還其家。春秋三十有六。聞者莫不冤之。皇太子投地大叫曰：『殺吾母者，耶律乙辛也，他日不門誅此賊，不爲人子。』乙辛遂謀害太子無虚日矣。

道宗惠妃蕭氏，小字坦思，駙馬都尉霞抹之妹。父别里剌。〔一〕大康二年，乙辛譽之，選入掖庭，立爲皇后。〔二〕居數歲，未見皇嗣。后妹斡特懶先嫁乙辛子綏也，后以宜子言于帝，離婚，納宫中。八年，皇孫延禧封梁王，降爲惠妃，徙乾陵；〔三〕斡特懶還其家。頃之，其母燕國夫人厭魅梁王，伏誅。貶妃爲庶人，〔四〕幽于宜州，諸弟没入興聖宫。天慶六年，召還，封太皇太妃。後二年，奔黑頂山，卒，葬太子山。

〔一〕以上四字據注〔二〕及全遼文卷九蕭德温墓誌銘補。别里剌又作鼈里剌，漢名德温，字好謙。本書卷九〇有補傳。

〔二〕按本史卷二三道宗紀立后在大康二年六月。同時封后父鼈里剌。叔余里也，兄霞抹。

〔三〕按本史卷二四道宗紀封延禧爲梁王在大康六年三月。降爲惠妃在八年十二月。

〔四〕按本史卷二四道宗紀：「大安二年七月丁巳，惠妃母燕國夫人削古以厭魅梁王事覺，伏誅，子蘭陵郡王蕭酬斡除名，置邊郡，仍隸興聖宮。」按本史卷二七天祚帝紀，惠妃降爲庶人在乾統二年閏六月。

天祚皇后蕭氏，小字奪里懶，宰相繼先五世孫。〔一〕大安三年入宫。明年，封燕國王妃。乾統初，册爲皇后。性閑淑，有儀則。兄弟奉先、保先等緣后寵柄任。女直亂，從天祚西狩，以疾崩。

〔一〕契丹國志卷一三海濱王蕭皇后傳：「蕭氏，平州節度使蕭槁剌之女也。奉先、保先兄弟，皆緣后寵，柄任當朝。后性閑淑，有則度，遭女真之亂，天祚荒淫，后不能違，以致禍敗焉。山金司之禍，后并被擒。」后妹爲天祚元妃，被粘罕納爲次室，契丹國志誤爲皇后。

天祚德妃蕭氏，小字師姑，北府宰相常哥〔一〕之女。壽隆二年入宮，封燕國妃，生子撻魯。〔二〕乾統三年，改德妃，以柴册禮，〔三〕封撻魯爲燕國王，加妃號贊翼。〔四〕王薨，〔五〕以哀戚卒。

〔一〕常哥，字胡獨堇。本史有傳。原誤入卷八二，今移至卷九九。漢名義，字子常，一九七六年有墓誌出土。全遼文卷九蕭義墓誌銘云：「天祚皇帝初九潛龍，有大聖德。公之次女，選儷儲闈。輔佐於中，周旋有度。（乾統）四年復幸燕，會妃覆誕，詔於母家，敕宗室及外戚大家，禮可往者悉如之。當時所榮。」

〔二〕按本史卷二六道宗紀：「壽昌三年三月辛酉，燕國王延禧生子。癸亥，賜名撻魯。」

〔三〕按本史卷二七天祚帝紀：「乾統三年十一月，文武百官加上尊號曰惠文智武聖孝天祚皇帝，大赦，以宋魏國王和魯斡爲皇太叔，梁王撻魯進封燕國王。」六年十一月始行柴册禮。

〔四〕全遼文卷九蕭義墓誌銘：「女三人，長爲尼，賜紫，號慈敬大德；今皇帝贊睿德妃，即其次也；第三女適南面承旨耶律珪，乃皇家宗室之裔。」未稱加贊翼，只稱贊睿德妃，與此異。

〔五〕按本史卷二七天祚帝紀，王薨於乾統四年正月。

天祚文妃蕭氏，小字瑟瑟，國舅大父房之女。乾統初，帝幸耶律撻葛第，見而悅之，匿宮中數月。皇太叔和魯斡勸帝以禮選納，三年冬，立爲文妃。〔一〕生蜀國公主、晉王敖盧斡，尤被寵幸。以柴册，加號承翼。

善歌詩。女直亂作，日見侵迫。帝畋遊不恤，忠臣多被疏斥。妃作歌諷諫，其詞曰：「勿嗟塞上兮暗紅塵，勿傷多難兮畏夷人；不如塞姦邪之路兮，選取賢臣。直須卧薪嘗膽兮，激壯士之捐身；可以朝清漠北兮，夕枕燕、雲。」又歌曰：「丞相來朝兮劍佩鳴，千官側目兮寂無聲。養成外患兮嗟何及！禍盡忠臣兮罰不明。親戚並居兮藩屏位，私門潛畜兮爪牙兵。可憐往代兮秦天子，猶向宮中兮望太平。」天祚見而銜之。

播遷以來，郡縣所失幾半，上頗有倦勤之意。諸皇子敖盧斡最賢，素有人望。元后兄蕭奉先深忌之，〔二〕誣南軍都統余覩謀立晉王，以妃與聞，賜死。〔三〕

〔一〕契丹國志卷一三海濱王文妃傳：「文妃，本渤海大氏人。幼選入宮，聰慧閑雅，詳重寡言，天祚登位，册爲文妃，生晉王。文妃自少時工文墨，善歌詩，見女真之禍，日月侵迫，而天祚醉心畋遊，不以爲意，一時忠臣，多所疏斥，時作詩歌以諷諫。天祚遊畋不輟，嘗有倦勤意。諸子中惟晉王最賢，蕭奉先乃元妃兄，深忌之。會文妃之姊適耶律撻曷里，妹適耶律餘覩，奉先誣告餘覩欲立晉王，尊天祚爲太上皇，帝於是戮撻曷里並其妻，文妃與晉王相繼受誅。」契丹國志稱文妃，本渤海大氏人，未知何據。

趙德麟侯鯖録卷七：「契丹天祚文妃喜文墨，嘗作史詩以諷諫。文妃被誅後，其子晉王誦經受誅，母子俱賢也。」

〔二〕「元后」應作元妃。后與元妃爲姊妹，皆奉先之妹。

〔三〕按本史卷七二晉王敖盧斡傳，卷一〇二耶律余覩傳均稱有謀立事，與此歧互。

天祚元妃蕭氏，小字貴哥，燕國妃之妹。〔一〕年十七，册爲元妃。性沉静。嘗晝寢，近侍盜貂裀，妃覺而不言，宫掖稱其寬厚。從天祚西狩，以疾薨。〔二〕

論曰：遼以鞍馬爲家，后妃往往長於射御，軍旅田獵，未嘗不從。如應天之奮擊室韋，承天之御戎澶淵，仁懿之親破重元，古所未有，亦有俗也。

靖安無毀無譽；齊天巧思，乃奢侈之漸；宣懿度曲知音，豈致誣蠛之階乎？文妃能歌詩諷諫，而謂謀私其子，非矣。若簡憲之艱危保孤，懷節之從容就義，雖烈丈夫何以過之。欽哀狠桀，賊殺嫡后，而興宗不能防閑其母，惜哉！

〔一〕按燕國妃係德妃，天祚皇后曾封燕國王妃，此或脱王字。

〔二〕按金節要、大金國志卷三並稱「粘罕之妻蕭氏，乃遼主天祚元妃。」又大金國志卷七云：「兀室擅殺粘罕次室蕭氏。請罪於粘罕曰：『蕭氏本契丹天祚元妃也。』」契丹國志卷一三海濱王蕭皇后傳：「山金司之禍，后並被擒，粘罕納爲次室。其後耶律余覩雲中起兵，悟室誅余覩並及於后，兀室回至燕山，請罪於粘罕曰：『蕭氏，契丹天祚元妃也。與兄實乃仇讎，不得已而從，彼素忍死以待兄者，將有待於今日也。今既見事無成，恐或不利於兄，且兄横行天下，萬夫莫當，而此人帷幄之間，可以寸刃害兄於不測矣。事當預防。以愛兄故，已擅殺之。』粘罕起而謝之，既而泣下。」前稱誅余覩並及於后。後又稱「天祚元妃」，前後歧互。元妃爲蕭后之妹，契丹國志無元妃傳，誤以元妃爲蕭后。拾遺卷一九：「鶚案：天祚皇后、元妃，史俱云從西狩，以疾亡。豈陳大任以金人修遼史，故諱之邪？」

遼史補注卷七十二

列傳第二

宗室上〔一〕

義宗倍 子平王隆先 晉王道隱 章肅皇帝李胡 子宋王喜隱

順宗濬 晉王敖盧斡

義宗，名倍，小字圖欲，〔二〕太祖長子，母淳欽皇后蕭氏。幼聰敏好學，外寬內摯。神册元年春，立爲皇太子。

時太祖問侍臣曰：「受命之君，當事天敬神。有大功德者，朕欲祀之，何先？」皆以佛對。太祖曰：「佛非中國教。」倍曰：「孔子大聖，萬世所尊，宜先。」太祖大悅，即建孔子廟，詔皇太子春秋釋奠。〔三〕

嘗從征烏古、党項，〔四〕爲先鋒都統，及經畧燕地。太祖西征，留倍守京師，因陳取渤海計。天顯元年，從征渤海。拔扶餘城，上欲括户口，倍諫曰：「今始得地而料民，〔五〕民必不安。若乘破竹之勢，徑造忽汗城，克之必矣。」太祖從之。倍與大元帥德光爲前鋒，夜圍忽汗城，大諲譔窮蹙，請降。尋復叛，太祖破之。改其國曰東丹，名其城曰天福，以倍爲人皇王主之。仍賜天子冠服，建元甘露，稱制，置左右大次四相及百官，一用漢法。歲貢布十五萬端，馬千匹。〔六〕上諭曰：「此地瀕海，非可久居，留汝撫治，以見朕愛民之心。」駕將還，倍作歌以獻。陛辭，太祖曰：「得汝治東土，吾復何憂。」倍號泣而出。遂如儀坤州。

未幾，諸部多叛，大元帥討平之。太祖訃至，倍即日奔赴山陵。倍知皇太后意欲立德光，乃謂公卿曰：「大元帥功德及人神，中外攸屬，宜主社稷。」乃與羣臣請於太后而讓位焉。於是大元帥即皇帝位，是爲太宗。〔七〕

太宗既立，見疑，以東平爲南京，徙倍居之，盡遷其民。又置衛士陰伺動靜。倍既歸國，命王繼遠撰建南京碑，〔八〕起書樓于西宫，作樂田園詩。唐明宗聞之，遣人跨海持書密召倍。倍因畋海上。使再至，倍謂左右曰：「我以天下讓主上，今反見疑；不如適他國，以成吴太伯之名。」立木海上，刻詩曰：「小山壓大山，大山全無力。羞見故鄉人，從此投外國。」〔九〕攜高美人，載書浮海而去。

唐以天子儀衛迎倍，倍坐船殿，衆官陪列上壽。至汴，見明宗。〔一〇〕明宗以莊宗後宫夏氏妻之，〔一一〕賜姓東丹，名之曰慕華。改瑞州爲懷化軍，拜懷化軍節度使、瑞慎等州觀察使。〔一二〕復賜姓李，名贊華。移鎮滑州，遥領虔州節度使。〔一三〕倍雖在異國，常思其親，問安之使不絶。

後明宗養子從珂弑其君自立，倍密報太宗曰：「從珂弑君，盍討之。」及太宗立石敬瑭爲晉主，加兵于洛。從珂欲自焚，召倍與俱，倍不從，遣壯士李彦紳害之，時年三十八。有一僧爲收瘞之。敬瑭入洛，喪服臨哭，以王禮權厝。〔一四〕後太宗改葬于醫巫閭山，謚曰文武元皇王。世宗即位，謚讓國皇帝，陵曰顯陵。〔一五〕統和中，更謚文獻。重熙二十年，增謚文獻欽義皇帝，〔一六〕廟號義宗，及謚二后曰端順，曰柔貞。〔一七〕

倍初市書至萬卷，藏于醫巫閭絶頂之望海堂。通陰陽，知音律，精醫藥、砭焫之術。工遼、漢文章，嘗譯陰符經。善畫本國人物，如射騎、獵雪騎、千鹿圖，皆入宋秘府。〔一八〕然性刻急好殺，婢妾微過，常加刲灼。〔一九〕夏氏懼而求削髮爲尼。五子：長世宗，次婁國、稍、隆先、道隱，各有傳。〔二〇〕

〔一〕因補宗室下，故原宗室改爲宗室上。參見本卷宗室下注〔一〕。

〔二〕新五代史、五代會要、册府元龜、通鑑、通考並作突欲，姚坤奉使録作秃欲。

〔三〕按本史卷一太祖紀：「神册三年五月，詔建孔子廟、佛寺、道觀。」卷二太祖紀：「神册四年八月，謁孔子廟，命皇后、皇太子分謁寺、觀。」三教並尊，政府側重儒教，民間以薩滿教爲主，社會各階級、階層，各地區皆盛行佛教密宗。

〔四〕按本史卷二太祖紀征烏古在神册四年九月。十月以皇太子爲先鋒。

〔五〕料民，猶今言「清查户口」，各本同。永樂大典卷五二五二引作科民，猶今言「攤派」。作料是，即謂括户口。史記卷四周本紀：「宣王既亡南國之師，乃料民於太原。」史記集解韋昭曰：「料，數也。」料民即數民。國語卷一周語：「宣王乃料民於太原。」

〔六〕契丹國志卷一四東丹王傳：「突欲鎮東丹時，乃渤海國，亦有宫殿，被十二旒冕，服皆畫龍像，稱制行令，凡渤海左、右平章事，大内相已下百官，皆其國自除授。歲貢契丹國細布五萬疋、麤布十萬疋，馬一千匹。」本史卷三太宗紀天顯五年三月，「人皇王獻白紵」。

〔七〕按突欲、德光選立凡兩次：第一次，在天顯元年七月，按本史卷三太宗紀：「太祖崩，皇后攝軍國事。明年十一月壬戌，人皇王倍率羣臣請于皇后曰：『皇子大元帥勳望，中外攸屬，宜承大統。』后從之。是日即皇帝位。丙寅，行柴册禮。十二月辛巳，諸道將士辭歸鎮。」

通鑑後唐明宗天成元年八月：「述律后愛中子德光，欲立之，命與突欲俱乘馬立帳前，謂諸酋長曰：『二子吾皆愛之，莫知所立，汝曹擇可立者執其轡。』酋長知其意，爭執德光轡。遂立之。」契丹國志卷一四：「（德光）爲天皇王，稱皇帝。突欲慍，率數百騎欲奔唐，爲邏者所遏。后不罪，遣歸東丹。」

第二次在天顯五年二月，按本史卷三太宗紀：「上與人皇王朝皇太后，太后以皆工書，命書於前以觀之。辛酉，召羣臣議軍國事。三月乙酉，宴人皇王僚屬便殿。四月乙未，詔人皇王先赴祖陵。人皇王歸國。九月己卯，詔舍利普寧撫慰人皇王。庚辰，詔置人皇王儀衛。十一月戊寅，東丹奏，人皇王浮海適唐。」

通鑑後唐明宗長興元年十一月考異：「實録：『阿保機妻令元帥太子往渤海代慕華歸西樓，欲立爲契丹王；而元帥太子既典兵柄，不欲之渤海，遂自立爲契丹王，謀害慕華，其母不能止。慕華懼，遂航海内附。』按天皇王入汴，猶求害東丹者誅之，豈有在國欲殺之理，今不取。」通鑑誤合兩次選立爲一次；本史雖記明兩次，但有所隱諱。合併觀之，則知突欲兩次選立失敗，又爲設置儀衛，只有自嘆「大山全無力」，遂泛海歸唐。至於考異以太宗誅殺害東丹之人即斷其在國不能殺之一點，理由極爲薄弱，可不辨。縱令不殺，而專設儀衛看管即今言「軟禁」，與殺之程度不同，實質一致。

〔八〕王繼遠，遼陽人，曾祖樂德，居渤海，以孝聞。太祖平渤海，以太子倍爲東丹王，都遼陽，繼遠仕爲翰林學士，因家遼陽。繼遠孫咸餙，官中作使，太平九年避大延琳之難，遷漁陽。咸餙孫六宅使恩州刺史叔寧，遷白霫，叔寧子永壽，居韓州。天慶中，遷蓋州之熊岳縣，遂占籍焉。永壽之長子政，仕金朝。官至金吾衛上將軍，建州保静軍節度使。（參遺山文集卷一六王黄華墓碑。）

〔九〕此詩並見於松漠紀聞，故鄉作當鄉，餘同。詩内三個山字，均是「山」字，因傳鈔翻刻致誤。山是契丹小字，讀汗，義同汗、皇、王，亦讀皇。小山指太宗德光，大山指突欲自己。元好問題東丹射騎圖詩：「意氣曾看小字詩，畫圖今又識雄姿。」小字詩即指此詩。當時有契丹字漢字並用之詩體，如余靖、刁約北語詩及宮中語之例。

契丹文册誌中屢見天汗皇帝或天皇皇帝一詞稱太祖，天汗即作「关山」，天汗皇帝或天皇皇帝爲譯文重疊用字，猶之舍利郎君，舍利亦即郎君。

〔一〇〕五代會要卷二九：「長興元年十一月，契丹東丹王突欲，率蕃官四十餘人，馬百匹，自登州泛海内附。明宗御文明殿召對。賜姓東丹，名慕華，授光禄大夫檢校太保，安東都護兼御史大夫，上柱國，渤海郡開國公，食邑一千五百户，充懷化軍節度，瑞、慎等州觀察、處置、押番落等使。二年九月復賜姓李，名贊華。」

舊五代史卷一三七契丹傳：「東丹王突欲在闕下，其母繼發使申報，朝廷亦優容之。」

通鑑、契丹國志卷一四並稱唐明宗長興元年，「突欲自以失職，帥部曲四十人，越海自登州奔唐，明宗賜姓東丹名慕華。次年更賜姓名曰李贊華。」

〔一一〕後宮原誤作「后」字，按契丹國志卷一四：「以莊宗後宮夏氏妻之。」五代會要卷一：「莊宗昭容夏氏，封號國夫人。」新五代史卷一四亦稱：「明宗立，悉放莊宗時宮人還其家，獨（號國夫人）夏氏無所歸，乃以河陽節度使夏魯奇同姓也，因以歸之。後嫁契丹李贊華。」夏氏爲莊宗後宮，非皇后。茲據此補正。

〔一二〕新唐書卷四三下地理志：「河北道突厥州瑞州，本威州，貞觀十年置。咸亨中更名，後僑治良鄉之廣陽城。」又「鞊鞨州慎州，武德初置，僑治良鄉之故都鄉城。」通鑑後唐紀明宗長興二年三月胡注引舊五代史：「瑞、慎二州，本遼東之地，唐末爲懷化節度。」

〔一三〕契丹國志卷一四：「唐明宗長興三年，以贊華爲義成節度使，選朝士爲僚屬輔之，贊華但優遊自奉，不豫政事，明宗嘉之，雖時有不法亦不問。」冊府元龜卷九九八：「東丹王突欲歸國，明宗賜姓（李），名贊華，出鎮滑州，在鎮多行不法。頃之入覲，乞留闕下，明宗許之。復遣使就第問所欲，贊華附奏曰：『臣願爲許州節度使。』明宗欲從之，樞密使范延光以爲不可乃止。明宗促令歸滑，贊華謂使者曰：『若須令赴舊地，當自裁爾。』使者以聞，明宗不悦，召而證之，贊華曰：『臣不言自裁，曾言乞削髮爲僧。』使者引統軍李從昶爲證，贊華以手畫空曰：『使者之言，如水上畫字，何可據耶。』明宗優容之。」新五代史卷七三：「明宗時，（突欲）自滑州朝京師，遥領武信軍節度使，食其俸，賜甲第一區，宫女數人。」通鑑：「長興四年九月庚子，以前義成節度使李贊華爲昭信節度使，留洛陽，食其俸。」胡注：「去年以李贊華帥義成。按唐末於金州置昭信節度，五代兵争，不復以爲節鎮。又按五代會要長興二年升虔州爲昭信節度。」贊華所領即虔州。

〔一四〕新五代史卷七三：「契丹兵助晉於太原，唐廢帝遣宦者秦繼旻、皇城使李彦紳殺突欲於其第。晉高祖追封突欲爲燕王。」

〔一五〕通鑑：「後晉天福元年十二月『詔贈李贊華燕王，遣使送其喪歸國。』」張齊賢洛陽搢紳舊聞記卷二記晉朝太子少師李公諱肅受命護東丹王喪柩歸北，遣回，賜名馬百餘匹，别賜駞、馬百餘頭，衣服器皿稱是。

〔一六〕遼東志卷一：「顯陵在醫巫閭山，葬遼東丹人皇王突欲並蕭太后，世宗以人皇王愛醫巫閭山水奇秀，因葬焉，山形掩抱六重，於其中作影殿，制度宏麗。」

〔一七〕按本史卷二〇興宗紀，增謚在重熙二十一年十一月。

〔一八〕按本史卷四太宗紀：「會同三年七月，人皇王妃蕭氏薨，徙人皇王行宫於其妃薨所。八月，詔東丹吏民爲其王倍妃蕭氏服。」

〔一八〕堯山堂外紀卷六四：「東丹王有文才，博古今，其泛海奔唐，載書數千卷，習舉子，每通名刺曰：『鄉貢進士黄居難，字樂地。』以擬白居易字樂天也。」宣和畫譜卷八：「李贊華好畫，多寫貴人、酋長，至於袖弓挾彈，牽黄臂蒼，服用皆縵胡之纓，鞍勒率皆瓌奇，不作中國衣冠，亦安於所習者也。然議者以謂馬尚豐肥，筆乏壯氣，其確論歟？今御府所藏十有五。」皇朝類苑卷五〇：「祕府有東丹王千角鹿。」「東丹王歸中國，賜姓李氏，名贊華，尤工畫，亦能爲五言詩，其子兀欲亦善丹青。千角鹿出虜中，觀其所畫，誠妙筆也。」千鹿圖即千角鹿圖，脱角字。志雅堂雜鈔卷下謂東丹王贊華所畫蕃部行程圖，前有道君御題。道君即宋徽宗，可見此圖亦入宋祕府。參見本書卷六二補藝文志藝術類射騎圖、獵雪騎圖、千鹿圖等。胡應麟詩藪雜編卷六：「東丹王尤好畫，世傳東丹王千角鹿圖，李伯時臨之，董北苑有跋，宣和畫譜列其目焉。」宋劉道醇聖朝名畫評畜獸門第三：「古今爲蕃馬者亦可數，胡瓌得其肉，東丹得其骨。」米芾畫史：「東丹王、胡瓌番馬見七八本，雖好，非齋室清玩。」石渠寶笈初編卷三二著録五代李贊華射鹿圖一卷。引首有清乾隆題「獲鹿圖」三大字，拖尾有元朱德潤、明沈周等人題跋。朱德潤跋云：「觀其筆法圓細，人馬勁健，真有盛唐風韻，故可寶也。」閻萬章遼代畫家考謂此非宋祕府所藏，原在民間流傳，直至清代始入清内府，此爲耶律倍繪畫作品流傳至今者。宣和畫譜卷七有北宋名畫家李公麟摹北虜贊華蕃騎圖一卷，可見宋人亦學習遼人。清異録卷上：「契丹東丹王突欲買巧石數峯，目爲空青府。」

〔一九〕新五代史卷七三：「契丹好飲人血，突欲左右姬妾，多刺其臂吮之，其小過輒挑目、刲灼，不勝其毒。然喜賓客，好飲酒。工畫，頗知書。其自契丹歸中國，載書數千卷，樞密使趙延壽每假其異書、醫經，皆中國所無者。」

〔二〇〕道隱、隆先傳附後。婁國傳在在本史卷一一二逆臣傳。稍無傳。卷六六皇族表僅著隆先、道隱、婁國三人，且序第亦不合。

按卷八景宗紀保寧元年四月稍封吴王。卷一〇聖宗紀統和元年十月，以吴王稍爲上京留守，行臨潢尹事。

平王隆先，字團隱，母大氏。景宗即位，始封平王。未幾，兼政事令，留守東京。薄賦稅，省刑獄，恤鰥寡，數薦賢能之士。後與統軍耶律室魯同討高麗有功，還薨，葬醫巫閭山之道隱谷。平王爲人聰明，博學能詩，有閬苑集行于世。保寧之季，其子陳哥與渤海官屬謀殺其父，舉兵作亂，上命轘裂于市。

晉王道隱，字留隱，母高氏。道隱生于唐，人皇王遭李從珂之害，時年尚幼，洛陽僧匿而養之，因名道隱。太宗滅唐，〔一〕還京，詔賜外羅山地居焉。性沉静，有文武才，時人稱之。景宗即位，封蜀王，爲上京留守。乾亨元年，遷守南京，號令嚴肅，民獲安業。居數年，徙封荆王。〔二〕統和初，病薨，追封晉王。〔三〕

論曰：自古新造之國，一傳而太子讓，豈易得哉？遼之義宗，可謂盛矣！然讓而見疑，豈不兆於建元稱制之際乎？ 斯則一時君臣昧於禮制之過也。

東書浮海，寄跡他國，思親不忘，問安不絕，其心甚有足諒者焉。 觀其始慕泰伯之賢而爲遠適之謀，終疾陳恒之惡而有請討之舉，志趣之卓，蓋已見於早歲先祀孔子之言歟。善不令終，天道難詰，得非性卞嗜殺之所致也！

雖然，終遼之代，賢聖繼統，皆其子孫。 至德之報，昭然在玆矣。

〔一〕冊府元龜卷一〇〇〇：「東丹王贊華，明宗時歸朝。 清泰帝幸懷州，遣內班秦繼旻、皇城使李彥紳害之。 東丹長子兀欲，晉開運末，從虜主耶律德光入汴，虜主遂殺繼旻、彥紳於東市，復東丹之讎也。 命兀欲弟留桂爲滑州節度使，以處東丹之舊地。」留桂，契丹國志卷一九作留珪，即道隱小字留隱之歧譯。

〔二〕按本史卷九景宗紀乾亨元年十二月，「蜀王道隱南京留守，徙封荆王。」又卷一〇聖宗紀：乾亨四年十二月道隱奏事，亦稱南京留守荆王。 統和元年正月道隱疾，亦作荆王。 非還南京留守後數年始封荆王。

〔三〕北方文物一九八六年二期梁援墓誌銘：「（梁）延敬、即王父也。 內供奉班祗候，娶荆王女耶律氏，生子曰仲方，官至宥州刺史。」

章肅皇帝，小字李胡，一名洪古，字奚隱，太祖第三子，母淳欽皇后蕭氏。

少勇悍多力，而性殘酷，小怒輒黥人面，或投水火中。太祖嘗觀諸子寢，李胡縮項卧內，曰：「是必在諸子下。」又嘗大寒，命三子採薪。太宗不擇而取，最先至；人皇王取其乾者束而歸，後至；李胡取少而棄多，既至，袖手而立。太祖曰：「長巧而次成，少不及矣。」而母篤愛李胡。〔一〕

天顯五年，遣徇地代北，攻寰州，多俘而還，遂立爲皇太弟，兼天下兵馬大元帥。〔二〕太宗親征，常留守京師。世宗即位鎮陽，太后怒，遣李胡將兵擊之，至泰德泉，爲安端、留哥〔三〕所敗。太后與世宗隔潢河而陣，各言舉兵意。耶律屋質入諫太后曰：「主上已立，宜許之。」時李胡在側，作色曰：「我在，兀欲安得立？」屋質曰：「奈公酷暴失人心何！」太后顧李胡曰：「昔我與太祖愛汝異於諸子，諺云：『偏憐之子不保業，難得之婦不主家。』我非不欲立汝，汝自不能矣。」及會議，世宗使解劍而言。和約既定，趨上京。會有告李胡與太后謀廢立者，徙李胡祖州，禁其出入。

穆宗時，其子喜隱謀反，〔四〕辭逮李胡，囚之，死獄中，年五十，葬玉峯山西谷。統和中，追謚欽順皇帝。〔五〕重熙二十一年，更謚章肅，后曰和敬。二子：宋王喜隱、衛王宛。〔六〕

〔一〕契丹國志卷一四：「自在太子名阮，太祖第三子。少豪俠有智畧，善彈工射。太祖奇之曰：『吾家鐵兒也。』征渤海時，山坂高峻，士馬憚勞苦，太子徑於東谷緣崖而進，屢戰有功。後渤海平，封爲自在太子。」

〔二〕按本史卷三太宗紀天顯五年三月，「册皇弟李胡爲壽昌皇太弟，兼天下兵馬大元帥」。卷一四聖宗紀統和二十六年七月亦見皇太弟李胡之文。

〔三〕按本史卷一一三本傳及卷五世宗紀、卷七七屋質傳並作劉哥。

〔四〕按本史卷六穆宗紀應曆三年十月，「李胡子宛謀反，事覺。」卷六四皇子表：「穆宗時喜隱反。」按穆宗紀，喜隱謀反在應曆十年十月。

〔五〕按興宗紀、長編、契丹國志均作恭順，陳大任避金章宗父允恭諱，改「恭」爲「欽」。聖宗紀、皇子表同此並作欽順。全遼文卷六韓椅墓誌銘：「又以壽昌恭順昭簡皇帝失愛之嬪妻之，封鄴王妃，即聖元神睿貞列皇后之猶女也。」聖元神睿貞列（烈）皇后爲太祖淳欽皇后。壽昌恭順昭簡皇帝即李胡。此脫「壽昌」「昭簡」。

〔六〕宛原誤「完」，按本史卷六穆宗紀應曆三年十月，又卷六四皇子表、卷六六皇族表及永樂大典卷五二二五二並作宛，據改。

喜隱，字完德，雄偉善騎射，封趙王。〔一〕應曆中，謀反，事覺，上臨問有狀，以親釋之。〔二〕未幾，復反，下獄。〔三〕景宗即位，聞有赦，自去其械而朝。上怒曰：「汝罪人，何得擅離禁所。」詔誅守者，復置于獄。及改元保寧，乃宥之，妻以皇后之姊，〔四〕復爵，王宋。

喜隱輕僄無恒，小得志即驕。上嘗召，不時至，怒而鞭之，由是憤怨謀亂。

貶而復召，適見上與劉繼元書，辭意卑遜，諫曰：「本朝於漢爲祖，書旨如此，恐虧國體。」帝尋改之。授西南面招討使，命之河東索吐蕃户，〔五〕稍見進用。復誘羣小謀叛，上命械其手足，築圜土〔六〕囚祖州。宋降卒二百餘人欲劫立喜隱，以城堅不得入，立其子留禮壽，上京留守除室擒之。留禮壽伏誅，賜喜隱死。

論曰：李胡殘酷驕盈，太祖知其不才而不能教，太后不知其惡而溺愛之。初以屋質之言定立世宗，而復謀廢立。子孫繼以逆誅，并及其身，可哀也已。

夫自太祖之世，剌葛、安端首倡禍亂，太祖既不之誅，又復用之，固爲有君人之量。然惟太祖之才足以駕馭，庶乎其可也。李胡而下，宗王反側，無代無之，遼之内難，與國始終。厥後嗣君，雖嚴法以繩之，卒不可止。烏虖，創業垂統之主，所以貽厥孫謀者，可不審歟！

〔一〕契丹國志卷一四：「恭順皇帝一子拽剌，封趙王。」

〔二〕按此屬八議，議親得釋。

〔三〕按本史卷六穆宗紀在應曆十年十月。續通鑑卷一著此事，喜隱從清人改譯作喜衮。

〔四〕長編真宗咸平六年七月引李信報告：「（景宗后）蕭氏有姊二人，次適趙王。王死，趙妃因會飲寘毒蕭氏，爲婢所發，蕭氏酖殺之。」

〔五〕按本史卷九景宗紀保寧九年六月：「以宋王喜隱爲西南面招討使。」乾亨二年六月：「喜隱復謀反，囚于祖州。」此三年内無吐蕃户入河東者。惟保寧九年十一月稱：「吐谷渾叛入太原者四百餘户，索而還之。」此處吐蕃應是吐渾（即吐谷渾）之誤。

〔六〕圜土，下文順宗傳作圜堵，即牢獄。周禮地官司徒第二比長：「則唯圜土納之。」注：「圜土者，獄城也。」釋名卷三釋宫室：「獄，又謂之圜土，築土表墻，其形圜也。」漢書卷六二：「幽於圜墻之中。」圜土、圜堵同於圜墻。往年頤和園西墻内湖西暢觀堂迤西有孤島，島上有土山，園内老人言：舊稱水牢。正是堵墻一圜，高約二丈，只有尺餘縫隙，無門，亦無頂，外有古樹參天，森嚴可怖，似即圜堵實物。

或謂圜堵爲地窟，即半處地下之住屋。古時稱陶復者。又金馬大辨重陽分梨十化集序（見金文最卷三九）云：「丹陽……乃與其徒西走終南，訪真人舊隱，築環堵而居之十稔，宗闡其教，徒弟雲集，不可勝數。」

又一説：禮記卷四一儒行：「儒有一畝之宮，環堵之室。」注：「環堵，面一堵也，五版爲堵。」「堵音覩，方丈爲堵。」疏：「環，謂周迴也。東西南北唯一堵。」清孫希旦集解卷五七從公羊説：一堵爲四十尺。

順宗，名濬，小字耶魯斡，道宗長子，母宣懿皇后蕭氏。幼而能言，好學知書。道宗嘗曰：「此子聰慧，殆天授歟！」六歲，封梁王。〔一〕明年，從上獵，矢三發三中。〔二〕上顧左右曰：「朕祖宗以來，騎射絶人，威震天下。是兒雖幼，不墜其風。」後遇十鹿，射獲其九。帝喜，設宴。八歲，立爲皇太子。大康元年，兼領北南樞密院事。〔三〕及母后被害，太子有憂色。耶律乙辛爲北院樞密使，常不自安。會護衛蕭忽古謀害乙辛，事覺，下獄。副點檢蕭十三謂乙辛曰：「臣民心屬太子，公非閥閲，一日若立，吾輩措身何地！」乃與同知北院宣徽事蕭特裏特謀搆陷太子，陰令右護衛太保耶律查刺〔四〕誣告都宮使耶律撒刺、知院蕭速撒、〔五〕護衛蕭忽古謀廢立。詔按無迹，不治。乙辛復令牌印郎君蕭訛都斡等言：「查刺前告非妄，臣實與謀，欲殺耶律乙辛等，然後立太子。臣若不言，恐事發連坐。」帝信之，幽太子于別室，以耶律燕哥鞫按。太子具陳枉狀曰：「吾爲儲副，尚何所求。公當爲我辨之。」燕哥乃乙辛之黨，易其言爲欵伏。上大怒，廢太子爲庶人。將出，曰：「我何罪至是！」十三叱登車，遣衞士闔其扉。徙于上京，囚圜堵中。乙辛尋遣達魯古、撒八往害之，〔六〕太子年方二十，上京留守蕭撻得紿以疾薨聞。上哀之，命有司葬龍門山。〔七〕欲召其妃，乙辛陰遣人殺之。

帝後知其冤，〔八〕悔恨無及，謚曰昭懷太子，以天子禮改葬玉峯山。乾統初，追尊大孝順聖皇帝，廟號順宗，妃蕭氏貞順皇后。一子，延禧，即天祚皇帝。

論曰：道宗知太子之賢，而不能辨乙辛之詐，竟絕父子之親，爲萬世惜。乙辛知爲一身之計，不知有君臣之義，豈復知有太子乎！姦邪之臣亂人家國如此，可不戒哉！可不戒哉！

〔一〕按本史卷二一道宗紀清寧四年，皇子濬生。卷二二道宗紀清寧九年，封皇子濬爲梁王。六歲正合。

〔二〕三發三中，原作「連發三中」，永樂大典卷一三一九四引作「三發三中。」據改。

〔三〕長編神宗熙寧八年閏四月：「邊探屢云：契丹欲傳國與耶律濬，濬好殺不更事，恐爲其國干賞蹈利之臣所誘，或妄生邊隙，不可不戒，宜早爲之備。」

〔四〕右護衛太保，原誤「護尉太保」據本史卷二三道宗紀大康三年五月及卷四五百官志一改。

〔五〕知院蕭速撒，蕭原誤「耶律」。據本史卷二三道宗紀大康二年六月及卷九九本傳改。

〔六〕達魯古、撒八，本史卷一一〇耶律乙辛傳作蕭達魯古、撒把。

〔七〕按此係有司敷衍假葬，本史卷九九耶律石柳傳：石柳上書有「靈骨未獲」及「臣願陛下下明詔，求順考之瘞所」等文，是真實葬地至天祚時，尚未尋出。

〔八〕帝後知其冤，帝原誤「州」。據永樂大典卷五二五二改。

晉王，小字敖盧斡，天祚皇帝長子，母曰文妃蕭氏。甫髫齔，馳馬善射。出爲大丞相耶律隆運後，封晉王。性樂道人善，而矜人不能。時宮中見讀書者輒斥。敖盧斡嘗入寢殿，見小底茶刺閱書，因取觀。會諸王至，陰袖而歸之，曰：「勿令他人見也。」一時號稱長者。

及長，積有人望，内外歸心。保大元年，南軍都統耶律余覩與其母文妃密謀立之，〔一〕事覺，余覩降金，文妃伏誅，敖盧斡實不與謀，免。二年，耶律撒八等復謀立，不克。上知敖盧斡得人心，不忍加誅，令縊殺之。或勸之亡，敖盧斡曰：「安忍爲蕞爾之軀，而失臣子之大節。」遂就死。聞者傷之。

論曰：天祚不君，臣下謀立其子，適以殺之。敖盧斡重君父之命，不亡〔二〕而死，申生其恭矣乎！

〔一〕錢氏考異卷八三晉王敖盧斡傳：云：「案天祚紀、蕭奉先傳、耶律余覩傳俱稱奉先諷人誣余覩結駙馬蕭昱等謀立晉王。此傳與皇子表則云余覩與文妃密謀。蓋據誣告之詞，而不知其自相矛盾也。」本史卷七一后妃傳亦同天祚紀。檢金史卷一三三耶律余覩傳載其降金書，具言晉王宜爲儲副，所圖未成。降書無僞造痕迹，係余覩自白。三朝北盟會編靖康中帙三三引鄭望之靖康要盟録載宋廷密賜余覩書，亦稱其謀立晉王未成，避禍出國云云。按當時朝廷情況，謀立晉王，應屬事實。

〔二〕此「亡」字與上文「或勸之亡」，兩字均謂逃亡。契丹國志卷一一：「遼自金人攻伐（攻伐，承恩堂本作侵犯）以來，天下郡縣，所失幾半，生靈塗炭，宗廟丘墟。天祚尚以四時游畋爲樂，工作之費，未嘗少輟，遂失內外人心，嘗有倦處萬機之意。有四子：長曰趙王，昭容所出，次曰晉王，文妃所出，次曰秦王、魯王，並元妃所出，國人皆知晉王賢而屬望焉。元妃兄樞密使蕭奉先慮秦王不得立，密圖之，未有以發。晉王母文妃姊妹三人，長適耶律撻曷里，次適余覩，會撻曷里妻嘗過余覩家，蕭奉先密遣人誣告其結余覩，將立晉王，尊天祚爲太上皇帝，事發，撻曷里妻等皆伏誅，文妃亦賜死，獨留晉王，時余覩在軍中，聞之懼，即領千餘騎並骨肉車帳，叛歸金國。時方盛夏，途中爲雨霖所阻。天祚遣知奚王府蕭遐買、宰相蕭德恭、大常衮耶律謫里姑、歸州觀察使蕭和尚奴、太師蕭幹各領本部軍馬會合追之，至閭山縣相及，諸軍議曰：『今天祚信用奉先，致晉王之禍，兼奉先平日視吾曹蔑如也。余覩，宗室之豪俊，負氣不爲人下。若擒余覩，則他日吾曹皆余覩也。不若縱之爲利。』皆曰『喏』。於是給云『追之不及』。余覩既亡，奉先懼諸將皆叛，乃峻加蕭遐買等爵賞，以慰其心。」

〔補〕宗室下〔一〕

釋魯　剌葛　迭剌　寅底石　安端　蘇　牙里果　罨撒葛

只没　隆慶 查葛 宗允　隆裕 貼不　和魯斡

〔一〕原本史卷七二列傳第二宗室。今增補宗室十五人爲宗室下，以原宗室爲宗室上，保存原卷數及列傳次第，以便查索。

耶律釋魯，字述瀾，〔一〕玄祖第三子。太祖叔父。駢脅多力，賢而有智。遥輦痕德堇可汗時，始置于越，以釋魯爲之，班百僚之上，總理軍國事，握政柄。先是契丹歲貢於突厥，至此始免。釋魯嘗西伐党項、吐渾，北征于厥、室韋，南畧易、定、奚、霫，俘歸其民，令各放牧耕植於潢河沃壤，又就祖州東南建私城，即號曰于越王城。自是草原始興板築，置城邑，教民種桑麻，習織組，遂有廣土衆民之志。農牧結合，實肇基於此。太祖既長，釋魯與夷離堇轄底同執國政。尋爲蒲古只、蕭臺哂等三族及其子滑哥所謀殺，年五十七。轄底即因釋魯支持，由其異母兄罨古只奪取迭剌部夷離堇者。

釋魯既遇害，轄底懼，奔渤海。太祖謂曷魯曰：「滑哥弑父，料我必不能容，將反噬我，今彼歸罪臺哂爲解，我姑與之，是賊吾不忘也。」自是曷魯衛護太祖愈謹。重熙二十一年追封爲隋國王。子滑哥、海思在逆臣傳，綰思，官至南院夷離堇。

參紀、表、地理志、百官志、儀衛志、曷魯傳、轄底傳

〔一〕本史卷三七地理志一作述魯。下文于越王城作越王城。

耶律仁先墓誌銘（見全遼文卷八）作實魯：「遠祖曰仲父述剌實魯于越，即第二橫帳。」

耶律剌葛（剌哥）字率懶，又作撒剌（薩剌），一名阿斡，又作烏斡，亦稱撒剌阿撥或阿潑撒剌（省曰撥剌）。太祖同母兄弟五人：長太祖，次剌葛，三迭剌，四寅底石，五安端。剌葛性愚險。

太祖即位二年，始置惕隱，典族屬，以剌葛爲之。尋受命討烏丸、黑車子室韋。五年討涅烈部，破之，有驕志，遂與弟迭剌、寅底石、安端等謀反。〔一〕安端妻粘睦姑知之，以告，按問得實。太祖不忍加誅，乃與剌葛等登山刑牲，告天地，令誓而赦其罪。太祖謂剌葛曰：「汝謀此事，不過欲富貴爾。」出爲迭剌部夷離堇。迭剌部後分南、北院二部，夷離堇改稱大王。史亦稱剌葛曰北大王。

六年秋，太祖親征朮不姑及西南諸部，命剌葛分兵攻平州。是年冬破之，俘漢民以歸。先是征烏丸，占其地爲牧場，建私城曰烏州，至是又以漢俘置愛民縣隸之。剌葛既爲迭剌部夷離堇，從叔轄底、從兄滑哥誘之，復與迭剌、寅底石、安端等反，不從者殺之。據西山以阻歸路。太祖還次北阿魯山，聞而避之。引軍南趨十七濼，次七渡河，剌葛等各遣人謝罪，太祖許以自新。〔二〕

七年，車駕次赤水城，剌葛等欲乘王師不備，爲掩襲計，紿降。太祖異母弟蘇往來調解之。太祖命將軍耶律老古、耶律欲穩爲御，嚴號令，勒士卒，控轡以防其變。乃素服乘赭白馬，解兵器，肅侍衛以受之，因加慰諭，剌葛等知有備，懼而引退。太祖復數遣使撫慰。既而迭剌、安端被拘，以其所部分隸諸軍。剌葛引其衆至乙室堇淀，具天子旗鼓，將自立，〔三〕皇太后陰遣人諭令避去。會弭古乃、懷里陽言車駕且至，其衆驚潰，掠居民北走，太祖以兵追之。剌葛遣寅底石引兵徑趨行宮，焚其輜重，廬帳，縱兵大殺，皇后急遣曷魯古救之，僅得天子旗鼓而已。其黨神速姑復劫西樓，焚明王樓。太祖以先所獲資畜分賜將士，統兵北追，剌葛等面木葉山射鬼箭厭禳。王師先鋒追及培只河，〔四〕遂與追兵戰，敗績，盡失輜重生口。太祖遣先鋒北府宰相蕭敵魯偕弟阿古只以輕騎追擊，剌葛率兵逆戰，相拒至晡，剌葛衆潰，退至柴河，自焚其車乘廬帳而去。至鴨里河，復遇室韋女骨及吐渾酋長拔剌、迪里姑等伏兵邀擊，遂大敗。剌葛輕騎遁去，遺其所奪神帳於路，其黨庫古只、磨朵皆面縛請罪。逃至榆河，時敵魯率驍騎先至，遂與轄底同被擒，執送行在，剌葛等以槀索自縛，牽羊望拜。太祖更剌葛名曰「暴里」。明年，有司鞫逆黨三百餘人，以剌葛爲首惡，迭剌次之。太祖猶念同氣，不忍置於法，數之曰：「汝與吾如手足，而汝興此心，我若殺汝，則與汝何異！」乃杖而囚之。其妻轄剌已實預逆謀，議絞殺之，被囚期年，得釋。

神册二年偕其子賽保里帥衆奔晉，晉王厚遇之，養爲假子。官以刺史，而不釐務。明年（神册三年，梁貞明四年）胡柳之戰，復偕妻子奔梁。天贊二年，唐莊宗既滅梁，獲之。詔數其罪：「契丹撒剌阿撥叛兄棄母，負義背國，宜族誅於市。」遂磔之。子賽保里、魯不姑、拔里得。魯不姑、拔里得並有傳。

參紀、志、表、傳、通鑑及胡注

〔一〕剌葛與太祖爲同母弟。剌葛、轄底與太祖均有阿保（阿撥）稱號。太祖以迭剌部夷離菫即位，剌葛謀反失敗後，反被任爲迭剌部夷離菫，所謂「謀反」應另有内容。故仍列入宗室。

〔二〕此是第二次。

〔三〕此是第三次。具天子旗鼓、奉神帳，可見有社會傳統基礎。諸弟之亂，南府名族多罹其禍，可知南府名族，附剌葛一方。后弟蕭室魯（實魯）及其妻太祖女余盧覩姑（質古）亦附剌葛。

〔四〕培只河及下文柴河，本史卷六四皇子表作孽只河、喝只河。

耶律迭剌又作迭剌哥、迭烈哥，字雲獨昆，一作匀睹衮，〔一〕太祖同母弟也。性敏給，有智謀，識理淹通。太祖嘗曰：「迭剌之智，卒然圖功，吾所不及，緩以謀事，不如我。」

太祖五年，迭剌與兄剌葛、弟寅底石、安端謀異動，安端妻粘睦姑告發得實，上因相與登山刑牲，告天地爲誓而赦之；明年冬，四人復反，尋各遣人謝罪，上猶許以自新。七年三月，太祖次蘆水，迭剌圖爲奚王，與安端擁千餘騎而至，紿稱入覲。剌葛自具天子旗鼓。〔二〕太祖怒曰：「爾曹始謀逆亂，朕特恕之，使改過自新，尚爾反覆，將不利於朕。」遂拘之。以所部分隸諸軍。

既而剌葛就擒，有司鞫逆黨，迭剌屬次惡，遂杖而釋之。神册三年謀南奔，事覺，罪當伏誅，諸戚請免，復赦之。

當國基肇造，始興文軌，守之以道德仁義，播之以禮樂詩書，迭剌有過能改，戮力勤王，仍復秣馬礪兵，躬擐甲冑，隨上統兵征伐，建功立勳，寵以元良。拜爲東丹國左大相。〔三〕朝命以渤海老相爲右大相、渤海司徒大素賢爲左次相，耶律羽之爲右次相，交互監輔，協商共事，同佐東丹王太子倍，安撫東藩。涖事未久卒。

渤海爲遼東盛國，文物制度，依仿唐朝，多爲遼廷借鑑。神册五年春正月，朝命創製契丹字，增減漢字筆畫，讀以契丹語。九月，字成。詔頒行之。後回鶻使至，無能通其語者，太后謂太祖曰：「迭剌聰敏可使。」遣迓之，相從二旬，能習其言與書，因製契丹新字，仍增減漢字筆畫，參考回鶻文法則，以及切拼音爲主。故字少而該貫，遂以前製稱大字，迭剌新字稱小字。〔四〕與漢字並行境内。子允，有文武才，未得永年。

孫合住，漢名琮，卷八六有傳。

參紀、表、傳、耶律琮神道碑

〔一〕迭剌，本史卷一太祖紀太祖七年三月、八年正月並作迭剌哥。神册三年作迭烈哥。雲獨昆從卷六四皇子表，全遼文卷四耶律琮神道碑作「諱匀睹衮。」

〔二〕舊俗三年更代，剌葛等異謀集團内，除太祖諸弟外，仍有太祖之叔、太祖之女及婿等懿親，應屬維護舊俗舉動。

〔三〕此從本紀。全遼文卷四耶律琮神道碑作左宰相。

〔四〕近年兩種文字均有石刻出土。

寅底石一作匀德實，字阿辛，德祖第四子。生而闇懦。太祖五年，從剌葛作亂，以告得實，太祖赦之。明年，又附剌葛反。七年，鴨里河之敗，隨剌葛遁至榆河，遇蕭敵魯追軍，自刺不死，被擒。洎論刑，太祖以寅底石、安端性本庸弱，爲剌葛所使，皆釋其罪。其妻涅里衮，亦以脅從獲免。神册三年，迭剌謀叛，事覺，諸戚請免，太祖素惡寅底石妻涅里衮，乃曰：「涅里衮能代其死則從。」涅里衮遂自縊於壙中，並以奴女古、叛人曷魯只生瘞其中而赦迭剌。

天顯初，親征渤海，拔扶餘城，留寅底石與耶律覿烈守之。回至扶餘府，太祖崩，遺詔以寅底石守太師政事令輔東丹王，淳欽皇后遣司徒劃沙殺之於路。重熙二十一年追封許國王。子四人，劉哥、盆都卷一一三並有傳，化葛里、奚蹇附盆都傳。

參紀、表、傳

安端字猥隱，一作隈恩。太祖同母弟中年最幼。性庸弱。言無收檢，若空車走峻坂。太祖五年附剌葛作亂，其妻粘睦姑，以告變功封晉國夫人。明年冬，安端復與剌葛等反。七年春與兄迭剌被擒於蘆水，遂拘之，以所部分隸諸軍。及論刑，以其爲從犯，釋之。粘睦姑亦以嘗有檢舉功，獲免。

神册三年，任惕隱。受命攻雲州及西南諸部。

太祖親征渤海，既拔扶餘城，命安端、蕭阿古只等將萬騎爲先鋒，破渤海老相兵三萬餘人。渤海既平,建東丹。安邊、鄚頡、定理三府叛,安端奉命討平之。太祖崩於扶餘,淳欽后偕長子東丹王突欲奉喪西歸,留少子李胡守東丹,以安端輔之。

太宗即位,有定策功。遼法:優禮大臣,則賜以木柺,如漢制賜几杖之比,安端以叔父之尊得之。天顯四年,遷北院夷離菫。安端有私城,會同三年,詔賜額曰白川州。時吐谷渾爲安重榮所誘,拒不歸命,五年,詔以安端爲西南路招討使以討之,且諭宜先練習邊事,而後之官,發兵討吐谷渾以警諸部。

六年十二月,分道伐晉,安端統兵自西路進。明年正月,入雁門,圍忻、代。進攻太原,晉河東節度使劉知遠與白承福合兵二萬來拒,戰於秀容,安端兵敗,喪師三千。自鵶鳴谷出潞州,東奔與大軍合。

大同元年,以病先歸。世宗即位鎮陽,太后命太弟李胡逆拒,安端聞之,欲持兩端,子察割説之,乃與姪劉哥定計附世宗。是時世宗在南京,遂遣人馳報,請爲先鋒,遇太后軍於泰德泉石橋,〔一〕蓋沙河之橋也。南則姚家洲,北則宣化館至西樓。既接戰,安端墮馬,王子天德馳至,舉槍刺之,劉哥以身衛安端,射天德,安端得馬復戰,太后排陣使李彦韜迎降,遂敗太后兵。偕劉哥朝於行在,及和議成,以功主東丹國,封明王。

天禄中,爲西南面大詳穩。子察割弒逆被誅。穆宗赦其通謀罪,放歸田里。没其私城白川州。應曆二年薨。子察割在逆臣傳。

參紀、志、表、傳、通鑑及胡注、胡嶠入遼録

〔一〕本史卷五世宗紀，卷六四皇子表稱泰德泉，卷一一三蕭翰傳作潢河横渡，通鑑作沙河石橋，實一地。

蘇，一作素，字雲獨昆，亦作鐸穩。太祖異母弟。性柔順。

太祖即位二年，春，滄州節度使劉守文爲弟守光所攻，遣使乞援。蘇以舍利偕夷離堇蕭敵魯統兵會守文於北淖口，進至横海軍近淀，一鼓破之，守光潰去，因名北淖口爲會盟口。剌葛詐降，蘇往來調處，多賴其力得平息。

神册五年爲惕隱。明年，拜南府宰相，自諸弟搆亂，府之名族多罹其禍，故其位久虚。以鋤得部轄得里、只里古攝之。府中數請擇任宗室，太祖以舊制不可輒變，請不已，乃告於宗廟而後授之。宗室爲南府宰相自此始。

天贊三年，與南院夷離堇迭里畧地西南。天顯初，從征渤海，與皇太子倍、大元帥堯骨圍忽汗城，降之。

太祖既崩，逾月薨，蘇事上忠謹，直言無隱，太祖於諸弟中尤愛之。居佐命二十功臣之一，然在南府以賄聞，頗有民怨。孫奴瓜，卷八五有傳。

參紀、表、傳

牙里果，一作涅離骨德、骨都，亦作涅里衮，赫邈，[一]字敵輦，太宗異母弟，性沉默，善騎射。太祖即位前二年，率衆三十萬會李克用於雲中，約爲兄弟而還，[二]留牙里果與首領沮稟梅爲質。後返回。

天顯三年爲惕隱。時唐兵敗鐵刺[三]於定州，命牙里果與都統查刺率騎七千赴援，會戰於唐河北，敗績，鐵刺死之，牙里果等退奔易州，時秋雨繼降，溝渠汎溢，沿途泥濘，爲唐兵俘斬及陷溺死者不可勝數。及過幽州境，趙德鈞以精騎扼險邀擊，牙里果、查刺等將領五十餘人皆被執。餘衆散投村落，村民持白梃擊之，棄馬遁脱者纔數十人。[四]唐主以牙里果等皆契丹驍將，殺之則絶望，不若存之以紓邊患，乃赦牙里果等五十人，置之親衛，餘悉斬之。後唐長興二年（天顯六年，九三一）賜牙里果姓狄名懷惠，[五]授銀青階檢校散騎常侍。太宗屢遣使請歸之，唐主謀於羣臣，皆曰：「契丹所以數年不犯邊而屢求和者，以此輩在南故也，縱之則邊患復生。」遂不遣。石晉立，始得北還。復爲惕隱。會同三年，太宗初如南京，牙里果率萬騎先驅，後以病卒。子敵烈，南府宰相；室魯；奚底，北院大王。〔六〕

參紀、表、通鑑及胡注、册府元龜

〔一〕見新五代史卷七二、通考卷三四五。

〔二〕通鑑考異後梁紀太祖開平元年五月引後唐太祖紀年録：「天祐二年五月，阿保機領其部族三十萬至雲州東城，帳中言事，握手甚歡，約爲兄弟，旬日而去，留男骨都舍利、首領沮稟梅爲質。」骨都即涅里骨德，沮稟梅應是沮稟梅里。

〔三〕鐵剌，本史卷六四皇子表作耶律沙，卷三太宗紀天顯三年三月作奚禿里鐵剌，通鑑作禿餒。

〔四〕舊五代史卷三九：「散投村落，所在村民持白梃毆殺之，德鈞出兵接於要路，惟奇峯嶺北有馬潛遁脱者數十，餘無噍類。」

〔五〕惠，通鑑作忠，章鈺校：「十二行本忠作惠。」册府元龜、新五代史並作惠。

〔六〕本史卷六四皇子表作二子：敵烈、奚底。皇族表列三子：南府宰相敵烈；室魯；北院大王奚底。

罨撒葛一作阿鉢撒葛里，太宗次子，穆宗同母弟也。天顯九年十二月生，會同二年六歲，封太平王。世宗時，詔許其與晉主往復以昆弟禮。

察割弑逆，罨撒葛被囚繫，賴林牙耶律敵獵計得脱。

穆宗即位，委以國政。見穆宗耽酒嗜殺，陰懷異志。應曆三年，李胡子宛，郎君嵇幹，敵烈等謀反，事覺，辭逮罨撒葛，被執，明年獲釋。

後復命司天魏璘卜休咎，謀僭立，事覺，貶西北邊戍。流璘烏古部。

景宗立，罨撒葛懼，竄於大漠。召還，釋其罪，進封齊王。保寧四年，病疽卒。年三十九。追封爲皇太叔，謚欽靖。

其妻，睿智皇后長姊也。罨撒葛卒後，自稱齊妃，領兵三萬屯西鄙驢駒兒河，嘗閱馬，見其奴撻覽阿鉢姿貌甚美，因召侍帳中，后聞之，縶撻覽阿鉢，抶以沙囊四百而離之。踰年，齊妃請於后，願以爲夫，后許之，使西捍達靼，盡降之，因謀帥其衆奔骨歷札國，結兵圖篡，后聞之，遂奪其兵權，命領幽州。

參紀、表、契丹國志、長編、續通鑑

只沒又作質睦，字和魯堇，世宗第三子，母甄氏。敏給好學，通契丹、漢字，能詩。應曆十九年，與宮人私通，穆宗怒，榜掠數百，刺一目而宮之，繫獄，將棄市。景宗即位釋之，封寧王。賜以所私宮人。保寧八年，妻安只以造鴆毒伏誅，只沒亦奪爵，貶烏古部。後以賦放鶴詩，征還。

統和元年，皇太后稱制，遵遺詔復封寧王。從趙妃等進助山陵費。應皇太后命賦移芍藥詩。

參紀、表、傳

隆慶，一名贇，字燕隱，小字普賢奴，又作菩薩奴。景宗次子。幼異常兒，儼若成人。幼時與羣兒戲爲行伍戰陣法，指揮意氣，無敢違者。景宗奇之曰：「此吾家生馬駒也。」長善騎射，驍捷如風。乾亨二年八歲，封恒王。統和十六年，徙王梁國，以侍中遷拜南京留守。十七年冬南征，爲先鋒。明年正月，次瀛州，敗宋將范廷召，廷召潛師遁。詰朝，圍宋援師於州西南之裴村，盡殪其衆，擒其將康保裔、馮從順，〔一〕獲兵仗器甲無算。十九年南征，仍統先鋒軍，敗宋人於行唐。二十二年冬，澶淵結盟。翌年，置榷場，南北來往多，隆慶坐鎮燕京，凡商旅饋獻，必還其值，公平處理，以敦和好。〔二〕二十六年，宋路振來使，嘗記其當時見聞如下：燕京留守兵馬大元帥秦王隆慶，副留守秘書大監張肅。〔三〕隆慶者，契丹國母蕭氏之愛子也，故王以全燕之地而開府焉。其調度之物，悉侈於聖宗，嘗歲籍民女，躬自揀擇，其尤者爲王妃，〔四〕次者爲妾媵。炭山北有涼殿，夏常隨其母往居之。嬪御皆從，穹廬帟幕，道路相屬，宰相韓德讓尤忌之，故與德讓不相叶也。

燕京府曰幽都府，當時光禄少卿郎利用爲少尹，有判官、掾曹之屬。民有小罪皆得關決，至殺人非理者，則決之於隆慶，喜釋而怒誅無繩矣。城中漢兵凡八營，有南北兩衙兵、兩羽林兵、控鶴、神武兵、雄捷兵、驍武兵，皆黥面給糧如漢制。渤海兵别有營，即遼東之卒也。屯幽州者數千人，並隸元帥府。隆慶驕侈不親戎事，兵權咸在蘭陵郡王駙馬都尉蕭寧之手。〔五〕太后崩，聖宗闇弱，隆慶桀黠，國人多附之，又繕甲兵，遣親信以私書交結貴臣。聖宗常召之，辭以避暑不至。其親信録其書抵雄州，且言聖宗不能敦睦親族，國人皆思歸漢，宋主敕邊吏不報。

開泰元年更王晉國，〔六〕兼燕京管内處置使，進王秦晉，加守太師兼政事令，〔七〕賜金券。〔八〕五年九月入朝，帝親出迎勞，至實德山，因同獵於松山。十二月，還至北安州，浴温泉，疾薨。明年三月，帝親葬之顯州醫巫閭山。〔九〕追册爲皇太弟，謚孝貞。〔一〇〕

遼制，天子及皇太后稱制者各置宮衛，惟隆慶以皇太弟置敦睦宮。子五人，查葛，遂哥，〔二〕謝家奴，旅墳，蘇撒。

參紀、志、表、傳、長編、契丹國志、乘軺録、墓誌

〔一〕康昭裔原名保裔；宋順即馮從順，並見本書卷八二補傳。

〔二〕長編：「景德二年十月甲午，使臣自雄州入奏，言榷場商旅，貿易於北境，契丹國主弟曰隆慶者，受其饋獻，必還其直，又設酒饌犒勞之。且言今與中朝結好，事同一家，道路永無虞矣。上諭輔臣曰：『蕃戎之情，兹亦可見，然更宜慎擇疆吏，謹守詔條也。』王旦曰：『孫僅嘗言，國主氣濁而體肥，隆慶瘦而剛果，國人多歸之。隆慶見本朝歲有贈遺，屢勸行賞國中，其志欲激動衆心也。』」

〔三〕乘軺録：張肅曾受命迎國信使路振等於燕京城南亭中，供帳甚備，大閹具饌，醆斝皆頗璃，黄金釦器。

〔四〕景宗長女秦晉國大長公主墓誌銘（見全遼文卷六）：「女二人，長適秦晉國王追謚孝貞皇太弟隆慶，册爲秦國妃。」隆慶長子耶律宗政墓誌銘（見全遼文卷七）：「孝貞皇太叔，烈考也。齊國妃蘭陵蕭氏，故豳國夫人之女，皇妣也。王即孝貞皇太叔之元子。」又耶律宗允墓誌銘（見全遼文卷八）：「孝貞皇太弟諱隆慶，故齊國妃蕭氏，考妣也。王即孝貞皇太弟之第三子也。」秦國妃、齊

國妃皆景宗外孫女。秦晉國妃墓誌銘（見全遼文卷八）：「魏國公主小字長壽奴，考妣也。公主即景宗皇帝之幼女。孝貞皇太弟諱隆慶，即妃先出適之所天也。」依舊俗隆慶曾娶其甥女三人。

〔五〕二十六年以下至此，並見乘軺録。

〔六〕開泰初更王晉國，進王秦晉，見本史卷六四皇子表；本史卷四八百官志四作秦王隆慶，皇子表記開泰初尋拜大元帥，年分不合。

〔七〕乘軺録：統和二十六年已稱燕京留守兵馬大元帥秦王隆慶。契丹國志卷一四云：「定州之戰，隆慶封爲梁王，加兵馬大元帥。」

〔八〕本史卷一五聖宗紀：「開泰元年十二月庚辰，賜皇弟秦晉國王隆慶鐵券。」（卷六四皇子表同）隆慶全銜，見全遼文卷八秦晉國妃墓誌銘：「故資忠弘孝神謀霸畧興國功臣、兵馬大元帥、燕京留守、守尚書令兼政事令秦晉國王贈孝貞皇太弟諱隆慶。」

〔九〕本史卷一五聖宗紀開泰六年三月作「如顯州，葬秦晉國王隆慶」，卷六四皇子表作「葬醫巫閭山」，山在州境。

〔一〇〕本史卷三一營衛志、卷四五百官志及契丹國志卷一四本傳並作孝文皇太弟。出土石刻作孝貞，耶律宗政墓誌銘（見全遼文卷七）作孝貞皇太叔，應是宋諱貞改文，未及回改。

〔一一〕漢名宗德，大内惕隱，同中書門下平章事，汧王。見全遼文卷八耶律宗允墓誌銘。

契丹國志卷一四作「葬祖州」。本史卷三一營衛志稱「陵寢在祖州西南三十里」。

查葛一作查割、查哥、查割折、查箇只，漢名宗政（契丹國志卷一四作宗懿），字去回，隆慶長子。少有氣局，幹畧過人。聖宗雅愛諸姪，每誡之曰：「汝勿以材能陵物，勿以富貴驕人，惟忠惟孝，保家保身。」開泰三年，授護國軍節度管內觀察處置等使、崇禄大夫、檢校太師、左衛上將軍行河中尹、兼御史大夫、上柱國特封漆水縣開國伯，食邑七百户。五年，拜同政事門下平章事，封中山郡王。加食邑三百户，食實封一百户。太平元年冬，會行册禮，進階特進。二年夏六月，判武定軍節度，奉聖、歸化、儒、可汗等州觀察、處置、巡檢、屯田、勸農等使，自是凡數歲間，連典巨鎮，所至稱治。歷保靜等軍節度使，〔一〕進封潞王。興宗即位，進位開府儀同三司。重熙三年，改知遼興軍節度，平、灤、營等州觀察處置等使。四年，國家以肇膺駿命，進封魯王。〔二〕九年，興宗以國之屬籍，非宗中之長，孰能董正之，遂拜大内惕隱。〔三〕十年，改授諸行宫都部署兼侍中。十一年冬，車駕幸燕，遷授武寧軍節度，進封宋王。〔四〕十四年，兼中書令、判宣徽南院事。十七年，拜樞密使，加食邑二千户，食實封二佰户，仍賜資忠佐理功臣。〔五〕十九年就加守太保改封鄭王，〔六〕二十年爲四十萬軍南大王，二十一年冬，拜樞密使，册封越國王，〔七〕又賜保義功臣。二十四年，興宗崩逝，道宗立，有匡内制外之功，進位守太傅，改封趙國王。又賜翊聖功臣。〔八〕清寧二年以山陵畢，京邑是居。尋判上京留守臨潢尹事，册命爲魏國王。〔九〕四年冬，召赴闕，復拜大内惕隱，掌屬籍事。〔一〇〕又賜同德功臣。五年，再判遼興軍節度，〔一一〕平、灤、營等州觀察、處置等使。王至于是鎮，整軍勸農，其化大洽。六年，移判武定軍節度，奉聖、歸化、儒、可汗等州觀察處置巡檢、屯田、勸農等使，加食邑二千户食實封二百户，下車之後，其政如遼興。無何，以八年三月十二日薨于武定軍之公署。年六十。訃聞行闕，詔贈守太師，謚曰忠懿。是月扶護靈柩權厝于州北嶺陰之地，卜宅之次，上又遣左散騎常侍知崇義軍節度使劉嗣復充敕葬使，申命少府監遼西路錢帛都提點王滋充敕祭使，率從其母宋魏國妃及其弟前判西京留守魯王宗允襄事，暨大鴻臚督喪，即以其年十月二十七日備鹵簿歸葬於乾陵，祔祖宗之寢廟。〔一二〕先是聖宗皇帝藩戚間，逼之娶妃，查葛植性介特，辭以違卜，不即奉詔，自是不復請婚，以致無子。〔一三〕

查葛居宗戚之光，處人臣之極，入握樞權，不以賞罰私於己；出臨戎政，不以威愛縱於心。歷事三朝，逮逾四紀，夾輔盡股肱之力，糺合隆骨肉之恩。加以樂慕儒宗，諦信佛果，考悌寬仁，有足稱焉。

參墓誌、紀、表、契丹國志卷一四

〔一〕本史卷一六聖宗紀太平四年六月，以中山郡王查哥爲保静軍節度使，卷一七聖宗紀太平七年十一月作匡義軍節度使，與謝家奴保寧軍節度使互舛，九年六月作保定軍節度使，保定不見地理志，或是保静之誤。契丹國志卷一四本傳作歷龍化、饒、建、宜、平州節度使。建州軍額保静，饒州軍額匡義。

〔二〕本史卷一七聖宗紀太平九年六月作進封潞王。全遼文卷七耶律宗政墓誌銘（本補傳下注中，均簡稱墓誌）作魯王。

〔三〕按本史卷一八興宗紀重熙五年四月，以潞王查葛爲南府宰相。七年十二月，以查割折爲大内惕隱。兹從墓誌作九年爲大内惕隱。

〔四〕按武寧軍節度、宋王，紀並失載，按墓誌作「遷授武寧軍節度，徐、宿等州觀察、處置等使，行徐州大都督府長史，進封宋王。」

〔五〕十四年、十七年事，紀並失載。

〔六〕按本史卷二〇興宗紀重熙十九年十二月，以南院樞密使潞王查葛爲南院大王。

〔七〕按本史卷二〇興宗紀重熙二十一年十月南院大王潞王查葛爲南院樞密使，進封越國王。墓誌作二十一年夏，兹從本紀。賜保義功臣，紀失載。

〔八〕按封趙國王、賜翊聖功臣，紀並失載。

〔九〕按本史卷二一道宗紀：「清寧二年六月，南院樞密使趙國王查葛爲上京留守。十一月，徙封趙國王查葛爲魏國王。」契丹國志卷一四本傳謂終於晉王，殆傳聞之誤。

〔一〇〕按本史卷二一道宗紀，在清寧三年六月。

〔一一〕按本史卷二一道宗紀，在清寧五年六月。

〔一二〕墓誌文前原題：「大契丹國故資忠佐理保義翊聖同德功臣、武寧軍節度、徐、宿等州觀察、處置等使、開府儀同三司、檢校太師、守太傅、兼中書令、行徐州大都督府長史、判武定軍節度、奉聖、歸化、儒、可汗等州觀察、處置、巡檢、屯田、勸農等使、上柱國、魏國王、食邑一萬八千户、食實封一千八百户、贈守太師、謚忠懿、漆水郡耶律王墓誌銘並引」。又「翰林學士、中散大夫、中書舍人、史館修撰、上騎都尉、太原縣開國子、食邑五百户、賜紫金魚袋王寔奉敕撰」。王寔曾於重熙十一年四月八日撰遵化寺碑，題「前鄉貢進士王寔撰」。按本史卷一九興宗紀，當年「六月壬午，放進士王寔等六十四人」。應是碑已刻訖，寔又中狀元遂於鄉貢進士上補鐫「前」字，以示已非鄉貢進士。清寧四年閏十二月，寔曾以右諫議大夫史館修撰副耶律維新入宋賀正旦。見長編嘉祐三年閏十二月。

宗允，字保信，又名謝家奴，隆慶第三子。聰敏有智畧，自幼如成人。開泰中以聖宗猶子，封長沙郡王，〔一〕尋知匡義軍節度使事，秩滿，用相印節制於乾州。重熙元年，知啓聖軍事，旋貞師於白川之壤。不數月改知臨海軍事。以慶典遥授天雄軍節度、魏州管内觀察、處置等使，徙臨崇義、興國二軍，復歷廣德、啓聖兩鎮，加兼侍中，判始平軍事。未幾，鎮於蔚蘿，進封韓王。再判崇義軍事，進封汧王。當年申典白川，逾歲薦移臨海。奉聖古上谷城，雄亞全燕，宗允以懿親控撫之，特賜保順功臣，進封陳王，清寧初，以皇叔之尊，久鎮方面，遂驛召歸闕，拜爲南宰相，位在丞相之上。翌歲，會陳大禮，加賜協贊功臣，兼中書令。重判忠順軍事，仍賜推誠功臣，進封魯王。歲餘，加守司徒，移殿於應州。後改判西京留守大同尹事。制下判奉先軍事兼山陵都部署，甫及周星，復臨於上谷，未終考，再涖應州，十年，羣臣上道宗尊號，時王公將相，出臨外任者，皆詔赴闕，預觀禮儀，宗允始自彰國軍沿節于邁，以仲冬爇於中畿，改判匡義軍節度使事。無何，以疾薨。〔二〕年六十。訃聞，詔追封鄭王，太常考行，謚曰恭肅。〔三〕

宗允平居慕佛崇儒，遵循禮法。領方鎮，處臺宰，〔四〕忠勤奉公，喜愠不形於色。當尹守之任，遹清民訟。能以寬仁撫下。子二。弘辯，昭義軍節度使。撒八。

參墓誌、紀

〔一〕按本史卷一五聖宗紀，開泰六年四月，封隆慶少子謝家奴爲長沙郡王。全遼文卷八耶律宗允墓誌銘（本補傳下注中，均簡稱墓誌）稱：「遥授貝州觀察使。遂以昭義軍節度鉞假之，既而進位同中書門下三品，始封長沙郡王。」

〔二〕墓誌：「以其年十二月七日薨於行帳。」即冬捺鉢時。

〔三〕墓誌稱：「旋遣王子班詳穩、乾德軍節度使、檢校太尉耶律宗胤監護靈櫬，歸於攢所，仍命廣德軍節度使、金紫崇祿大夫、檢校太傅、守左監門衛上將軍王澤充勑祭葬發引都提點。申命晉州觀察使、金紫崇祿大夫、檢校太傅、遼西路錢帛都提點韓造充勑祭發引使。越以咸雍元年四月十一日備鹵簿鼓吹陪葬於乾陵，祔孝貞皇太弟之塋，順也。王娶蘭陵蕭氏，封長沙郡妃。兄二人，長曰宗政，守太傅兼中書令、魏國王，次曰宗德（即遂哥），大內惕隱、同中書門下平章事，汧王。」

〔四〕墓誌文前題「大契丹國故保順協贊推誠功臣天雄軍節度、魏州管內觀察處置等使、開府儀同三司、檢校太師、守司徒兼中書令、行魏州大都督府長史、判匡義軍節度、饒州管內觀察處置等使、上柱國、魯王、食邑一萬五千户、食實封壹仟伍佰户、進封鄭王、謚曰恭肅、耶律王墓誌銘并引」。又「朝請大夫、守將作少監、充史館修撰、應奉閤下文字、飛騎尉、賜紫金魚袋劉詵奉勑撰」。

隆裕一作隆祐，小字高七，亦作高二，字胡都堇。景宗第三子。性沉毅，美姿容。乾亨初，封鄭王。

統和十六年徙王吴國。十九年冬，南伐，徙封楚國王，留守京師，二十一年，遥授西南面招討使。明年南伐，又留守京師。二十八年秋，聖宗親征高麗，仍留守京師。二十九年，權知北院樞密使事。

開泰元年，徙封齊國王，留守東京。是年八月薨。閏十月，贈守太師，謚仁孝。重熙間，改謚孝靖。

隆裕自少年慕道，見道士則喜。〔一〕爲東京留守時，崇建宮觀，備極輝麗，廊殿接連數百間。又別置道院，延接道流，誦經宣醮，用素饌薦獻，遠近化之。

子胡都古，合祿，貼不。胡都古、合祿先後出繼大丞相耶律隆運後。〔二〕

參紀、表、契丹國志卷一四

貼不，隆裕幼子，封豫章郡王，太平九年拜長寧軍節度使，重熙中，家奴彌里吉告貼不言涉怨望，鞫之無驗。十七年，以西京留守晉封漢王。明年，蕭惠爲河南道行軍都統，統兵伐夏，貼不副之。十九年冬爲中京留守，轉南府宰相，時與北府宰相蕭塔烈葛等並承賜坐，論古今治道。

道宗即位，遷東京留守，西京留守，徙王吳，更王魏。清寧九年，附重元作亂。事既平，貼不訴爲重元所脅，詔削爵爲民，流鎮州。

子耶魯，繼嗣文忠王府。

〔一〕長編真宗大中祥符元年三月宋摶使契丹還言：「國主（聖宗）奉佛，其弟秦王隆慶好武，吴王隆裕慕道。」

〔二〕景宗長女秦晉國大長公主墓誌銘（見全遼文卷六）：「女二人，次適故齊國王隆裕，册爲齊國妃。」

和魯斡，一作胡盧斡里、胡盧瓦，字阿輦，又作紇根、叱地好，漢名洪道，又作洪本。道宗同母弟也。重熙十年十月生，七歲封越王。清寧元年徙封魯國，明年改宋國。爲上京留守。和魯斡頗有武畧，重元之亂，乘夜赴戰。奚人騷亂，受詔往討，伏兵林中，佯爲敗走，奚人掠輜重，和魯斡與伏兵合擊之，盡殪其衆。後又受命討平渤海高顙樂之叛，改南京留守，封燕王。進王宋魏。〔一〕

天祚即位，弛圍場之禁，和魯斡請曰：「天子以巡幸爲大事，雖居諒陰，不可廢也。」上以爲然，復命有司促備春水之行。乾統元年夏，拜天下兵馬大元帥，加守太師，免拜，不名。三年，册爲皇太叔。六年，兼惕隱，加「義和仁壽」〔二〕之號。十年閏八月，從獵於慶州，薨，年七十。

子三人。石篤，北院宣徽使，漆水郡王。遠，匡義軍節度使。淳，北遼宣宗。

參紀、表、傳、契丹國志卷一〇、一四、金史

〔一〕時鄧中舉任燕京副留守。見遼代龔誼撰鄧中舉墓誌銘（見考古一九八二年第三期）。

〔二〕本史卷二七天祚帝紀：「乾統六年十月，以皇太叔、南京留守和魯斡兼惕隱。十一月，以和魯斡爲義和仁聖皇太叔。」仁聖，本史卷六四皇子表作仁壽。

遼史補注卷七十三

列傳第三

耶律曷魯　蕭敵魯 阿古只　耶律斜涅赤 老古　頗德
耶律欲穩　耶律海里　〔補〕蕭室魯

耶律曷魯，字控温，一字洪隱，迭刺部人。祖匣馬葛，簡憲皇帝兄。父偶思，遥輦時爲本部夷離菫，曷魯其長子也。

性質厚。在髫鬌，與太祖遊，從父釋魯奇之曰：「興我家者，必二兒也。」太祖既長，相與易裘馬爲好，然曷魯事太祖彌謹。會滑哥弑其父釋魯，太祖顧曷魯曰：「滑哥弑父，料我必不能容，將反噬我。今彼歸罪臺哂爲解，我姑與之。是賊吾不忘也！」自是，曷魯常佩刀從太祖，以備不虞。

居久之，曷魯父偶思病，召葛魯曰：「阿保機神畧天授，汝率諸弟赤心事之。」已而太祖來問疾，偶思執其手曰：「爾命世奇才。吾兒曷魯者，他日可委以事，吾已諭之矣。」既而以諸子屬之。

太祖爲撻馬狘沙里，參預部族事，曷魯領數騎召小黄室韋來附。太祖素有大志，而知曷魯賢，軍國事非曷魯議不行。會討越兀與烏古部，曷魯爲前鋒，戰有功。

及太祖爲迭剌部夷離堇，討奚部，其長朮里倔險而壘，攻莫能下，命曷魯持一笴往諭之。既入，爲所執。乃説奚曰：「契丹與奚言語相通，實一國也。我夷離堇於奚豈有輘轢之心哉？漢人殺我祖奚首，夷離堇怨次骨，日夜思報漢人。〔一〕顧力單弱，使我求援於奚，傳矢以示信耳。夷離堇受命於天，撫下以德，故能有此衆也。今奚殺我，違天背德，不祥莫大焉。且兵連禍結，當自此始，豈爾國之利乎！」朮里感其言，乃降。

太祖爲于越，秉國政，欲命曷魯爲迭剌部夷離堇。辭曰：「賊在君側，未敢遠去。」太祖討黑車子室韋，幽州劉仁恭遣養子趙霸率衆來救。曷魯伏兵桃山，俟霸衆過半而要之；與太祖合擊，斬獲甚衆，遂降室韋。太祖會李克用于雲州，時曷魯侍，克用顧而壯之曰：「偉男子爲誰？」太祖曰：「吾族曷魯也。」

會遥輦痕德堇可汗殁，羣臣奉遺命請立太祖。太祖辭曰：「昔吾祖夷離堇雅里嘗以不當立而辭，今若等復爲是言，何歟？」曷魯進曰：「曩吾祖之辭，遺命弗及，符瑞未見，第爲國人所推戴耳。今先君言猶在耳，天人所與，若合符契。天不可逆，人不可拂，而君命不可違也。」太祖曰：「遺命固然，汝焉知天道？」曷魯曰：「聞于越之生也，神光屬天，異香盈幄，夢受神誨，龍錫金佩。天道無私，必應有德。我國削弱，齮齕於鄰部日久，以故生聖人以興起之。可汗知天意，故有是命。且遥輦九營棊布，非無可立者；小大臣民屬心于越，天也。昔者于越伯父釋魯嘗曰：『吾猶蛇，兒猶龍也。』天時人事，幾不可失。」太祖猶未許。是夜，獨召曷魯責曰：「衆以遺命迫我。汝不明吾心，而亦儗隨耶？」曷魯曰：「在昔夷離堇雅里雖推戴者衆，辭之，而立阻午爲可汗。相傳十餘世，君臣之分亂，紀綱之統隳。委質他國，若綴斿然。羽檄蠭午，民疲奔命。興王之運，實在今日。應天順人，以答顧命，不可失也。」太祖乃許。明日，即皇帝位，〔二〕命曷魯總軍國事。〔三〕

時制度未講，國用未充，扈從未備；而諸弟剌葛等往往覬非望。太祖宮行營始置腹心部，選諸部豪健二千餘充之，以曷魯及蕭敵魯總焉。已而諸弟之亂作，太祖命曷魯總領軍事，討平之，以功爲迭剌部夷離堇。時民更兵焚剽，日以抏敝，曷魯撫輯有方，畜牧益滋，民用富庶。乃討烏古部，破之。自是震懾，不敢復叛。乃請制朝儀、建元，〔四〕率百官上尊號。太祖既備禮受册，拜曷魯爲阿魯敦于越。「阿魯敦」者，遼言盛名也。〔五〕

後太祖伐西南諸夷，數爲前鋒。神册二年，從逼幽州，與唐節度使周德威拒戰可汗州西，敗其軍，遂圍幽州，未下。太祖以時暑班師，留曷魯與盧國用守之。俄而救兵繼至，曷

魯等以軍少無援，退。〔六〕

三年七月，皇都既成，燕羣臣以落之。曷魯是日得疾薨，年四十七。既葬，賜名其阡宴答，山曰于越峪，詔立石紀功。清寧間，命立祠上京。

初，曷魯病革，太祖臨視，問所欲言。曷魯曰：「陛下聖德寬仁，羣生咸遂，帝業隆興。臣既蒙寵遇，雖瞑目無憾。惟析迭剌部議未決，願亟行之。」及薨，太祖流涕曰：「斯人若登三五載，吾謀蔑不濟矣！」

後太祖二十一功臣，〔七〕各有所擬，以曷魯爲心云。子惕剌、撒剌，俱不仕。

論曰：曷魯以肺腑之親，任帷幄之寄，言如蓍龜，謀成戰勝，可謂算無遺策矣。其君臣相得之誠，庶吴漢之於光武〔八〕歟？夫信其所可信，智也，太祖有焉。故曰，惟聖知聖，惟賢知賢，斯近之矣。

〔一〕按此夷離堇指太祖，奚首謂太祖先世而爲漢人所殺者，疑是可突于。

〔二〕此指太祖元年（梁太祖開平元年，唐哀帝天祐四年，九〇七）。

〔三〕太祖三年曾奉命使梁，見本書卷一太祖紀太祖三年注〔六〕。册府元龜作葛鹿、曷鹿、曷魯。五代會要作葛祿。

〔四〕此指神册元年（梁末帝貞明二年，九一六）。

〔五〕阿魯敦，本史卷一神册元年三月作「阿盧朵里」，爲契丹語譯音，源於回鶻、突厥語之Altun，其義爲金，引申用之爲漢語「貴顯」、「盛名」之意。

〔六〕通鑑：「後梁貞明三年（神册二年）四月，晉王命（李）嗣源將兵先進，閻寶繼之。七月，更命李存審將兵益之。契丹圍幽州且二百日，城中危困。李嗣源、閻寶、李存審步騎七萬會於易州，自易州北行，踰大房嶺，循澗而東。嗣源與養子從珂將三千騎爲前鋒，與契丹遇，斬契丹酋長一人。後軍齊進。李存審命步兵伐木爲鹿角，人持一枝，止則成寨。契丹騎環寨而過，寨中發萬弩射之，流矢蔽日，契丹人馬死傷塞路。將至幽州，契丹列陣待之，存審命步兵陣於其後，戒勿動，先令羸兵曳柴然草而進，煙塵蔽天，契丹莫測其多少；因鼓譟合戰，存審乃趣後陣起乘之，契丹大敗，席捲其衆自北山去。委棄車帳鎧仗羊馬滿野，晉兵追之，俘斬萬計。」

〔七〕按見於本卷及本史卷七四、七五者共二十人。

〔八〕吳漢佐光武中興，伐蜀，八戰八克，封廣平侯。

蕭敵魯，字敵輦，〔一〕其母爲德祖女弟，而淳欽皇后又其女兄〔二〕也。五世祖曰胡母里，遥輦氏時嘗使唐，唐留之幽州。一夕，折關遁歸國，由是世爲決獄官。敵魯性寬厚，膂力絶人，習軍旅事。太祖潛藩，日侍左右，凡征討必與行陣。既即位，敵魯與弟阿古只、耶律釋魯、耶律曷魯偕總宿衛。拜敵魯北府宰相，世其官。〔三〕敵魯率輕騎追之，兼晝夜行。至榆河，敗其黨，獲剌葛以獻。太祖嘉之，錫賚甚渥。後討西南夷，功居諸將先。神册三年十二月卒。

太祖征奚及討劉守光，敵魯畧地海濱，殺獲甚衆。頃之，剌葛等作亂，潰而北走。敵

敵魯有膽畧，聞敵所在即馳赴，親冒矢石，前後戰未嘗少衄，必勝乃止。以故在太祖功臣列，喻以手云。弟阿古只、室魯。子翰、幹，各有傳。〔四〕

〔一〕按本史卷一太祖紀太祖七年四月作迪里古，五月作迪輦。全遼文卷九蕭義墓誌銘作迪烈寧，參注〔二〕。

〔二〕按本史卷一太祖紀太祖四年七月作后兄蕭敵魯，是。舊五代史卷九八蕭翰傳：「（翰）父曰阿巴，……阿巴妹爲阿保機妻。」全遼文卷九蕭義墓誌銘：「其先迪烈寧，太祖姑表弟，應天皇后之長兄也。佐佑風雲，贊翼日月，初置北相，首居其位。時聖元肇祚，用人若身，運使從心，目公爲手。其於建事成功，光爛竹

素。」「目公爲手」與下文「喻以手云」正合。

〔三〕本史卷一太祖紀太祖四年秋七月：「以后兄蕭敵魯爲北府宰相，后族爲相自此始。」

〔四〕以上八字新增，參下文蕭室魯補傳及本史卷一一三逆臣傳中蕭翰傳，卷八四蕭幹傳及本書卷六七外戚表。

阿古只，〔一〕字撒本。少卓越，自放不羈。長驍勇善射，臨敵敢前。每射甲楯輒洞貫。太祖爲于越時，以材勇充任使。既即位，與敵魯總腹心部。剌葛之亂也，淳欽皇后軍黑山，阻險自固。太祖方經畧奚地，命阿古只統百騎往衛之。逆黨迭里特、耶律滑哥素憚其勇畧，相戒曰：「是不可犯也！」剌葛既北走，與敵魯追擒于榆河。

神册初元，討西南夷有功；徇山西諸郡縣，又下之，二年春，〔二〕敗周德威軍于居庸關西新州之東，又統軍東出關，畧燕、趙。〔三〕三年，以功拜北府宰相，世其職。天贊初，與王郁畧地燕、趙，破磁窰鎮。太祖西征，悉諉以南面邊事。

攻渤海，破扶餘城，獨將騎兵五百，敗老相軍三萬。渤海既平，改東丹國。頃之，已降郡縣復叛，盜賊蜂起。阿古只與康默記討之，所向披靡。會賊游騎七千自鴨渌府來援，勢張甚。阿古只帥麾下精鋭，直犯其鋒，一戰克之，斬馘三千餘，遂進軍破回跋城。以病卒。

功臣中喻阿古只爲耳云。子安團，官至右皮室詳穩。〔四〕

〔一〕按本史卷一太祖紀太祖七年四月作遏古只。神册二年三月，卷六七外戚表並作阿骨只。

〔二〕「二年春」三字，據本史卷一太祖紀神册二年三月補。

〔三〕以上十八字，據本史卷一太祖紀神册二年三月補。

〔四〕世宗懷節皇后父阿古只。本史卷七一后妃傳、卷六七外戚表並同。通鑑後漢乾祐元年四月：「有禪奴利者，契丹主（世宗）之妻兄也。」又後周廣順二年六月：「（蕭）海真，契丹主兀欲（世宗）之妻弟也。」

耶律斜涅赤，字撒剌，六院部舍利褒古直之族。始字鐸盌，早隸太祖幕下，嘗有疾，賜樽酒飲而愈，遼言酒樽曰「撒剌」，故詔易字焉。

太祖即位，掌腹心部。天贊初，分迭剌部爲北、南院，斜涅赤爲北院夷離菫。帝西征至流沙，威聲大振，諸夷潰散，乃命斜涅赤撫集之。

及討渤海，破扶餘城，斜涅赤從太子、大元帥〔一〕率衆夜圍忽汗城，大諲譔降。已而復叛，命諸將分地攻之。詰旦，斜涅赤感勵士伍，鼓譟登陴，敵震慴，莫敢禦，遂破之。

天顯中卒，年七十，居佐命功臣之一。姪老古、頗德。

〔一〕太子謂太子倍，大元帥謂太宗德光。此役倍與德光爲前鋒。

老古，字撒懶，其母淳欽皇后姊也。老古幼養宮掖，既長，沉毅有勇畧，隸太祖帳下。既即位，屢有戰功。剌葛之亂也，欲乘我不備爲掩襲計，紿降。太祖將納之，命老古、〔一〕耶律欲穩嚴號令，勒士卒，控轡以防其變。逆黨知有備，懼而遁。以功授右皮室詳穩，典宿衛。

太祖侵燕、趙，遇唐兵雲碧店，老古恃勇輕敵，直犯其鋒。戰久之，被數創，歸營而卒。太祖深悼惜之，佐命功臣其一也。

〔一〕按本史卷一太祖紀：太祖七年正月作將軍耶律樂姑。

頗德，字兀古鄰。〔一〕弱冠事太祖。天顯初，爲左皮室詳穩，典宿衛，遷南院夷離菫，治有聲。

石敬瑭破張敬達軍於太原北，時頗德勒兵爲援，敬達遁。敬瑭追至晉安寨圍之，頗德領輕騎襲潞州，塞其餉道。唐諸將懼，殺敬達以降。會同初，改迭剌部夷離堇爲大王，即拜頗德，既而加採訪使。

舊制，肅祖以下宗室稱院，德祖宗室號三父房，稱横帳，百官子弟及籍没人稱著帳。耶律斜的言，横帳班列，不可與北、南院並。太宗詔在廷議，皆曰然，乃詔横帳班列居上。頗德奏曰：「臣伏見官制，北、南院大王品在惕隱上。今横帳始圖爵位之高，願與北、南院參任；兹又耻與同列。夫横帳與諸族皆臣也，班列奚以異？」帝乃諭百官曰：「朕所不知，卿等不宜面從。」詔仍舊制。其强直不撓如此。

頗德狀貌秀偉，初太祖見之曰：「是子風骨異常兒，必爲國器。」後果然。卒年四十九。〔二〕

〔一〕本史卷四八百官志四作于骨鄰。

〔二〕索隱卷八：「官本考證云：『宏簡録：統和二年頗德爲南京統軍使，四年敗宋軍於固安，賜檢校太師，傳未載。續通志：頗德作佛德。注云：統和去天顯幾六十年，佛德弱冠事太祖，年止四十九，安能逮事聖宗。聖宗本紀所載佛德，當別是一人。宏簡録綴之本傳，恐未深考耳。」

按耶律頗德同姓名者凡五人，除本傳之外，聖宗時三人，道宗時一人。

耶律欲穩，字轄刺干，〔一〕突呂不部人。

祖臺押，遥輦時爲北邊拽剌。簡獻皇后與諸子之罹難也，嘗倚之以免。太祖思其功不忘，又多欲穩嚴重，有濟世志，乃命典司近部，以遏諸族窺覦之想。

欲穩既見器重，益感奮思報。太祖始置宮分以自衛，欲穩率門客首附宮籍。帝益嘉其忠，詔以臺押配享廟廷。及平剌葛等亂，以功遷奚迭剌部夷離堇。〔二〕從征渤海有功。天顯初卒。

後諸帝以太祖之與欲穩也爲故，往往取其子孫爲友。宮分中稱「八房」，皆其後也。弟霞里，終奚六部禿里。〔三〕

耶律海里，字涅剌昆，遥輦昭古可汗之裔。

太祖傳位，海里與有力焉。初受命，屬籍比局萌覬覦，而遥輦故族尤觖望。海里多先帝知人之明，而素服太祖威德，獨歸心焉。以故太祖託爲耳目，數從征討。既清内亂，始置遥輦敞穩，命海里領之。

天顯初，征渤海，海里將遥輦糺，破忽汗城。師般，卒。

〔一〕按本史卷一太祖紀：太祖七年正月作轄剌僅阿鉢。

〔二〕奚迭剌部之名不見營衛志。本史卷九八耶律胡吕傳作迭烈部夷離堇。按此時迭剌部夷離堇爲耶律曷魯。神册三年曷魯卒，由其弟耶律覿烈（汙里軫）接任。非耶律欲穩。

卷一太祖紀：「先是德祖俘奚七千户，徙饒樂之清河，至是創爲奚迭剌部，分十三縣。」

〔三〕本史卷七四耶律敵剌傳霞里作轄里。禿里作吐里。

〔補〕蕭室魯，一作實魯，又名延思，掃古撒。少習武藝，有材力，能左右馳射。尚太祖女質古即餘盧覩姑，女爲太宗靖安皇后。

太祖時，從平諸番，常以單騎數深入敵陣，屢戰有功，爲北宰相。與妻餘盧覩姑附剌葛爲亂，太祖七年五月，剌葛兵敗被擒，室魯自剄不殊，餘廬覩姑未置之法而病死。神册二年春，阿古只統軍破周德威於新州東，室魯爲先鋒，東出居庸關，畧地燕、趙。于骨里叛，室魯受命往討之。終北面都部署，遼興軍節度使。

太宗率兵援立石晉時，室魯已死。太宗每嘆曰：「斯人若在，中原不足平也。」

參紀、表、傳、契丹國志卷一三、一五

遼史補注卷七十四

列傳第四

耶律敵剌　蕭痕篤　康默記 延壽　**韓延徽** 德樞　紹勳　紹芳

資讓　〔補〕紹雍　**韓知古** 匡嗣　德源　德凝　〔補〕瑜　〔補〕匡胤

〔補〕**賈去疑**　〔補〕**陳萬**　〔補〕**劉存規**　〔補〕**劉承嗣**

耶律敵剌，字合魯隱，遥輦鮮質可汗之子。太祖踐阼，與敞穩海里同心輔政。太祖知其忠實，命掌禮儀，且諉以軍事。後以平内亂功，代轄里爲奚六部吐里，卒。

敵剌善騎射，頗好禮文。

蕭痕篤，字兀里軫，迭剌部人。其先相遥輦氏。

痕篤少慷慨，以才能自任。早隸太祖帳下，數從征討。既踐阼，除北府宰相。痕篤事親孝，爲政尚寬簡。

康默記，本名照。〔一〕少爲薊州衙校，太祖侵薊州得之，愛其材，隸麾下。一切蕃、漢相涉事，屬默記折衷之，悉合上意。

時諸部新附，文法未備，默記推析律意，論羣重輕，不差毫釐。罹禁網者，人人自以爲不冤。頃之，拜左尚書。神册三年，始建都，默記董役，人咸勸趨，百日而訖事。五年，爲皇都夷離畢。會太祖出師居庸關，命默記將漢軍進逼長蘆水寨，俘馘甚衆。

天贊四年，親征渤海，默記與韓知古從。後大諲譔叛，命諸將攻之。默記分薄東門，率驍勇先登。既拔，與韓延徽下長嶺府。軍還，已下城邑多叛，默記與阿古只平之。

既破回跋城，歸營太祖山陵畢，卒。佐命功臣其一也。

孫延壽，字胤昌，少倜儻，謂其所親：「大丈夫爲將，當效節邊垂，馬革裹屍。」景宗特授千牛衛大將軍。宋人攻南京，諸將既成列，延壽獨奮擊陣前，敵遂大潰。以功遥授保大軍節度使。乾亨三年卒。

〔一〕虜廷雜記：「有韓知古、韓熲、康枚、王奏事、王郁，共勸太祖不受代。」韓熲爲韓延徽，見下文韓延徽傳注〔一〕，康枚即康默記。

韓延徽又名熲，〔一〕字藏明，幽州安次人。父夢殷，累官薊、儒、順三州刺史。〔二〕延徽少英，燕帥劉仁恭奇之，召爲幽都府文學、平州録事參軍，同馮道祗候院，授幽州觀察度支使。

後守光爲帥，延徽來聘，太祖怒其不屈，留之。〔三〕述律后諫曰：「彼秉節弗撓，賢者也，奈何困辱之？」太祖召與語，合上意，立命參軍事。攻党項、室韋，服諸部落，延徽之籌居多。乃請樹城郭，分市里，以居漢人之降者。又爲定配偶，教墾藝，以生養之。以故逃亡者少。〔四〕

居久之，慨然懷其鄉里，賦詩見意，遂亡歸唐。已而與他將王緘〔五〕有隙，懼及難，乃省親幽州，匿故人王德明舍。〔六〕德明問所適，延徽曰：「吾將復走契丹。」德明不以爲然。延徽笑曰：「彼失我，如失左右手，其見我必喜。」既至，太祖問故。延徽曰：「忘親非孝，棄君非忠。臣雖挺身逃，臣心在陛下。臣是以復來。」上大悦，賜名曰匣列。「匣列」，遼言復來也。〔七〕即命爲守政事令、〔八〕崇文館大學士，中外事悉令參決。天贊四年，從征渤海，大諲譔乞降。既而復叛，與諸將破其城，以功拜左僕射。又與康默記攻長嶺府，拔之。師還，太祖崩，哀動左右。

太宗朝，封魯國公，仍爲政事令。〔九〕使晉還，改南京三司使。世宗朝，遷南府宰相，建政事省，設張理具，稱盡力吏。天祿五年〔一〇〕六月，河東使請行册禮，帝詔延徽定其制，延徽奏一遵太宗册晉帝禮，從之。應曆中，致仕。子德樞鎮東平，詔許每歲東歸省。九年卒，年七十八。上聞震悼，贈尚書令，葬幽州之魯郭，〔一一〕世爲崇文令公。〔一二〕

初，延徽南奔，太祖夢白鶴自帳中出；比還，復入帳中。詰旦，謂侍臣曰：「延徽至矣。」已而果然。太祖初元，庶事草創，凡營都邑，建宮殿，正君臣，定名分，法度井井，延徽力也。爲佐命功臣之一。子德樞。

〔一〕「又名頻」三字，今補。延徽又名頻，其證有四：虜廷雜記：「有韓知古、韓頻、康枚、王奏事、王郁共勸太祖不受代。」與韓知古、康默記、王郁相並列者只有延徽；新五代史卷八晉高祖紀天福三年十月，又卷七二附録並稱：契丹遣中書令韓頻來奉册曰英武明義皇帝。太宗朝之中書令應即延徽；全遼文卷八韓資道墓誌銘「自尚書令頲之後，軒裳照世，鐘鼎傳家。曾祖倬。」倬爲延徽之孫，延徽死後葬魯郭。魯郭，明代仍稱魯國，即今魯谷。一九八一年出土於北京八寶山之韓佚墓誌：「曾祖諱夢殷，太子庶子。祖諱頲，尚書令。葬於幽都縣房仙鄉魯郭里之西原，從先塋，禮也。」今韓佚墓誌、韓資道墓誌均自魯郭里先塋出土，可爲頲即延徽之確證。字書，頲同穎，史記卷七六平原君傳：「使遂早得處囊中，乃穎脱而出。」又頲，火光也，延徽字藏明，是頲爲延徽無疑也。

〔二〕夢殷官太子庶子，見上引韓佚墓志。光緒延慶州志卷六引永寧縣志：「韓夢殷以文學知名，李克用既取儒州，遂以夢殷爲儒州刺史。夢殷下車，值歲飢饉疾癘，設策賑濟醫療，百姓賴以安全。」

〔三〕契丹國志卷一六：「韓延徽，仕劉守光爲幕府參軍，守光與六鎮搆怨，自稱燕帝。延徽諫之不從，守光置斧質於庭曰：『敢諫者斬。』孫鶴力諫，守光殺之。延徽以幕府之舊，且素重之得全。守光末年衰困，盧龍所屬皆入於晉，遣延徽求援於契丹。太祖怒其不拜，留之，使牧馬於野。」通鑑後梁紀均王貞明二年在怒其不拜下亦有「使牧馬於野」。貞明二年通鑑考異：「乾化元年（太祖五年，九一一），守光攻易、定，王處直求救於晉，故晉王遣周德威伐之，其遣延徽結契丹，蓋在此時。」

〔四〕通鑑後梁紀均王貞明二年：「延徽始教契丹建牙開府，築城郭，立市里，以處漢人，使各有配偶，墾藝荒田。由是漢人各安生業，逃亡者益少。」（契丹國志、太祖紀、延徽傳並同。）

〔五〕册府元龜卷一七二：「後唐同光二年十一月，贈故天雄軍節度副使王緘爲司徒。緘，燕人，初爲劉仁恭幕吏。天祐四年，仁恭遣緘使鳳翔，路繇太原，及復令，燕、晉不通，帝留之，言不遜，命繫於獄，尋脱之，署巡官。帝待之甚厚。時有馬郁者，亦仁恭之幕賓也。三年冬，仁恭令郁將兵三萬會於晉陽，攻潞州，因兹亦留於晉，帝以郁爲留守判官。郁、緘俱有文才，然郁博通多識，才性朗俊，下筆成章。郁死，軍書墨制，多出於緘。初從定魏州，爲節度判官，朞年，爲副使，帝寵顧甚隆。及胡柳之役，緘於輜重間爲亂兵所殺，帝聞之，欷然曰：『副使應至不測。』翊月得其喪以歸，至是追贈。」

〔六〕通鑑後梁紀均王貞明二年契丹國志卷一六並作：「頃之，延徽逃奔晉陽。晉王欲置之幕府，掌書記王緘疾之；延徽不自安，求東歸省母，過真定，止於鄉人王德明家。」新五代史卷七二附録作「過常山，匿王德明家。」常山即真定（今河北省正定縣），王德明家在真定。貞明二年通鑑胡注：「王德明爲趙王鎔養子，即燕人張文禮也。」

〔七〕通鑑後梁紀均王貞明二年，契丹國志卷一六並作「思母，欲告歸，恐不聽，故私歸耳」。

〔八〕通鑑後梁紀均王貞明二年，契丹國志卷一六此下並有：「晉王遣使至契丹，延徽寓書於晉王，叙所以北去之意，且曰：『非不戀英主，非不思故鄉，所以不留，正懼王緘之讒耳。』因以老母爲託，且曰：『延徽在此，契丹必不南牧。』故終同光之世，契丹不深入爲寇，延徽之力也」一段。貞明二年通鑑胡注：「按莊宗之世，契丹圍周德威，救張文禮，曷嘗不欲深入爲寇哉！晉之兵力方强，能折其鋒耳。豈延徽之力邪！」延徽不主南進，或亦不無影響。

〔九〕索隱卷八：「契丹國志：太宗會同稱制，以延徽兼樞密使、同平章事。今據本傳，太祖已命延徽守政事令，拜左僕射，何以至太宗朝降爲同平章事。蓋以政事令兼樞密使。」

〔一〇〕五年，五原誤「三」。按本史卷五世宗紀天禄五年正月，劉崇自立於太原；六月，求封册。據改。

〔一一〕魯郭應即魯國，上文「太宗朝，封魯國公」。此魯郭即韓資道墓誌之魯郭里。明沈榜宛署雜記卷五仍稱魯國，即今北京西郊八寶山魯谷村，韓資道墓誌出土處。帝京景物畧卷六：「罕山：出阜城門三十六里者，罕山。志稱韓家山，漢循吏韓延壽家焉。罕，韓音譌也。韓延壽墓，在山之南，磚甃，埠高以丈，非漢磚也。後弔古者甃之。志云有故碑剥落，今剥落碑復不存。」由於韓資道墓誌出土，則其爲遼墓無疑矣。遼墓以前是否有漢墓，未見出土材料。

〔一二〕新五代史卷七二附録：「阿保機以延徽爲相，號政事令，契丹謂之崇文令公。」「世爲」應作世謂。

德樞年甫十五，太宗見之，謂延徽曰：「是兒卿家之福，朕國之寶，真英物也！」未冠，守左羽林大將軍，遷特進太尉。

時漢人降與轉徙者，多寓東平。丁歲災，饑饉疾厲。德樞請往撫字之，授遼興軍節度使。下車整紛剔蠹，恩煦信孚，勸農桑，興教化，期月，民獲蘇息。入爲南院宣徽使，遥授天平軍節度使，平、灤、營三州管内觀察處置等使，門下平章事。已而加開府儀同三司，行侍中，封趙國公。保寧元年卒。弟德璘，姪佚、倬、偉，孫紹勳、紹芳、紹雍、紹昇、紹孚、紹一、紹榮、紹文。〔一〕

紹勳，〔二〕仕至東京户部使。會大延琳叛，被執，辭不屈，賊以鋸解之，憤駡至死。〔三〕

紹芳，重熙間參知政事，加兼侍中。〔四〕時廷議征李元昊，力諫不聽，出爲廣德軍節度使。聞敗，嘔血卒。子述，官諸行宫都部署。〔五〕

孫資讓，壽隆初拜中書侍郎、平章事。〔六〕會宋徽宗嗣位，遣使來報，有司按籍，有「登寶位」文，坐是出爲崇義軍節度使。〔七〕改鎮遼興，卒。資愨。姪孫資道。〔八〕

〔補〕紹雍，開泰九年三月，以檢校司徒使高麗。〔九〕太平三年，選充賀宋正旦副使。〔一〇〕累官行宫都部署兼侍中，〔一一〕遷樞密使，兼侍中如故。重熙十四年，受命襄理秦晉大長公

主殯葬事，一切如儀。〔二二〕後遷至樞密使、守司空兼中書令。〔二三〕

參紀、契丹國志、高麗史、墓誌

〔二一〕「弟德璘，姪佚、倬、偉」、孫「紹雍、紹昇、紹孚、紹一、紹榮、紹文」十九字並據遼代石刻文編聖宗編韓佚墓誌、全遼文卷八韓資道墓誌銘、卷一一丁文逌墓誌銘補。冊府元龜卷一七〇：周廣順二年（應曆二年）有契丹長慶宮提轄使户部郎中韓僚歸化。以爲鄜州延慶縣令。又契丹國志卷一九漢官除授職名，紹芳、紹雍之間有紹昇，官宣徽南院使。長編：天禧五年（太平元年）十二月，紹昇曾以利州觀察使爲賀宋正旦副使。查爲仁盤山紀遊集：「寶坻古廣濟寺殿有透靈碑，碑側記：『皇朝建號太平十有一載仲夏之月，韓紹孚特建。劉可度重熙五年十二月二十九日受敕。』碑正面題宋璋撰文。本史卷一七聖宗紀太平九年六月，賀宋兩宮生辰及來歲正旦使副有韓紹一。卷二〇興宗紀重熙十六年十二月有韓紹榮。紹昇、紹孚等應屬紹芳弟兄，暫附於此。

〔二二〕全遼文卷八韓資道墓誌銘云：「曾祖倬，皇遼興軍節度使，累贈至中書令，祖紹文。」檢本史卷一〇聖宗紀統和二年十月，「以右武衛大將軍韓倬爲彰國軍節度使兼侍衛親軍兵馬都指揮使」。參本史卷九四韓資道補傳。

〔二三〕按藝風堂金石目卷一三：「永興宮都部署韓紹勳題記，正書。太平六年正月十七日（立）。在房山石經山塔頂。」

〔三〕按本史卷一七聖宗紀：「太平九年八月，東京舍利軍詳穩大延琳囚留守蕭孝先，殺户部使韓紹勳，副使王嘉。遂僭位，號其國爲興遼。初，東遼之地，自神册以來，未有榷酤鹽麴之法，關市之征亦甚寬弛。馮延休、韓紹勳相繼以燕地平山之法繩之，民不堪命。燕又仍歲大饑，户部副使王嘉復獻計造船，使其民諳海事者，漕粟以振燕民，水陸艱險，多至覆没。雖言不信，鞭楚榜掠，民怨思亂。故延琳乘之，首殺紹勳、嘉，以快其衆。」

〔四〕本史卷四七百官志三，開泰九年爲樞密都承旨。卷一六聖宗紀太平四年八月爲樞密直學士。長編宋仁宗天聖三年（太平五年）正月，以樞密直學士、給事中爲賀宋長寧節副使。太平七年，爲樞密直學士知涿州軍州事，見全遼文卷八清寧四年趙遵仁撰涿州白帶山雲居寺東峯續鐫成四大部經記，記云：「先自我朝太平七年，會故樞密直學士韓公諱紹芳知牧是州，因從政之暇，命從者遊是山，詣是寺、陟是峯。暨觀遊間，乃見石室内經碑，且多依然藏貯、遂召當寺耆秀、詢以初迹。代去時移，細無知者。既而於石室間，取出經碑，驗名對數。又於左右别得古記云：幽州沙門釋静琬，精有學識。於隋大業中，發心造石經一藏，以備法滅。（琬）以唐貞觀十三年奄化歸真，門人導公繼焉。導公没，有儀公繼焉。儀公没，有暹公繼焉。暹公没，有法公繼焉。自唐以降，不聞繼造。公一省其事，喟然有復興之嘆。以具上事，奏聞天朝。我聖宗皇帝，鋭志武功，留心釋典；既聞來奏，深快宸衷。乃委故瑜伽大師法諱可玄，提點鐫修，勘訛刊謬，補闕續新。迨及我興宗皇帝之紹位也，孝敬恒專，真空夙悟。重熙七年，於是出御府錢，委官吏貯之，歲析輕利，俾供書經鐫碑之價。仍委郡牧相丞提點。自太平七年至清寧三年，中間續鐫造到大般若經八十卷，計碑二百四十條，以全其部也。又鐫寫到大寶積經一部，全一百二十卷，計碑三百六十條，以成四大部數也。都總合經碑二千七百三十條。四部畢備。壯矣哉，亦釋門中天禄、石渠也。」

本史卷一九興宗紀重熙十二年十月，「(以)參知政事韓紹芳爲廣德軍節度使。」武溪集卷一八契丹官儀：「胡人東有渤海，西有奚，南有燕，北據其窟穴。四姓雜居，舊不通婚，謀臣韓紹芳獻議，乃許婚焉。」契丹國志卷一九漢官除授職名：紹芳爲同平章事。

〔五〕以上九字據金代韓詠墓誌補。

〔六〕按長編元豐五年(大康八年)四月，遣太常少卿、乾文閣待制韓資襄(讓)爲如宋賀同天節副使。本史卷二五道宗紀大安八年十一月，「以權參知政事韓資讓參知政事」。本史卷二六道宗紀壽昌三年十一月，「以中京留守韓資讓知樞密院事」。壽昌五年玉石觀音唱和詩署左僕射兼中書侍郎平章事。(見全遼文作者索引及事蹟考)

〔七〕按本史卷二六道宗紀壽昌六年六月「以有司案牘書宋帝『嗣位』爲『登寶位』，詔奪宰相鄭顓以下官，出顓知興中府事，韓資讓爲崇義軍節度使」。全遼文卷一〇王師儒墓誌銘：「會南宋謝登位人使至，無何，有曹書吏誤以寶字加之，由是累及公與門下鄭相顓，中書韓相資讓。」檢宋史卷一九徽宗紀：「元符三年三月遣韓治、曹譜告即位於遼，七月遣陸佃、李嗣徽報謝於遼。」資讓等人在六月降職，應是賀登位時，非報謝時事。

〔八〕以上六字據金代韓詠墓誌補。資道，本書卷九四有補傳。

〔九〕見高麗史卷四顯宗十一年三月。

〔一〇〕按本史卷一六聖宗紀：「太平三年閏九月，以蕭伯達、韓紹雍充賀宋正旦使副。」檢長編，是年（仁宗天聖元年）至宋賀明年正旦者爲彰武節度使蕭昭古、靈州觀察使劉彝範。或是未及成行，又因故另派。

〔一一〕契丹國志卷一九：「韓紹雍，除行宮都部署兼侍中。」

〔一二〕重熙十四年秦晉國大長公主墓誌銘（見全遼文卷六）稱：「特遣樞密使兼侍中南陽韓公紹雍夙夜襄事，一以如儀，即以其年二月壬子朔二十一日壬申，啟先王之塋合祔焉。」

〔一三〕全遼文卷一一丁文逌墓誌稱：「其配韓氏，故樞密使守司空兼中書令韓紹雍之孫也。」文逌子丁洪墓誌銘（見全遼文卷一一）「母即大族韓氏崇文公五代孫也」。崇文公即韓延徽。

韓知古，薊州玉田人，〔一〕善謀有識量。太祖平薊時，知古六歲，〔二〕爲淳欽皇后兄欲穩所得。后來嬪，知古從焉，〔三〕未得省見。久之，負其有，〔四〕怏怏不得志，挺身逃庸保，以供資用。

其子匡嗣得親近太祖，因間言。太祖召見與語，賢之，命參謀議。神册初，遥授彰武軍節度使。〔五〕久之，信任益篤，總知漢兒司事，兼主諸國禮儀。時儀法疏闊，知古援據故典，參酌國俗，與漢儀雜就之，使國人易知而行。

頃之，拜左僕射，〔六〕與康默記將漢軍征渤海有功，遷中書令。〔七〕天顯中卒，〔八〕爲佐命功臣之一。子匡嗣、匡美〔九〕、匡胤。〔一〇〕

〔一〕按全遼文卷五韓瑜墓誌銘：「近代則起家於燕壤，仕禄於遼廷焉。曾祖爲大司馬，王父諱知古。」卷六韓㮚墓誌銘：「其先曲沃桓叔之苗胄也。建功於冀，食採於韓，惟彼元昆，以邑命氏。其後徙居曷黎，因爲其郡人。」

〔二〕按本史卷一太祖紀太祖畧薊在唐天復三年（九〇三）。太祖三年（九〇九）四月：「詔左僕射韓知古建碑龍化州以紀功德。」果平薊時爲六歲，則太祖三年爲十二歲。以十二歲之年，何能任左僕射，建碑紀功。又其子匡嗣已得親近太祖，因間言事，六歲顯然不合，應有脱誤。即六歲前有漏字，或是被掠於天復三年之前。

〔三〕按全遼文卷六韓㮚墓誌銘：「我聖元皇帝鳳翔松漠，虎視薊丘，獲桑野之媵臣。」媵臣即謂從淳欽嫁歸太祖。按太子倍死於天顯十一年（九三六），年三十八歲，即生於唐光化二年（八九九），可見知古入遼、從嫁均在此時之前，可與注〔二〕參證。

〔四〕「負其有」，語義不完，應作「負其才」或「負其有才」。

〔五〕本史卷三九地理志三：「太祖平奚及俘燕民，將建城，命韓知方擇其處，乃完葺柳城，號霸州彰武軍，節度。」疑知方是知古之誤。彰武節度稱遥授，似屬以官號榮之。漢兒司爲漢人樞密院前身，則是實掌之事。全遼文卷五耿延毅妻耶律氏墓誌銘：「曾祖諱知古，彰武軍節度使，太師中書令。」金史卷七八韓企先傳：「企先，燕京人，九世祖知古，仕遼爲中書令，徙居柳城，世貴顯。乾統間，企先中進士第，回翔不振。都統杲定中京，擢樞密副都丞旨，稍遷轉運使。宗翰爲都統經略山西，表署西京留守。」

〔六〕按本史卷一太祖紀太祖三年四月，已有「詔左僕射韓知古建碑龍化州，」拜左僕射在神册以前。

〔七〕全遼文卷五韓瑜墓誌銘：「王父諱知古，臨潢府留守，守尚書左僕射兼政事令。」全遼文卷六韓椅墓誌銘：「推忠契運宣力功臣、彰武軍節度、東南路處置使、開府儀同三司、守尚書左僕射兼中書令諱知古，曾祖父也。」

〔八〕按本史卷三七地理志：「天顯十三年，更名上京，府曰臨潢。」天顯十三年即會同元年（九三八）。知古既任臨潢府留守，則是卒於任所。天顯中亦應作天顯末。

〔九〕匡美，據韓瑜墓誌、韓椅墓誌補。按本史卷八景宗紀保寧三年正月，「南京統軍使魏國公韓匡美封鄴王。」全遼文卷五韓瑜墓誌銘：「烈考燕京統軍使、天雄軍節度管内處置等使、開府儀同三司、檢校太師兼政事令鄴王。」卷六韓椅墓誌銘：「協謀守正翊衛忠勇功臣燕京統軍使、天雄軍節度使、開府儀同三司、贈守太師兼政事令行魏州大都督府長史、上柱國鄴王諱匡美，祖父也。先娶秦國太夫人，生二男一女，長子烈考（瑜，見補傳），次子瑀，左監門衛將軍，早亡。女適劉宋州侍中男而殂，又以壽昌恭順昭簡皇帝失愛之嬪妻之，封鄴王妃，即聖元神睿貞列皇后之猶女也。生二男一女，男幼亡，女適張侍中孫左監門衛大將軍知檀州刺史事崇一，今夫人之父也。後娶魏國夫人鄴妃之姪，皆出於蕭氏矣。」

〔一〇〕匡胤，據全遼文卷六韓相墓誌銘補。

匡嗣以善醫，直長樂宮，〔一一〕皇后視之猶子。應曆十年，爲太祖廟詳穩。後宋王喜隱謀叛，辭引匡嗣，上置不問。

初，景宗在藩邸，善匡嗣。即位，拜上京留守。頃之，王燕，改南京留守。保寧末，以留守攝樞密使。

時耶律虎古使宋還，言宋人必取河東，合先事以爲備。匡嗣詆之曰：「寧有是！」已而宋人果取太原，乘勝逼燕。匡嗣與南府宰相沙、惕隱休哥侵宋，軍于滿城，方陣，宋人請降。匡嗣欲納之，休哥曰：「彼軍氣甚銳，疑誘我也。可整頓士卒以禦。」匡嗣不聽。俄而宋軍鼓譟薄我，衆蹙踐，塵起漲天。匡嗣倉卒諭諸將，無當其鋒。衆既奔，遇伏兵扼要路，匡嗣棄旗鼓遁，其衆走易州山，獨休哥收所棄兵械，全軍還。〔二〕帝怒匡嗣，數之曰：「爾違衆謀，深入敵境，爾罪一也；號令不肅，行伍不整，爾罪二也；棄我師旅，挺身鼠竄，爾罪三也；偵候失機，守禦弗備，爾罪四也；捐棄旗鼓，損威辱國，爾罪五也。」促令誅之。皇后引諸内戚徐爲開解，上重違其請。良久，威稍霽，乃杖而免之。既而遥授晉昌軍節度使。〔三〕乾亨三年，改西南面招討使，〔四〕卒。睿智皇后聞之，遣使臨弔，賻贈甚厚，〔五〕後追贈尚書令。五子：德源、德讓——後賜名隆運、德威、德崇、〔六〕德凝。德源、德凝附傳，餘各有傳。三女：一嫁蕭隗因，即聖宗仁德皇后之父；一嫁蕭罕，即蕭僅之父；一嫁耿紹紀，即耿延毅之父。〔七〕

〔一〕長樂宫，不見營衛志，應天皇后所置蒲速盌斡魯朵曰長寧宫，樂疑是寧，或長寧又名長樂。

〔二〕參本書卷九景宗紀乾亨元年九月注。

〔三〕本史卷九景宗紀：「乾亨元年十二月，燕王韓匡嗣遥授晉昌軍節度使，降封秦王。」

〔四〕乾亨三年，三原作「二」。按本史卷九景宗紀，匡嗣改西南面招討使在乾亨三年三月，據改。又按卷一〇聖宗紀，匡嗣卒於乾亨四年十二月。

〔五〕本史卷一〇聖宗紀：「統和三年七月遣郎君班襄賜秦王韓匡嗣葬物。贈尚父秦王韓匡嗣尚書令。十一月，詔吳王稍領秦王韓匡嗣葬祭事。」卷一三聖宗紀統和九年五月，「以秦王韓匡嗣私城爲全州」。全遼文卷六韓橁墓誌銘：「西南路招討、晉昌軍節度使、行京兆尹、尚父秦王諱匡嗣，伯祖父也。」

〔六〕德崇，按本史卷一三聖宗紀統和十二年五月，全遼文卷五耿延毅妻耶律氏墓誌銘並作德沖。德崇無傳，附見本史卷八二韓制心傳中。全遼文卷六耿延毅墓誌銘：「燕京留守尚父秦王季女，乃妣也。」卷五耿延毅妻耶律氏墓誌銘：「王父諱匡嗣，西南面招討使，晉昌軍節度使，尚父秦王贈尚書。烈考諱德沖，武定軍節度使，檢校太師，同政事門下平章事，贈侍中。」本史卷四七百官志：「韓德崇，景宗保寧初爲翰林祭酒。」

〔七〕以上三十六字，新增。本史卷七一仁德皇后蕭氏傳：「小字菩薩哥，睿智皇后弟隗因之女。」蕭僅墓誌銘（見北方文物一九八八年二期）：「母、國太夫人，今皇后之姨，故秦王之女。」全遼文卷六耿知新墓誌銘：「皇祖諱紹紀。燕京留守尚父秦王季女，累贈陳國太夫人耶律氏兒，乃祖母也。惟誕一子，諱延毅。齊天彰德皇后之姨兄，乃考也。」卷六耿延毅墓誌銘：「左武衛上將軍，涿州刺史，累贈太尉，左羽林統軍諱紹紀，乃考也。」

德源，性愚而貪，早侍景宗邸。及即位，列近侍。保寧間，〔一〕官崇義、興國二軍節度使，加檢校太師。以賄名，德讓貽書諫之，終不悛。以故論者少之。後加同政事門下平章事，遥攝保寧軍節度使。乾亨初卒。

〔一〕保寧，原誤「統和」，據道光四年殿本及上、下文改。

德凝，謙遜廉謹。保寧中，遷護軍司徒。開泰中，累遷護衛太保、都宫使、崇義軍節度使。〔二〕移鎮廣德，秩滿，部民請留，從之。〔三〕改西南面招討使，党項隆益答叛，平之。〔三〕遷大同軍節度使，卒于官。

子郭三，終天德軍節度使。孫高家奴，終南院宣徽使；高十，終遼興軍節度使。

〔一〕按本史卷一〇聖宗紀統和三年四月，德凝以彰武軍節度使爲崇義軍節度使。開泰中應作統和初，漏彰武軍節度使。

〔二〕按本史卷一三聖宗紀統和十五年四月：「廣德軍節度使韓德凝有善政，秩滿，其民請留，從之。」

〔三〕續通志卷四一七謂屬國表統和十九年西南面招討司奏党項捷，招討使即韓德凝。

〔補〕瑜，匡美長子，魁偉有大志。長於騎射，膽量過人。

應曆中，初補天雄軍衙內都指揮使，尋詔赴闕，授銀青崇禄大夫、檢校工部尚書、右金吾衛將軍兼御史大夫、上柱國。景宗初即位，命選禁衛，以才勇授控鶴都指揮使、絳州防禦使、檢校司空。尋授金紫崇禄大夫、檢校太保、左羽林軍大將軍。遷授客省使。改授内客省使、檢校太傅、守儒州刺史。兼御史大夫、上柱國、昌黎郡開國侯、食邑一千户、食實封一百户。

統和四年三月，宋兵分三路北進，岐溝、涿州、固安、新城皆陷。四月，復涿州，詔瑜權涿州刺史。明年，扈從聖宗南向用兵。躬冒矢石，奮不顧身，遂城之役，流矢中首，〔一〕太后、聖宗，疊頒醫詔，親視殞傷，冬十一月卒於軍，年四十二。〔二〕歸葬霸州，賻賵加等，追贈太尉。子橁，有補傳。〔三〕

參墓誌、紀

〔一〕路振乘軺録云：「虜舊有韓統軍者，德讓從弟也。取蕭后姊，封齊妃，韓勇悍多變詐，虜之寇我澶淵也，韓爲先鋒，指麾於城外，我師以巨弩射之，中腦而斃。虜喪之如失手足，自是虜無將帥。」瑜爲德讓從弟。

〔二〕全遼文卷五韓瑜墓誌銘云：「始娶夫人蕭氏先亡，生九男三女，繼室夫人蕭氏。」卷六韓橁墓誌銘云：「烈考諱瑜，内客省使、檢校太傅贈太尉，出征冀部，適次遂城，躬犯干戈，親冒矢石，會前茅之崩沮，乘右校之退衄，奮不顧身，卒於由命。」

〔三〕本書卷八五有補傳。

〔補〕匡胤，歷任州縣。官至鎮安軍節度使、判户部院事。贈太傅。子琬，字象先，遼興軍節度使、檢校太師。琬二子：次子相，字世栱。風神疎朗，體貌瓌奇，累有戰功，官至遼興軍衙内馬步軍都指揮使，開泰二年七月，〔一〕卒于永安軍私第，年四十一。相有二子：奴子、大狗。

參韓相墓誌

〔一〕全遼文卷六韓相墓誌銘作：「開泰二年七月十八日，終于永安軍之私第，享年四十有一。是歲以卜葬未通。權窆於宅。至開泰六年八月二十九日，歸於遼城西安喜縣砂溝鄉福昌里，近太師玄堂，禮也。」

〔補〕賈去疑，燕人。祖夢殷爲盧龍軍節度判官。父道紀，營州刺史，檢校司空。

去疑先仕後唐，太祖時，奉使來聘。因留之。時正興土木建設，俾督工役，營上都事業，遷將作大匠。以功累拜遼州始平軍節度，加檢校太師，賜號奉國保定功臣，〔一〕卒於鎮。次子嵒繼領始平軍節度。

嵒遂家於遼州，入充遼濱縣貫。子某〔二〕官至顯州觀察判官。〔三〕

參賈師訓墓誌

〔一〕原誌（賈師訓墓誌銘，見全遼文卷九）「奉國」上殘闕二字，應是六字功臣。

〔二〕原誌闕三字、第三字按文意應是官字，前二字是名字。

〔三〕以孫師訓貴。贈彰國軍節度、同中書門下平章事。

〔補〕陳萬，瀛州景城縣〔一〕人。父輪，齊州防禦使、太保。萬體貌雄偉，虬髮猿臂。少英俊，年三十五，官至涿州副使。

太祖神册三年承命從國舅相公〔二〕入國，遵旨除豪州軍使。〔三〕天贊二年，〔四〕萬年四十五，從太祖東征渤海，攻下城邑。四年，又從太宗攻渤海之鴨綠府，〔五〕下之。以功高，太宗改豪州軍爲豪州，任萬爲豪州刺史，加司空後轉涿州刺史，加司徒。在任恤孤寡，省徭役，四民樂業。秩滿入朝。應曆五年薨，年七十七歲。

妻安氏，結縭五十餘年，相敬如賓。子：延煦、豪州提舉使，官終左僕射；延貞，前燕京青白軍使，檢校司空。〔六〕

參陳萬墓誌銘

〔一〕陳萬墓誌銘原作大燕景城縣人。大燕，劉守光僭號。景城屬瀛州。瀛州，今河北河間縣。

〔二〕按本史卷一太祖紀應是阿古只。

〔三〕按本史卷四八百官志：頭下州官「不能州者謂之軍」。軍較州小，下文改軍爲豪州。即升軍爲州。非節度軍額之軍。

〔四〕按舊五代史卷一三七，同光三年（遼天贊三年）（契丹）討渤海之遼東。通鑑則繫在同光二年七月。

〔五〕今吉林臨江縣。

〔六〕陳萬墓誌銘稱：「七兒五女，次五子並閑。女四已從人，一女在室。」

〔補〕劉存規字守範，河間王二十四代裔孫。以功拜積慶宮〔一〕都提轄使，金紫榮禄大夫，校尉司空兼御史大夫，上柱國。應曆五年卒。葬密雲縣嘉禾鄉。子五：繼階攝順義軍節度衙推；繼英，永康押衙；繼昭山河都指揮使；繼倫，定遠軍節度衙推。

參劉存規墓誌

〔一〕世宗置耶魯盌斡魯朵。

〔補〕劉承嗣，燕京人，祖仁恭，父守奇。太祖元年，唐朱全忠廢其主自立。國號梁。劉仁恭子守光囚其父，自稱幽州盧龍軍節度使。〔一〕其兄平州刺史守奇率衆數千人北投。太祖命置之平盧城。承嗣即守奇第四子也。

承嗣美儀容、聰穎好學，初授銀青光禄大夫、守平州長史兼御史中丞。會同二年，加金紫光禄大夫、檢校尚書、左僕射、兼御史大夫、上柱國。

太宗崩欒城，兀欲嗣位，是爲世宗。承嗣曾陳獻替之謀，益效忠貞。天禄元年，轉司空，守右威衛將軍，入親嚴衛。二年，遷司徒。奉宣宜、霸州城通檢户口桑柘。四年，除興州刺史，轉太保。會世宗遇弑，穆宗繼立。時崇重釋教，受任營築，舊邑新城，霖雨摧塌者，板築完繕。以勞獲遷升。

應曆十二年，制充驍衛將軍，得歸燕京。旋命監銀冶，專于其事。別立清規，縱横邦計。竟于應曆十七年以疾終于燕京私第，年五十九。〔二〕

參紀、劉承嗣墓誌

〔一〕唐末，劉仁恭據幽州，數出兵摘星嶺攻之。每歲秋霜落，則燒其野草，契丹馬多飢死，則以良馬賂仁恭求市牧地，請聽盟約甚謹。見新五代史卷七二四夷附録。劉守光，新五代史卷三九有傳。

〔二〕全遼文卷一三劉承嗣墓誌銘：「保寧二年，于霸州西原十五里，楊氏夫人合葬焉。夫人即應天太后弘農郎中之愛女也。公義重嘉偶，願丘壠之同穴。有契丹夫人牙思，本屬皇親，克修婦順；非分左右，齊等糠糟。各生男女，具載存亡。男共九人，所亡者（五人），見存者（四人）。女共十人。所亡者，長女適豪州副使李瓊璋，次適滑州節院使皇甫繼績，次適于越王都提舉使楊威義（及未嫁女三人）。見存者第六女，適銀青光禄大夫、檢校太子賓客兼御史大夫、上柱國楊隱芝。次出家。次女適齊王府記室參軍、朝議郎、尚書、司門員外郎賜紫金魚袋馮玘。次女最喜，年始齠齔。」墓誌前題：「大契丹國故左驍衛將軍、金紫崇禄大夫、檢校太保兼御史大夫、上柱國彭城劉公墓誌銘并序。」

遼史補注卷七十五

列傳第五

耶律覿烈 羽之 耶律鐸臻 古 突呂不 王郁

耶律圖魯窘 〔補〕盧文進

耶律覿烈，字兀里軫，六院部蒲古只〔一〕夷離菫之後。父偶思，亦爲夷離菫。初，太祖爲于越時，覿烈以謹愿寬恕見器使。既即位，兄曷魯典宿衛，以故覿烈入侍帷幄，與聞政事。神册三年，曷魯薨，命覿烈爲迭剌部夷離菫，屬以南方事。會討党項，皇太子爲先鋒，覿烈副之。軍至天德、雲内，分道並進。覿烈率偏師渡河力戰，斬獲甚衆。天贊初，析迭剌部爲北、南院，置夷離菫。〔二〕時大元帥率師由古北口畧燕地，覿烈徇山西，所至城堡皆下，太祖嘉其功，錫賚甚厚。從伐渤海，拔扶餘城，留覿烈與寅底石〔三〕守之。

天顯二年，留守南京。〔四〕十年卒，年五十六。弟羽之。

羽之，小字兀里，字寅底哂。幼豪爽不羣，長嗜學，通諸部語。太祖經營之初，多預軍謀。

天顯元年，渤海平，立皇太子爲東丹王，以羽之爲中臺省右次相。時人心未安，左大相迭剌不踰月薨，羽之莅事勤恪，威信並行。

太宗即位，上表曰：「我大聖天皇始有東土，擇賢輔以撫斯民，不以臣愚而任之。國家利害，敢不以聞。渤海昔畏南朝，阻險自衛，居忽汗城。今去上京遼邈，既不爲用。又不罷戍，果何爲哉？先帝因彼離心，乘釁而動，故不戰而克。天授人與，彼一時也。遺種浸以蕃息，今居遠境，恐爲後患。梁水〔五〕之地乃其故鄉，地衍土沃，有木鐵鹽魚之利。乘其微弱，徙還其民，萬世長策也。彼得故鄉，又獲木鐵鹽魚之饒，必安居樂業。然後選徙以翼吾左，突厥、党項、室韋夾輔吾右，可以坐制南邦，混一天下，成聖祖未集之功，貽後世無疆之福。」表奏，帝嘉納之。是歲，詔徙東丹國民於梁水，〔六〕時稱其善。

人皇王奔唐，羽之鎮撫國人，一切如故。以功加守太傅，遷中臺省左相。〔七〕會同初，以册禮赴闕，加特進。表奏左次相渤海蘇〔八〕貪墨不法事，卒。子和里，終東京留守。

〔一〕錢氏考異卷八三云：「案觀烈爲于越曷魯之弟，乃皇族表有曷魯無觀烈，又曷魯傳云，祖匣馬葛，簡憲皇帝兄。（皇族表作簡獻皇帝。）父偶思，遥輦時爲本部夷離堇。既偶思之名同，則匣馬葛與蒲古只當即一人矣。乃史於耶律鐸臻、耶律漚里思、耶律吼、耶律勃古哲、耶律裊履、耶律合里只、耶律那也、耶律牒蠟傳並云六院夷離堇蒲古只之後，而皇族表皆不列其名，何也？皇族表稱懿祖第二子帖剌九任迭剌部夷離堇，故六院司呼爲夷離堇房。而簡獻皇帝爲懿祖第三子，則帖剌正簡獻之兄，與匣馬葛非兩人矣。而皇族表又歧而二之，何也？遼史雜采他書，往往自相矛盾，予以紀、表、志、傳參而考之，則帖剌也，蒲古只也，匣馬葛也，蓋一人而三名也。」

〔二〕置，或作罷，原誤羅。改置謂迭剌部分成北南院即二部後，新置夷離堇二人。罷，即謂二部均新設夷離堇，原迭剌部夷離堇名義，已不存在。但觀烈仍統兵從征，故用置字較妥。

〔三〕按本史卷二太祖紀天顯元年二月：「改渤海國爲東丹，忽汗城爲天福。以皇弟迭剌爲左大相，渤海老相爲右大相，渤海司徒大素賢爲左次相，耶律羽之爲右次相。」與此異。檢羽之字寅底哂，或迭剌、寅底石死後，由觀烈、羽之兄弟留守東丹。

〔四〕按册府元龜卷九八〇：「長興二年（遼天顯六年，九三一）五月癸亥，青州上言：有百姓過海北樵採，附得東丹王堂兄京尹污整書，問慕華行止，欲修貢也。」京尹指留守，污整即兀里軫譯歧。

〔五〕今太子河，西南流會遼河入海。

〔六〕按本史卷三太宗紀天顯三年十二月，「詔遣耶律羽之遷東丹民以實東平」。索隱卷八：「續通志注梁水云：太祖紀作東平。地理志神册四年葺遼陽故城，以渤海漢户建東平郡。天顯三年遷東丹國民居之，升爲南京。梁水即郡之東梁河也。今考東梁河亦曰大梁水。漢志遼陽縣注：大梁水西南至遼陽入遼水。水經注：其水謂之爲梁水也。此傳上云梁水之地，是渤海故鄉。渤海以遼陽爲中京顯德府，有太子河即梁水，而後遷上京龍泉府忽汗城。遼初以其上京爲東丹國，以其中京爲東平郡也。」

〔七〕册府元龜卷九八〇：「長興二年閏五月，青州進呈東丹國首領耶律羽之書二封。」羽之繼覲烈之後又進書通問。

〔八〕按本史卷四太宗紀會同三年六月作渤海相大素賢。

耶律鐸臻，字敵輦，六院部人。祖蒲古只，遥輦氏時再爲本部夷離堇。耶律狼德等既害玄祖，暴横益肆。蒲古只以計誘其黨，悉誅夷之。

鐸臻幼有志節，太祖爲于越，常居左右。後即位，梁人遣使求轅軸材，太祖難之。鐸臻曰：「梁名求材，實覘吾輕重。宜答曰：『材之所生，必深山窮谷，有神司之，須白鼻赤驢禱祠，然後可伐。』如此，則其語自塞矣。」已而果然。

天贊三年，將伐渤海，鐸臻諫曰：「陛下先事渤海，則西夏必躡吾後。請先西討，庶無後顧憂。」太祖從之。〔一〕及淳欽皇后稱制，惡鐸臻，囚之，誓曰：「鐵鎖朽，當釋汝！」既而召之，使者欲去鎖，鐸臻辭曰：「鐵未朽，可釋乎？」后聞，嘉歎，趣召釋之。天顯二年卒。弟古、突呂不。

〔一〕此次西征，往返均由漠北。

古，字涅剌昆，初名霞馬葛。太祖爲于越，嘗從畧地山右。會李克用於雲州，古侍，克用異之曰：「是兒骨相非常，不宜使在左右。」以故太祖頗忌之。時方西討，諸弟亂作，聞變，太祖問古與否，曰無。喜曰：「吾無患矣！」趣召古議。古陳殄滅之策，後皆如言，以故錫賚甚厚。

神册末，南伐，以古佐右皮室詳穩老古，與唐兵戰于雲碧店。老古中流矢，傷甚，太祖疑古陰害之。古知上意，跪曰：「陛下疑臣耻居老古麾下耶？及今老古在，請遣使問之。」太祖使問老古，對曰：「臣於古無可疑者。」上意乃釋。老古卒，遂以古爲右皮室詳穩。既卒，太祖謂左右曰：「古死，猶長松自倒，非吾伐之也。」

突吕不，一名迪離畢，〔一〕字鐸衮，幼聰敏嗜學。〔二〕事太祖見器重。及製契丹大字，突吕不贊成爲多。未幾，爲文班林牙，〔三〕領國子博士、知制誥。明年，受詔撰決獄法。

太祖畧燕，詔與皇太子及王郁攻定州。師還至順州，幽州馬步軍指揮使王千率衆來襲，突吕不射其馬躓，〔四〕擒之。天贊二年，皇子堯骨爲大元帥，〔五〕突吕不爲副，既剋平州，進軍燕、趙，攻下曲陽、北平。至易州，易人來拒，踰濠而陣。李景章出降，言城中人無鬭志。大元帥將修攻具，突吕不諫曰：「我師遠來，人馬疲憊，勢不可久留。」乃止。軍還，大元帥以其謀聞，太祖大悦，賜賚優渥。

車駕西征，突吕不與大元帥爲先鋒，伐党項有功，太祖犒師水精山。〔六〕大元帥東歸，突吕不留屯西南部，復討党項，多獲而還。太祖東伐，大諲譔降而復叛，攻之，突吕不先登。渤海平，承詔銘太祖功德于永興殿壁。班師，已下州郡往往復叛，突吕不從大元帥攻破之。

淳欽皇后稱制，有飛語中傷者，后怒，突吕不懼而亡。太宗知其無罪，召還。天顯三年，討烏古部，俘獲甚衆。伐唐，以突吕不爲左翼，攻唐軍霞沙寨，降之。十一年，送晉主石敬瑭入洛。〔七〕及大册，突吕不總禮儀事，加特進檢校太尉。會同五年卒。

〔一〕以上五字原缺，據注〔七〕增補。

〔二〕嗜學，謂學習漢文漢字。

〔三〕按本史卷三太宗紀天顯三年五月，「命林牙突呂不討烏古部」。此文班林牙即屬於文班司之林牙。卷二太祖紀神册五年正月，「始製契丹大字」。九月，「大字成，詔頒行之」。大字即增減漢字筆畫而成者。對小字而言。今存錦西式字是也。神册六年五月「詔定法律」。即此「受詔撰決獄法」之事。

〔四〕百衲本作蹎，音智，頓也。見龍龕手鑑卷四中。殿本作躓，音質，跌也。

〔五〕按本史卷二太祖紀皇子堯骨在天贊元年十一月受命，二年正月克平州。

〔六〕按本史卷二太祖紀伐党項在天贊四年二月，犒師在四年三月。

〔七〕按本史卷三太宗紀天顯十一年閏十一月，命迪離畢將五千騎送（晉帝）入洛，應即此事。檢卷三太宗紀：「天顯三年五月，命林牙突呂不討烏古部；七月，突呂不獻討烏古捷；九月，突呂不遣人獻討烏古俘；四年六月丙午，突呂不獻烏古俘，戊申，分賜將士；七年三月，林牙迪離畢指斥乘輿，囚之；八月，林牙迪離畢逸囚，復獲而鞫之，知其事本誣構，釋之。」是此林牙迪離畢者，即林牙突呂不。

王郁，京兆萬年〔一〕人，唐義武軍節度使處直之孼子。伯父處存鎮義武，卒，三軍推其子郜襲，處直爲都知兵馬使。光化三年，梁王朱全忠攻定州，郜遣處直拒于沙河。兵敗，入城逐郜，郜奔太原。亂兵推處直爲留後，遣人請事梁王。梁與晉王克用絶好，表處直爲義武軍節度使。〔二〕

初郜之亡也，郁從之。晉王克用妻以女，用爲新州防禦使。處直料晉必討張文禮，鎮亡，則定不獨存，益自疑。陰使郁北導契丹入塞以牽晉兵，且許爲嗣。郁自奔晉，常恐失父心，得使，大喜。神册六年，奉表送欵，舉室來降，太祖以爲養子。〔三〕未幾，郁兄都囚父，自爲留後，〔四〕帝遣郁從皇太子討之。至定州，都堅壁不出，掠居民而還。

明年，從皇太子攻鎮州，遇唐兵于。定州，破之。天贊二年秋，郁及阿古只畧地燕、趙，攻下磁窯務。〔五〕從太祖平渤海，戰有功，加同政事門下平章事，改崇義軍節度使。

太祖崩，郁與妻會葬，其妻泣訴於淳欽皇后，求歸鄉國，許之。郁奏曰：「臣本唐主之壻，主已被弑，此行夫妻豈能相保。願常侍太后。」后喜曰：「漢人中，惟王郎最忠孝。」以太祖嘗與李克用約爲兄弟故也。尋加政事令。〔六〕還宜州，卒。子廷阮。孫縉、悅、式、夫、制。〔七〕

〔一〕京兆萬年係沿新五代史卷三九王處直傳。舊唐書卷三八地理志：「京兆府萬年，隋大興縣。武德元年改爲萬年。」非遼有京兆萬年。今陝西西安。

〔二〕全遼文卷一三王裕墓誌銘：「曾祖諱郁（應爲處直之誤），唐推忠□定功臣，義武軍節度使，易、定、祁等州觀察處置等使，開府儀同三司，檢校太師兼中書令北平王。大父諱郁，龍化州節度使，開府儀同三司中書令。」

〔三〕本史卷二太祖紀神册六年：「十月，晉新州防禦使王郁以所部山北兵馬內附。十二月，王郁率其衆來朝，上呼郁爲子，賞賚甚厚，而徙其衆于潢水之南。皇太子率王郁畧地定州。唐義武軍節度使王處直養子都囚其父，自稱留後。存勗至定州，王都迎謁馬前。」卷三太宗紀：「天顯三年正月，以王郁爲興國軍節度使。三月，唐義武軍節度使王都遣人以定州來歸。」

〔四〕通鑑後梁紀均王龍德元年十月：「初，義武節度使兼中書令王處直未有子，妖人李應之得小兒劉雲郎於陘邑，以遺處直曰：『是兒有貴相。』使養爲子，名之曰都。及壯，便佞多詐。處直愛之，置新軍，使典之。處直有孽子郁，無寵，奔晉。晉王克用以女妻之，累遷至新州團練使。及晉王存勗討張文禮，處直以平日鎮、定相爲脣齒，患之，以新州地鄰契丹，乃潛遣人語郁，使賂契丹，召令犯塞，務以解鎮州之圍。郁素疾都冒繼其宗，乃邀處直求爲嗣，處直許之。軍府之人均不欲召契丹，都亦慮郁奪其處，乃陰與書吏和昭訓謀劫處直，會處直與張文禮宴於城東，暮歸，都以新軍數百伏於府第，大譟，劫之，曰：『將士不欲以城召契丹，請令公歸西第。』乃併其妻妾幽之西第，都自爲留後。」

〔五〕磁窯務，本史卷七三阿古只傳作磁窯鎮。

〔六〕按全遼文卷五王悦墓誌銘：「祖明殿左相、義武軍節度、易、定、祁等州觀察處置等使、開府儀同三司、檢校太師、守司空、同政事門下平章事、使持節定州諸軍事、行定州刺史、太原郡開國公、食邑一千五百户。」檢義武軍爲唐定州軍號，易、定、祁三州當時均不屬契丹，爲王郁遥領官銜。明殿左相爲太祖陵寢官，别詳本書卷四五百官志補目陵寢官注〔一〕。唐明宗實録云：「莊宗未即位，盧文進、王郁相繼入遼，皆驅率數州士女爲虜南藩，教其織紝工作，中國所爲，虜中悉備。契丹所以强盛侵凌中國者，以得文進、郁之故也。」

〔七〕以上九字，據全遼文卷五王悦墓誌銘補。墓誌云：廷阮，左千牛衛大將軍、檢校司空。子七人。縉，守平州望都縣令。悦，節度副使。三子佚名。官遼興軍節度山河使。式，涿州刺史、檢校司徒。夫，守秘書省校書郎。制，西頭供奉官。幼子小溝兒。墓誌又云：「潛躅父風，是膺天睠，立年方近，就日將期。敕充遼興軍節度衙内都指揮使。入爲嚴勝龍衛兵馬都部署，銀青崇禄大夫，檢校太子賓客兼監察御史武騎尉。出爲飛狐招安副使，銜兹綸命，鎮彼塞垣，不起烽烟，屢更星歲。迴奉宣充祁溝兵馬都監，揄揚叨畧，寧謐關河。因抱良能，轉加選用。又爲燕京西南面巡檢使，阿私不入，姦蠹旋除。白刃雕弧，神憚鬼慴。復充行宫市場巡檢使。洎于守職，驚若循墻。損貧奉富之儔，都然屏迹。進授長寧軍節度副使，布貳車之新政，且利于民；參六條之舊章，不犯非禮。罷任南征，爲諸宮院兵馬副都部署，共驅虎旅，同助聖謀。遣寢庭百戰之師，畏驍將六鈞之藝。自南征北，歸馬迴戈。復授寧遠軍節度副使。一種銜恩，獨能戮力，黔首仰之如父母，獄訟賴以若神明。復受命爲上京兵馬部署。遂押軍戎，又當征役，方臨桑水，忽起薤音。以統和二十三年五月十三日薨于本宅，享年五十有三。以其年十一月十六日，葬于利州西三十里尖山南焉。有三子：孟曰瑩，廂都指揮使，次男凝，次男福哥。」

耶律圖魯窘，字阿魯隱，肅祖子洽昚〔一〕之孫，勇而有謀畧。太宗立晉之役，其父敵魯古爲五院夷離堇，殁于兵，帝即以其職授圖魯窘。仍以父字爲名，以旌其忠。〔二〕會同元年，改北院大王，嘗屏左右與議大事，占對合上意。

從討石重貴，杜重威擁十萬餘衆拒滹沱橋，力戰數日，不得進。帝曰：「兩軍爭渡，人馬疲矣，計安出？」諸將請緩師，爲後圖，帝然之。圖魯窘厲色進曰：「臣愚竊以爲陛下樂於安逸，則謹守四境可也；既欲擴大疆宇，出師遠攻，詎能無廑聖慮。若中路而止，適爲賊利，則必陷南京，夷屬邑。若此，則爭戰未已，吾民無奠枕之期矣。且彼步我騎，何慮不克。況漢人足力弱而行緩，如選輕鋭騎先絶其餉道，則事蔑不濟矣。」帝喜曰：「國强則其人賢，海巨則其魚大。」於是塞其餉道，數出師以牽撓其勢，重威果降如言。以功獲賜甚厚。明年春，卒軍中。

論曰：神册初元，將相大臣拔起風塵之中，翼扶王運，以任職取名者，固一時之材；亦由太祖推誠御下，不任獨斷，用能總攬羣策而爲之用歟！其投天隙而列功庸，至有心腹、耳目、手足之喻，豈偶然哉！討党項，走敵魯，〔三〕平剌葛，定渤海，功亦偉矣。若默記治獄不冤，頗德持論不撓，延徽立經陳紀，紹勳秉節而死，〔四〕圖魯窘料敵制勝，豈器博者無近用，道長者其功遠歟？稱爲佐命固宜。

〔一〕案本史卷六六皇族表，爲治昚五世孫。

〔二〕以上十字，據本史卷三太宗紀天顯十一年九月補。敵魯古，紀作的魯，圖魯窘；紀作徒離骨。

〔三〕敵魯疑是敵烈。

〔四〕延徽、紹勳，本史卷七四有傳。紹勳，聖宗時人，附其祖延徽傳。論於太祖功臣之列，不愜。以上六字舛卷衍文。

〔補〕盧文進，字大用，一字國用，幽州范陽人，身長七尺，偉儀容。初爲劉守光騎將，晉王李存勗攻范陽，文進先降，拜蔚州刺史。是時李存矩統山後八軍，爲新州團練使，及晉王在河上與劉鄩血戰，會新州兵，存矩募山後勁兵數千人，驍勇難制。又課民出馬，期會迫促，民以十牛易一馬，怨之入骨。山後兵不樂南行，至祁溝關，聚謀起事。文進有女少而美。存矩求爲側室，文進不敢違而心常内愧，因與軍衆殺存矩。〔一〕反攻新州，不克；攻武州，又不克。神册二年春〔二〕遂率其衆奔契丹。

文進引契丹軍攻新州，刺史安金全不能守，棄城去。幽州周德威援之，反攻新州，契丹衆數萬，德威大敗奔回。文進與契丹進攻幽州，圍之。太祖以時暑班師，留耶律曷魯與文進守之，聲言有衆百萬，氈車毳幕，彌漫山澤。文進教之攻城，爲地道，四面俱進，城中穴地燃膏以邀之。又爲土山臨城，城中溶銅以灑之，日殺千計而攻之不止。圍城且二百日，城中危困，德威遣間使詣晉王告急。晉王命李嗣源將兵先進，軍於淶水，閻寶以鎮、定之兵繼之；更命李存審統兵往會於易州，自易北行，踰大房嶺循澗而東，每至谷口契丹輒邀之，且戰且進。將至幽州，存審命步騎夾擊，曳柴燃草，煙塵蔽天，莫測其多少，契丹大敗，遂解圍北去。

天贊元年夏四月，契丹攻拔薊州，擒刺史胡瓊，以文進與涅魯古典軍民事。三年秋七月，契丹置威塞軍於新州，遣使後唐求幽州以處文進。時東北諸部皆役屬契丹，惟渤海未服，每謀南進，恐渤海犄其後，乃先舉兵擊渤海之遼東，遣將禿餒與文進據營、平等州以擾燕地。時文進爲幽州節度使，實未領幽州。

初，文進在新州時，頻歲以輕騎出入塞上，攻掠剽奪無寧息，幽、瀛、涿、莫間常被其患。又教契丹以織紝工作，中原所有無不備，契丹由此益强。唐兵屯涿州，歲時饋運，自瓦橋關至幽州，常嚴界堠，仍苦抄奪，前後十餘年，皆文進所爲也。

尋以文進爲盧龍節度使，駐平州。後唐明宗初即位，遣人説以易代之後，無復嫌怨。而文進所部漢人皆思歸。六年冬十月，遂帥部衆十餘萬人，車帳八千乘，自平州歸唐。行及幽州，先遣使上表曰：「頃以新州團練使李存矩提衡郡邑，掌握恩威，虐黎庶則毒甚於豺狼，聚賦斂則貪盈於溝壑。人不堪命，士各離心。臣即抛父母之邦，入朔漠之地，幾年雁塞，徒向日以傾心；一望家山，每銷魂而斷目。李子卿之河畔，空有怨辭；石季倫之洛中，莫陳歸引。近聞皇帝陛下皇天眷命，清明在躬，握紀乘權，鼎新革故。始知大幸，有路朝宗；便貯遄心，祇伺良會。臣十月十日決計殺在城契丹，取十一日離州，押七八千車乘，領十五萬生靈，十四日已達幽州」云。

洎至洛陽、唐授以滑州節度使、檢校太尉。〔三〕歲餘移鎮鄧州，累加同平章事，入爲上將軍，復出鎮潞州。後改安州節度使。及石敬瑭借契丹之力以晉代唐，文進自以嘗背契丹，居不自安，遂率部衆渡淮投南唐。南唐以文進爲天雄統軍、宣潤節度使，後卒於江南。年八十二。〔四〕

參本史耶律曷魯傳、新舊五代史、通鑑及考異、册府元龜、契丹國志、陸氏、馬氏兩南唐書

〔一〕通鑑後梁紀均王貞明三年二月記李存矩被殺情節：「至祁溝關，小校宫彦璋與士卒謀曰：『聞晉王與梁人確鬭，騎兵死傷不少，吾儕捐父母妻子，爲人客戰，千里送死，而使長復不矜恤，奈何？』衆曰：『殺使長，擁盧將軍還新州，據城自守，其如我何！』因執兵大噪，趣傳舍，詰朝，存矩寢未起，就殺之。文進不能制，撫膺哭其尸曰：『奴輩既害郎君，使我何面復見晉王！』因爲衆所擁，還新州，守將楊全章拒之；又攻武州，鴈門以兵都知防禦兵馬使李嗣肱擊敗之。周德威亦遣兵追討，文進率其衆奔契丹。」按文進銜恨存矩，所謂「不能制」及哭尸云云，顯然是故作姿態。

〔二〕陸氏南唐書卷九曰：「文進少嘗事契丹，娶虜公主，爲其平州刺史。」馬令南唐書卷一三曰：「高越，燕人，清警有才思，文價藹於北土。盧文進有女美而慧，善屬文，時稱『女學士』，越聞而慕

之，往謁文進，文進以妻之。」

〔二〕本史卷一太祖紀作神册元年。卷五七儀衛志稱梁幽州刺史，不合。

〔三〕册府元龜卷一六六：「天成元年九月，幽州奏，契丹平州守將、僞置幽州節度使盧文進率户口歸明，所率降户孳畜人口在平州西，首尾約七十里。十一月，鎮州又奏文進所率歸業户口蠲免税租三年，仍每口給糧五斗。是月文進及將吏四百人見賜鞍馬玉帶衣被器玩錢帛有差，仍下制：契丹盧龍軍節度使、檢校太尉盧文進，遼西飛將，薊北雄才，傾以被讒，因而避禍。雖附茹毛之俗，長懷向國之誠。將軍寧屈於虜庭，校尉終還於漢壘。洎於纂紹，果卜旋歸。繼飛鴈足之書，累殄龍庭之虜。前冒白刃，中推赤心。擁塞恒之車帳八千，復唐土之民軍十萬。氣吞沙漠，義貫神明，爰降寵章，以旌壯節。可特進依前檢校太尉同中書門下平章事，使持節滑州諸軍事，守滑州刺史，充義成軍節度，滑、濮管内觀察處置等使，仍封范陽郡開國侯，食邑一千三百户，兼賜推忠翊聖保義功臣。」馬令南唐書卷一二：「明宗即位，文進自平州率衆數萬歸唐。明宗得之喜甚，以爲善成軍節度使。居歲餘，徙鎮威勝，加同平章事，入爲上將軍，出鎮昭義，徙安遠。晉高祖與契丹約爲父子，文進懼不自安。天福元年冬，送款於烈祖，烈祖以文進爲天雄統軍、宣潤節度使。文進身長七尺，狀貌偉然，自其奔契丹也，數引契丹攻掠幽、薊，虜其人民，教契丹以中國織紝工作無不備。契丹由此益彊。同光中，契丹數以輕騎出入塞上，攻掠幽、趙，人無寧歲。唐兵屯涿州，歲時饋運，自瓦橋關至幽州嚴斥堠，常苦抄奪，爲唐患者十餘年，皆文進爲之也。」錢易南部新書癸卷：「盧文進嘗云：『陷契丹中，嘗於無定河見人脛骨一條，大如柱，長可七尺。』」冊府元龜卷八八三：「盧文進身長七尺，飲啗過人。望之偉如也。後至安州節度使。」

〔四〕玉壺清話卷六：「文進八十二，無病卒。卒之日，星殞於寢，大如杯。文進噓赤光丈餘，與星相接。」契丹國志卷一八：「初，文進攻新州不克，夜走墜塹，一躍而出，明日視之，乃郡之黑龍潭也。絕岸數丈，深不可測。又嘗有大蛇，徑至座間，引首及膝，文進取食飼之而去。由是自負，往來南北，無挫衄焉。」馬令南唐書卷一二同。

遼史補注卷七十六

列傳第六

耶律解里　耶律拔里得　耶律朔古　耶律魯不古

趙延壽〔補〕匡贊　高模翰　〔補〕耿崇美　趙思温〔補〕匡禹

耶律漚里思　張礪　〔補〕張建立　〔補〕張諫　〔補〕劉晞　珂

〔補〕王敦裕　〔補〕崔廷勳

耶律解里，字潑單，突呂不部人。世爲小吏。解里早隸太宗麾下，擢爲軍校。天顯間，唐攻定州，既陷，解里爲唐兵所獲；〔一〕晉高祖立，始歸國。太宗貰其罪，拜御史大夫。〔二〕會同九年伐晉，師次滹沱河，奪中渡橋，降其將杜重威。上命解里與降將張彦澤率騎兵三千疾趨河南，所至無敢當其鋒。既入汴，解里等遷晉主重貴于開封府。〔三〕彦澤恣殺掠，亂宮掖，解里不能禁，百姓騷然，莫不怨憤。車駕至京，數彦澤罪，斬于市，〔四〕汴人大悦；解里亦被詰責，尋釋之。

天禄間，加守太子太傅。應曆初，置本部令穩，解里世其職，卒。

〔一〕通鑑後唐紀：「明宗天成三年秋七月，契丹復遣其酋長惕隱將七千騎救定州，王晏球逆戰於唐河北，大破之；追至易州。契丹北走，道路泥濘，人馬飢疲，入幽州境。八月，趙德鈞遣牙將武從諫將精騎邀擊之，分兵扼險要，生擒惕隱等數百人。」舊五代史卷三九：「唐明宗天成三年八月，幽州趙德鈞奏生擒首領特哩袞（原作惕隱）及其屬凡五十餘人。」新五代史卷六作「執契丹首領惕隱赫邈」。本史卷三太宗紀天顯三年八月作惕隱涅里袞。涅里袞即牙里果，又作涅里骨德、赫邈，見本書卷七二補傳。解里爲當時被擒五十餘人中之一。

〔二〕按本史卷四太宗紀，會同元年十一月置御史大夫。

〔三〕本史卷四太宗紀會同九年十二月：「命御史大夫解里、監軍傅桂兒、張彦澤持詔入汴，諭晉帝母李氏，以安其意。」通鑑後晉紀齊王開運三年十二月：「延煦、延寶自牙帳還，契丹主賜帝手詔，且遣解里謂帝曰：『孫勿憂，必使汝有噉飯之所。』帝心稍安。」

〔四〕通鑑後晉紀開運三年十二月：「契丹主遣張彦澤將二千騎先取大梁，且撫安吏民，以通事傅住兒爲都監。」後漢紀高祖天福十二年（即次年）春正月：「契丹主亦怒彦澤剽掠京城，並傅住兒鎖之。斬彦澤、住兒於北市。」傅住兒，本史作傅桂兒，舊五代史卷八五作富珠哩。

耶律拔里得，字孩鄰，〔一〕太祖弟剌葛〔二〕之子。太宗即位，以親愛見任。會同七年，討石重貴，拔里得進圍德州，下之，擒刺史師居璠等二十七人。〔三〕九年，再舉兵，次滹沱河，降杜重威，戰功居多。太宗入汴，以功授安國軍節度使，總領河北道事。師還，州郡往往叛，以應劉知遠，拔里得不能守而歸。〔四〕

世宗即位，遷中京留守，卒。〔五〕子海里，漢名景，又作璟，有傳。〔六〕

〔一〕通鑑胡注後晉紀齊王開運三年十二月引宋白說：「麻荅本名解里，阿保機之從子也。其父曰撒剌，歸梁，死於汴。」續通典同。撒剌，舊五代史作薩剌。解里應是孩鄰譯歧。通鑑後漢紀高祖天福十二年六月甲寅，「蕭翰與麻荅以鐵騎圍張礪之第，翰數之曰：『又譖我及解里於先帝，云解里好掠人財，我好掠人子女。』」此解里即指麻荅，亦即拔里得。

契丹國志卷一七麻荅傳：「會同九年，契丹攻黎陽，麻荅先驅，晉博州刺史周儒以城降。周儒引麻荅自馬家口濟河，營於東岸，攻鄆州北津。又陷德州，擒刺史尹居璠，太宗南入大梁，以麻荅爲安國節度使，又以爲中京留守。至恒州，崔延勳見麻荅，趨走拜起，跪而獻酒，麻荅踞而受之。」

〔二〕本書卷七二有補傳。通鑑後漢紀高祖天福十二年五月胡注引舊五代史曰：「麻荅，耶律德光之從弟；其父曰薩剌，阿保機時，自蕃中奔唐莊宗，尋奔梁，莊宗平梁，獲之，磔於市。」

〔三〕師居璠，本史卷四太宗紀會同七年五月及舊五代史卷八二、通鑑並作尹居璠，此是陳大任避金章宗父允恭嫌名改。

〔四〕通鑑後漢紀高祖天福十二年：「初，契丹主兀欲勒兵北歸。契丹主以安國節度使麻荅爲中京留守。閏（七）月，麻荅貪猾殘忍，民間有珍貨、美婦女，必奪取之。又捕村民，誣以爲盜，披面，抉目，斷腕，焚炙而殺之，欲以威衆。常以其具自隨，左右懸人肝、膽、手、足，飲食起居於其間，語笑自若。出入或被黄衣，用乘輿，服御物，曰：『兹事漢人以爲不可，吾國無忌也。』又以宰相員不足，乃牒馮道判弘文館，李崧判史館，和凝判集賢，劉昫判中書，其僭妄如此。然契丹或犯法，無所容貸，故市肆不擾。常恐漢人亡去，謂門者曰：『漢有窺門者即斷其首以來。』麻荅遣使督運於洺州，洺州防禦使薛懷讓聞帝入大梁，殺其使者，舉州降。帝遣郭從義將兵萬人會懷讓攻劉鐸於邢州，不克。鐸請兵於麻荅，麻荅遣其將楊安及前義武節度使李殷將千騎攻懷讓於洺州。懷讓嬰城自守，安等縱兵大掠於邢、洺之境。契丹所留兵不滿二千，麻荅令所司給萬四千人食，收其餘以自入。麻荅常疑漢兵，且以爲無用，稍稍廢省，又損其食以飼胡兵；衆心怨憤，聞帝入大梁，皆有南歸之志。前潁州防禦使何福進，控鶴指揮使太原李榮，潛結軍中壯士數十人謀攻契丹，然畏契丹尚彊，猶豫未發。會楊衮楊安等軍出，契丹留恒州者纔八百人，福進等遂決計，約以擊佛寺鐘爲號。辛巳，契丹主兀欲遣騎至恒州，召前威勝節度使兼中書令馮道、樞密使李崧、左僕射和凝等，會葬契丹主德光於木葉山。道等未行，食時，鐘聲發。漢兵奪契丹守門者兵擊契丹，殺十餘人，因突入府中，李榮先據甲庫，悉召漢兵及市人，以鎧仗授之，焚牙門，與契丹戰。榮召諸將并力，護聖左廂都指揮使、恩州團練使白再榮狐疑，匿於別室，軍吏以佩刀決幕，引其臂，再榮不得已而行。諸將繼至，煙火四起，鼓譟震地。麻荅等大驚，載寶貨家屬，走保北城。而漢兵無所統壹，貪狡者乘亂剽掠，懦者竄匿。八月，壬午朔，契丹自北門入，勢復振，漢民死者二千餘人。前磁州刺史李穀恐事不濟，請馮道、李崧、和凝至戰所慰勉士卒，士卒見道等至，爭自奮。會日暮，有村民數千譟於城外，欲奪契丹寶貨、婦女，契丹懼而北遁。麻荅、劉晞、崔廷勳皆奔定州，與義武節度使耶律忠合。忠，即郎五也。」忠，本史作朗，卷一一三有傳。

宋史卷四八四李筠傳：「晉開運末，契丹犯汴京，其將趙延壽聞筠驍勇，召寘帳下。及契丹主北歸，死欒城，延壽至常山，爲永康王所縶。契丹衆數萬，據常山，後北去，留耶律解里衆纔二千騎，又分別部首領楊衮以千騎掠邢、洺。來還中朝士大夫多在城中，契丹與漢相雜，解里性貪恣自奉，削漢軍日食，衆皆菜色。筠乘其怨，密與王蕘、石公霸、何福進等謀，以閏七月二十九日伺契丹守閽者旦食，撞寺鐘爲期，相率入據兵庫，次焚牙門，大呼市人併力擊焉。契丹衆大驚，由北門而出，解里趣族乘列之於野，明日，集衆入郛力戰，屬晉士卒分掠，唯控鶴一軍與市民禦之，死傷相繼。午後，郛外民千餘知契丹奔敗者，持兵趣其族乘，將劫之，守者入郛馳告，解里聞之，遂挈族而去。」

通鑑後漢紀：高祖天福十二年七月，杜重威自以附契丹負中國，内常疑懼。遣其子弘璲質於麻荅以求援。趙延壽有幽州親兵二千在恒州，指揮使張璉將之，重威請以守魏。麻荅遣其將楊衮將契丹千五百人及幽州兵赴之。八月，楊衮至邢州，聞麻荅被逐，即日北還。」（舊五代史卷一〇九杜重威傳畧同）通鑑後漢記高祖乾祐元年三月：「麻荅至其國，契丹主責以失守。麻荅不服，曰：『因朝廷征漢官致亂耳。』契丹主鴆殺之。」通考卷三四五：「永康王兀欲立，留其將麻荅守鎮州。鎮州軍亂，大將白再榮逐出麻荅，據定州，已而悉其衆以北。」

〔五〕通鑑後晉紀高祖天福十二年五月，「契丹主（兀欲）以安國節度使麻荅爲中京留守」。此中京本是鎮州。先此中京歸國，仍爲遼之中京留守。本史卷八四其子海里傳稱令穩拔里得。通鑑、契丹國志並云世宗鴆殺之。

〔六〕以上十一字，據本史卷八四耶律海里傳增補。

耶律朔古，字彌骨頂，横帳孟父之後。幼爲太祖所養。既冠，爲右皮室詳穩。從伐渤海，戰有功。

天顯七年，授三河烏古部都詳穩。平易近民，民安之，以故久其任。會同間，爲惕隱。〔一〕時晉主石重貴渝盟，帝親征，晉將杜重威擁衆拒滹沱。月餘，帝由他渡濟。朔古與趙延壽據中渡橋，重威兵却，遂降。是歲，入汴。

世宗即位，朔古奉太宗喪歸上京，佐皇太后出師，坐是免官，卒。

〔一〕按本史卷四太宗紀會同九年十一月作大内惕隱耶律朔骨里。大内惕隱即惕隱同一官。

耶律魯不古，〔一〕字信寧，太祖從姪也。〔二〕初，太祖制契丹國字，魯不古以贊成功，授林牙、監修國史。

後率偏師，爲西南邊大詳穩，〔三〕從伐党項有功。會河東節度使石敬瑭爲其主所討，遣人求援，魯不古導送于朝，如其請。帝親率師往援，魯不古從擊唐將張敬達于太原北，敗之。會同〔四〕初，從討党項，俘獲最諸將，師還。

天册〔五〕中，拜于越。〔六〕六年，爲北院大王。終年五十五。〔七〕子賢適。有傳。〔八〕

〔一〕按本史卷三太宗紀天顯十一年作盧不姑，卷四太宗紀會同五年作信恩。册府元龜作進寧。

〔二〕父剌葛爲太祖同母弟，魯不古爲太祖之姪，非從姪。從字衍。

〔三〕本史卷三太宗紀天顯十一年七月作西南路招討盧不姑，卷四太宗紀會同元年四月，西南邊大詳穩耶律魯不古奏党項捷。三年三月，魯不姑上党項俘獲數。五年二月作于越信恩。遼代耶律習涅墓誌（參見考古一九九一年四期）：「于越王兵馬大元帥諱習寧，小字盧不姑，即公之六世祖也。」

〔四〕册府元龜卷九九五：「晉高祖天福五年（會同三年）四月，北京奏：『契丹于越王進寧掠山後諸蕃，退止於青冢。』」

〔五〕天册中拜于越，天册字誤。按天册非年號，顯係誤字，據本史卷四太宗紀會同三年三月上党項俘獲，五年已爲于越，終年五十五推算則天册不是天禄，亦非神册，而是天顯或會同。

〔六〕遼代耶律習涅墓誌稱「于越王兵馬大元帥」，兵馬大元帥本傳漏載，亦應在經畧党項及援晉期間或拜于越同時。

〔七〕契丹國志卷一四：「梁王信寧，番名解里，北大王烏斡（剌葛）之子。始以祗候郎君授林牙，雲中、奉聖州、蔚州節度使，同平章事。與帝同謀逐太后出宮，拜南大王、北大王、惕隱、南宰相，封梁王，加尚父，致仕。」

〔八〕以上五字，據本史卷七九耶律賢適傳增補。

趙延壽，本姓劉，恒山人。〔一〕父邧，令蓨。梁開平初，滄州節度使劉守文陷蓨，其裨將趙德鈞〔二〕獲延壽，養以爲子。

少美容貌，好書史。〔三〕唐明宗先以女妻之，及即位，封其女爲興平公主，拜延壽駙馬都尉、樞密使。〔四〕明宗子從榮恃權跋扈，内外莫不震慴，延壽求補外避之，出爲宣武軍節度使。清泰初，加魯國公，復爲樞密使，鎮許州。石敬瑭發兵太原，唐遣張敬達往討。會敬達敗保晉安寨，延壽與德鈞往救，聞晉安已破，走團栢峪。〔五〕太宗追及，延壽與其父俱降。〔六〕

明年，德鈞卒，以延壽爲幽州節度使，封燕王；及改幽州爲南京，遷留守，總山南事。天顯末，以延壽妻在晉，詔取之以歸。自是益自激昂圖報。

會同初，帝幸其第，加政事令。〔七〕六年冬，晉人背盟，〔八〕帝親征，延壽爲先鋒，下貝州，授魏、博等州節度使，封魏王。敗晉軍于南樂，獲其將賽項羽。軍元城，晉將李守貞、高行周率兵來逆，破之。至頓丘，會大霖雨，帝欲班師。延壽諫曰：「晉軍屯河濱，不敢出戰，若徑入澶州，奪其橋，則晉不足平。」上然之。適晉軍先歸澶州，高行周至析城，〔九〕延壽將輕兵逆戰；上親督騎士突其陣，敵遂潰。師還，留延壽徇貝、冀、深三州。

八年，再伐晉，晉主遣延壽族人趙行實以書來招。時晉人堅壁不出，延壽紿曰：「我陷虜久，寧忘父母之邦。若以軍逆，我即歸。」晉人以爲然，遣杜重威率兵迎之。〔一〇〕延壽至滹沱河，據中渡橋，與晉軍力戰，手殺其將王清，〔一一〕兩軍相拒。太宗潛由他渡濟，留延壽與耶律朔古據橋，敵不能奪，屢敗之，杜重威掃厥衆降。上喜，賜延壽龍鳳赭袍，且曰：「漢兵皆爾所有，爾宜親往撫慰。」延壽至營，杜重威、李守貞迎謁馬首。

後太宗克汴，延壽因李崧求爲皇太子，上曰：「吾於魏王雖割肌肉亦不惜，但皇太子須天子之子得爲，魏王豈得爲也？」蓋上嘗許滅晉後，以中原帝延壽，以故摧堅破敵，延壽常以身先。至是以崧達意，上命遷延壽秩。翰林學士承旨張礪進擬中京留守、大丞相、録尚書事、都督中外諸軍事；上塗「録尚書事、都督中外諸軍事」。〔一二〕

世宗即位，以翊戴功，授樞密使。〔一三〕天禄二年薨。弟二人：延密，河陽軍節度使。延希，左監門衛將軍、司徒。〔一四〕子匡贊，河中護國軍節度使，有補傳。匡符，金吾衛上將軍、司徒。〔一五〕

〔補〕匡贊，〔一六〕字元輔，本名美，後更今名。

匡贊幼聰慧，應神童舉，唐明宗詔賜童子及第，仍附禮部春榜。清泰末，石敬瑭叛，以契丹之援引兵南下，德鈞父子降。契丹主盡錮之北去，匡贊獨與母公主留西洛。晉天福三年，高祖命匡贊奉母歸薊門，契丹署爲金吾將軍。數年，契丹以延壽爲范陽節度使，又署匡贊爲牙内都校。開運末，契丹主將謀南侵，委政延壽，及平原陷，匡贊復受契丹署爲河中節度使。〔一七〕延壽從契丹北歸，匡贊得留鎮河中。未幾，漢高祖起晉陽，遣使諭之，並告以其父被囚。匡贊奉表勸進，加檢校太尉，仍鎮河中，改京兆尹、晉陽軍節度使。匡贊懼漢疑己，後蜀廣政十年冬十月，奉表降於後主。明年春，離鎮朝漢，漢命爲左驍衛將軍，已仕周，累遷保信軍節度使。宋初加檢校太師，封衛國公，卒年五十五。

參十國春秋

〔一〕新、舊五代史並作常山人。契丹國志卷一六作相州人。

〔二〕舊五代史卷九八趙德鈞傳：「德鈞，本名行實，幽州人也。事（劉）守光，署爲幽州軍校，遁歸。莊宗賜姓，名曰紹斌，明宗即位，遂歸本姓，始改名德鈞。」通鑑後唐紀：「同光二年（九二四）三月，鎮州言：『契丹將犯塞。』詔横海節度使李紹斌、北京左廂馬軍指揮使李從珂帥騎兵分道備之。紹斌，本姓趙，名行實，幽州人也。」又三年二月，「以横海節度使李紹斌爲盧龍節度使。」胡注：「李紹斌至明宗時復姓趙，賜名德鈞。德鈞守幽州不爲無功；其後乘危以邀君，外與契丹爲市，不但父子爲虜，幽州亦爲虜有矣。」

舊五代史卷三九唐明宗紀：「天成三年（九二八）六月己丑，幽州趙德鈞奏，殺契丹千餘人於幽州東，獲馬六百匹。八月壬午，幽州趙德鈞奏於府西邀殺契丹敗黨數千人，生擒首領惕隱及其屬凡五十餘人，是時官軍襲殺契丹，屬秋雨繼降，泥濘莫進，人飢馬乏，散投村落，所在村民持白梃毆殺之，德鈞出兵接於要路，惟奇峯嶺北，有馬潛遁脱者數十，餘無噍類，帝致書諭其本國。」

通鑑後唐紀：「長興三年（九三二）八月，初契丹既强，寇抄盧龍諸州皆徧。幽州城門之外，虜騎充斥，每自涿州運糧入幽州，虜多伏兵於閻溝（新五代史作鹽溝）掠取之。及趙德鈞爲節度使，城閻溝而戍之，爲良鄉縣，糧道稍通。幽州東十里之外，人不敢樵牧，德鈞於州東五十里城潞縣（今通縣）而戍之，近州之民，始得稼穡。至是又於（幽）州東北百餘里，城三河縣以通薊州運路。虜騎來争，德鈞擊却之。」

舊五代史卷四三唐明宗紀：「長興三年六月，幽州趙德鈞奏：新開東南河，自王馬口至淤口，長一百六十五里，闊六十五步，深一丈二尺，以通漕運，舟勝千石，畫圖以獻。」

〔三〕舊五代史卷九八趙延壽傳：「延壽本姓劉氏，父曰邧，常山人也，嘗任蓨令，梁開平初，劉守光陷其邑，時德鈞爲偏將，獲延壽並其母种氏，遂養之爲子。」又云：「延壽姿貌妍柔，稍涉書史，尤好賓客，亦能爲詩。」太平廣記卷二〇〇引趙延壽傳：「延壽將家子，幼習武畧，即戎之暇，時復以篇什爲意，亦甚有雅致。嘗在虜廷賦詩曰：『黄沙風捲半空抛，雲重陰山雪滿郊。探水人回移帳就，射鵰箭落著弓抄。烏逢霜果飢還啄，馬渡冰河渴自跑。占得高原肥草地，夜深生火折林梢。』南人聞者，往往傳之。」

〔四〕舊五代史卷三九唐明宗紀：「天成三年（九二八）五月丁未，鄴都留守天雄軍節度使石敬瑭、河陽節度使趙延壽並加駙馬都尉。九月丁酉，河陽節度使、駙馬都尉趙延壽爲檢校司徒。」

〔五〕舊五代史卷九八張礪傳作團柏谷。

〔六〕全遼文卷四趙德鈞妻贈秦國夫人种氏墓誌銘：「長子樞密使、中京留守、成德軍節度使、太師、守侍中兼政事令、大丞相燕王延壽，道紀歸漢，志在霸秦，大遼嗣聖皇帝執手相歡。遂被及親之寵，詔封魏國太夫人，由子貴也。於應曆七年五月二十二日，薨於燕京隗臺坊之私第，享年七十有四，今皇帝聖情傷悼。俾追榮於大國，特贈秦國夫人。即以來年四月十九日祔於燕京薊北縣使相鄉勳賢里齊王之塋，禮也。有子三人，次曰延密，河陽軍節度使、起復雲麾將軍、左金吾衛將軍、同正太尉。次曰延希，左監門衛將軍、司徒。有女適歸德軍節度使、太師、同政事門下平章事劉敏。有孫四人，長曰匡贊，河中護國軍節度使，太尉。次曰匡符，金吾衛將軍司徒。次曰慈氏留。」

〔七〕按本史卷四太宗紀：幸其別墅在會同三年四月；兼政事令在大同元年二月。通鑑後晉紀天福二年十二月，「是歲契丹改元會同，國號大遼。以趙延壽爲樞密使，尋兼政事令」。契丹國志卷一六延壽傳：「會同改元，參用蕃漢，以延壽爲樞密使，尋兼政事令。會同六年，以延壽爲盧龍節度使。是時，晉少帝初立，搆怨契丹，延壽欲代晉帝中國，屢説太宗擊晉，太宗頗然之。乃集山後及盧龍兵合五萬人，使將之，委之經畧中國。曰：『得之當立汝爲帝。』又嘗指延壽謂晉人曰：『此汝主也。』延壽信之。由是爲契丹盡力。會同八年，延壽與其弟延照，將兵五萬南征，逼貝州，陷之。吴巒死，所殺且萬人。太宗逼澶州，屯元城，延壽屯南樂，以延壽爲魏博節度使，封燕王。會同十一年，延壽進言於太宗，陳橋降卒得免死者二、三十萬人。先是晉軍降契丹，太宗悉收其鎧仗數百萬貯恒州，驅馬數萬歸其國，遣杜重威將其衆從己而南，及河，太宗以晉兵之衆恐其爲變，欲悉以遼騎擁而納之河流，或諫曰：『晉兵在他所者尚多，彼聞降者盡死，轉皆拒命爲患，不若且撫之，徐思其策。』太宗乃使重威以其衆屯陳橋，會久雪，官無給，士卒凍餒，咸怨重威，相聚而泣。重威每出道旁，人皆駡之。太宗猶欲誅晉兵，延壽言於太宗曰：『皇帝親冒矢石以取晉國，欲自爲之乎？將爲他人取乎？』太宗變色曰：『朕舉國南征，五年不解甲，僅能得之，豈爲他人乎？』延壽曰：『晉國南有唐，西有蜀，常爲讎敵，皇帝亦知之乎？』曰：『知之。』延壽曰：『晉國東自沂、密，西及秦、鳳，延袤數千里，邊於吴、蜀，常以兵戍之。南方暑濕，上國之人不能居也。他日車駕北歸，以晉國如此之大，無兵守之，吴、蜀必相與乘虚入寇，如此，豈非爲他人取之乎？』太宗曰：『朕不知也。然則奈何？』延壽曰：『陳橋降卒，可分以戍南邊，則吴、蜀不能爲患矣。』太宗曰：『朕昔在上黨，失於斷割，悉以唐兵授晉，既而返爲仇讎，北向與我戰，辛勤累年，僅能勝之。今幸入吾手，不因此時悉除之，豈可復留以爲後患乎？』延壽曰：『羈留晉兵於河南，不質其妻子，故有此憂。今若悉徙其家於恒、定、雲、朔之間，每歲分番使戍南邊，何憂其爲變哉？此上策也。』太宗悦曰：『善，惟大王所以處之。』由是陳橋兵始得免，分遣還營。天禄元年，太宗初許延壽代晉，後負約，恨之，謂人曰：『我不復入龍沙矣。』太宗崩，延壽僞稱受太宗遺詔權知南朝軍國事，永康王兀欲鎖之。後二年，延壽卒於契丹。」

〔八〕「六年」二字原脱，據本史卷四太宗紀會同六年十二月補。

舊五代史卷九五沈贇傳：「契丹入寇，自恒州回，以羸兵驅牛羊過其城下，（晉刺史沈）贇乃出州兵以擊之，契丹以精騎劃其門邀之。州兵陷賊，趙延壽知其無備，與番賊急攻之，仍呼謂贇曰：『沈使君我故人也，擇禍莫若輕，早以城降，無自辱也。』贇登城呼曰：『侍中父子，誤計陷於契丹，忍以氈幕之衆，殘害父母之邦，不自羞慙，反有德色，沈贇寧爲國家死，必不效汝所爲也。』翌日城陷，贇自剄而卒。」（贇，新五代史卷三三本傳作斌）。

〔九〕析城，按舊五代史卷八二、新五代史卷九、弘簡録卷二〇三及通鑑並稱戰高行周於戚城。

〔一〇〕通鑑後晉紀齊王開運三年七月：「有自幽州來者，言趙延壽有意歸國；樞密使李崧、馮玉信之，命天雄節度使杜威致書於延壽，具述朝旨，啖以厚利，洛州軍將趙行實嘗事延壽，遣齎書潛往遺之。延壽復書言：『久處異域，思歸中國。乞發大軍應接，拔身南去。』辭意懇密，朝廷欣然復遣行實詣延壽，與爲期約。」

〔一一〕按本史卷四太宗紀會同九年十一月作「杜重威、張彦澤引兵據中渡橋」。羅校：「不應一橋爲兩軍所共據。（舊）五代史則云：『契丹與王師戰於中渡，（王師）不利。』蓋兩軍夾橋而戰，晉軍敗，遂爲延壽所據耳。」王清，清原作靖。據本史卷四太宗紀會同九年十一月，舊五代史卷九五、新五代史卷一三本傳、契丹國志卷三及通鑑改。

〔一二〕通鑑後漢紀：「高祖天福十二年四月（契丹主卒），趙延壽恨契丹主負約，即日，先引兵入恒州，永康王兀欲及南北二王，各以所部兵相繼而入。延壽欲拒之，恐失大援，乃納之。時契丹諸將已密議奉兀欲爲主，兀欲登鼓角樓受叔兄拜；而延壽不之知，自稱受契丹皇帝遺詔，權知南朝軍國事，仍下教布告諸道，所以供給兀欲與諸將同，兀欲銜之。壬午，延壽下令，以來月朔日於待賢館上事，受文武官賀。其儀：宰相、樞密使拜於階上，節度使以下拜於階下。李崧以虜意不同，事理難測，固請延壽未行此禮，乃止。五月，乙酉朔，永康王兀欲召延壽及張礪、和凝、李崧、馮道於所館飲酒。兀欲妻素以兄事延壽，兀欲從容謂延壽曰：『妹自上國來，寧欲見之乎？』延壽欣然與之俱入。良久，兀欲出，謂礪等曰：『燕王（延壽）謀反，適已鎖之矣。』又曰：『先帝在汴時，遺我一籌，許我知南朝軍國。近者臨崩，別無遺詔，而燕王擅自知南朝軍國，豈禮耶！』下令：『延壽親黨，皆釋不問。』間一日，兀欲至待賢館受蕃漢官謁賀，笑謂張礪等曰：『燕王果於此禮上，吾以鐵騎圍之，諸公亦不免矣。』……或傳趙延壽已死。郭威言於帝曰：『趙匡贊，契丹所署，今猶在河中，宜遣使弔祭，因起復移鎮。彼既家國無歸，必感恩承命。』從之。丙申，徙匡贊爲晉昌節度使。後二年，延壽始卒於契丹。」

舊五代史卷九八：「延壽在汴州，復娶明宗小女爲繼室。先是，延州節度使周密爲其子廣娶焉，已納財畢，親迎有日矣。至是延壽奪取之。契丹主自汴回至邢州，命升延壽坐在契丹左右相之上。契丹主死，延壽爲永康王兀欲所鎖，籍其家財，分給諸部。尋以延壽入國，竟卒於契丹。」册府元龜卷八六〇：「漢趙延壽少時，有相者云：『此官豈止於是耶？後必有兵甲大權，位極列土。』人或詰之云：『此子姸柔如女子，安有大兵權乎？』俄遷盟津、許田、汴水、宋城連帥，宣徽使、樞密使兼領河陽。清泰中，復爲樞密使。」通鑑後漢紀高祖天福十二年二月：「（契丹主入汴）唐王淑妃與郇公從益居洛陽；趙延壽娶明宗女爲夫人，淑妃詣大梁會禮。契丹主見而拜之曰：『吾嫂也。』」新五代史卷一五：「契丹犯京師，趙延壽所尚明宗公主已死，耶律德光乃爲延壽娶（許王）從益妹，是爲永安公主。」册府元龜卷九八〇：「晉天福三年九月庚申，契丹使跌跌廷信押按各馬往洛京搬取後唐公主。丙寅，趙延壽進馬二匹謝恩，放燕國長公主歸幽州。」玉堂閒話卷三：「五代契丹犯闕之初，所在羣盜蜂起，戎人患之。陳州有一婦人爲賊帥，號曰『白項鴉』，形質粗短，髮黃體黑，來詣戎王，襲男子姓名。衣冠拜跪，皆爲男子狀，戎王召見，署爲懷化將軍，委之招輯山東諸盜。僞燕王趙延壽召問之，自云能左右馳射，被雙鞬，日可行三百里，盤矛擊劍，皆所善也。其屬數千男子，皆役服之。前後有夫數十人，少不如意，皆手刃之。後爲兖州刺史馮彦卿戮之。」東都事畧卷三〇：「劉温叟仕晉，爲翰林學士。契丹犯京師，温叟懼，隨契丹北徙，與承旨張允求去職，契丹主怒，欲黜爲縣令，趙延壽曰：『學士不稱職而求解者，罷之可也。』得不黜。」

〔一三〕按本史卷四太宗紀，改鎮州爲中京時，延壽已爲樞密使、中京留守。

〔一四〕以上二十一字據全遼文卷四趙德鈞妻贈秦國夫人种氏墓誌銘增補。

〔一五〕以上二十四字據全遼文卷四趙德鈞妻贈秦國夫人种氏墓誌銘補。匡贊，本卷有補傳。

〔一六〕宋史諱匡，卷二五四有傳作趙贊。

〔一七〕全遼文卷四趙德鈞妻贈秦國夫人种氏墓誌銘、通鑑卷二八六並作護國（軍）節度使。

高模翰，〔一〕一名松，渤海人。有膂力，善騎射，好談兵。初，太祖平渤海，模翰避地高麗，王妻以女。因罪亡歸。坐使酒殺人下獄，太祖知其才，貰之。

天顯十一年七月，唐遣張敬達、楊光遠帥師五十萬攻太原，勢鋭甚。石敬瑭遣人求救，太宗許之。九月，徵兵出雁門，模翰與敬達軍接戰，敗之，太原圍解。敬瑭夜出謁帝，約爲父子。帝召模翰等賜以酒饌，親饗士卒，士氣益振。翌日，復戰，又敗之。敬達鼠竄晉安寨，模翰獻俘于帝。會敬瑭自立爲晉帝，光遠斬敬達以降，諸州悉下。上諭模翰曰：「朕自起兵，百餘戰，卿功第一，雖古名將無以加。」乃授上將軍。會同元年，册禮告成，宴

百官及諸國使于二儀殿。帝指模翰曰：「此國之勇將，朕統一天下，斯人之力也。」羣臣皆稱萬歲。〔二〕

及晉叛盟，出師南伐。模翰爲統軍副使，與僧遏〔三〕前驅，拔赤城，破德、貝諸寨。是冬，兼總左右鐵鷂子軍，下關南城邑數十。三月，勑虎官楊覃赴乾寧軍，爲滄州節度使田武名所圍，模翰與趙延壽聚議往救。俄有光自模翰目中出，縈繞旗矛，焰焰如流星久之。模翰喜曰：「此天贊之祥！」遂進兵，殺獲甚衆。以功加侍中。畧地鹽山，破饒安，〔四〕晉人震怖，不敢接戰。加太傅。

晉以魏府節度使杜重威領兵三十萬來拒，模翰謂左右曰：「軍法在正不在多。以多陵少，不義必敗。其晉之謂乎！」詰旦，以麾下三百人逆戰，殺其先鋒梁漢璋，餘兵敗走。手詔褒美，比漢之李陵。〔五〕頃之，杜重威等復至滹沱河，帝召模翰問計。上善其言曰：「諸將莫及此。」乃令模翰守中渡橋。及戰，復敗之，上曰：「朕憑高觀兩軍之勢，顧卿英鋭無敵，如鷹逐雉兔。當圖形麟閣，爵貤後裔。」已而杜重威等降。車駕入汴，加特進檢校太師，封悊郡〔六〕開國公，賜璽書、劍器。爲汴州巡檢使，平汜水諸山土賊，遷鎮中京。〔七〕

天禄二年，加開府儀同三司，賜對衣、鞍勒、名馬。應曆初，召爲中臺省右相。至東京，父老歡迎曰：「公起戎行，致身富貴，爲鄉里榮，相如、買臣輩不足過也。」〔八〕九年正月，

遷左相，卒。〔九〕

子儒，勝州刺史。孫爲裘，爲裘子澤，俱有補傳。〔一〇〕

〔一〕高模翰，長編、宋會要蕃夷一、宋史卷二六四宋琪傳並同此。新五代史、金史並作高牟翰，通鑑後晉紀、契丹國志卷二、卷一七並作高謨翰，卷二三作高模漢。

〔二〕册府元龜卷九八〇：「天福七年（會同五年）三月，契丹通事高模翰來聘。」

〔三〕本史卷四太宗紀會同九年十一月與迪輦即耶律洼爲前鋒分兵攻晉。

〔四〕饒安，漢置千童縣，後漢改置饒安縣，後魏置滄州治之。故治在今河北鹽山縣南五十里，今名舊縣鎮，唐武德初移治今鹽山縣西南三十里，今名新縣鎮（參舊唐書地理志、太平寰宇記）。宋因避河患，又移治於張爲村，縣遂廢。

〔五〕新五代史卷七二四夷附録：開運二年（天顯八年）高牟翰曾詐以瀛州降晉，故此比漢之李陵。

〔六〕遼無惁郡，此係以渤海舊郡封之。

〔七〕通鑑後漢記高祖天福十二年（九四七）二月：「（劉知遠即位晉陽）契丹主遣右諫議大夫趙熙使晉州，括率錢帛，徵督甚急，（駱）從朗既死，民相帥共殺熙。契丹主賜趙暉詔，即以爲保義留後，暉斬契丹使者，焚其詔，遣支使河間趙矩奉表詣晉陽。契丹遣其將高謨翰攻暉，不克。」

〔八〕按本史卷六穆宗紀應曆二年六月：「漢爲周所侵，遣使求援，命中臺省右相高模翰赴之。」通鑑後周記：「廣順二年（應曆二年）九月，契丹將高謨翰以葦栰渡胡盧河入寇，至冀州，成德節度使何福進遣龍捷指揮使劉誠誨等屯貝州以拒之。契丹聞之，遽引兵北渡。」又本史卷六穆宗紀：「應曆二年十二月，高模翰及漢兵圍晉州。……三年春閏正月，漢以高模翰却周軍，遣使來謝。」出土於山西朔縣之高澤墓誌銘（參見中國考古集成華北卷劉俊喜遼代朔州高氏的兩方墓誌）：「曾（祖）諱模翰，歷仕皇朝太祖大聖皇帝洎穆宗天順皇帝，累授推忠佐運平定功臣開府儀同三司、同政事門下平章事兼侍中、天下兵馬都部署。」宋晁説之嵩山文集卷三負薪對：「太祖在周時，以百騎却虜梟將高模翰之兵數萬於瓦橋關之北。」

〔九〕金史卷八四高楨傳：「高楨，遼陽渤海人。五世祖牟翰仕遼，官至太師，楨少好學，嘗業進士。斡魯討高永昌，已下瀋州，永昌懼，僞送欵以緩師，是時，楨母在瀋州，遂來降，告以永昌降欵非誠，斡魯乃進攻。既破永昌，遂以楨同知東京留守事，授猛安。」

〔一〇〕以上十七字新增。高爲裘及子澤補傳在卷九八。

〔補〕耿崇美，〔一〕先世受封鉅鹿，後家于上谷，遂隸籍焉。〔二〕崇美姿貌魁梧，面黑紫，虬髭，每赫怒，鬢髮如蝟。善騎射。性聰敏，通契丹語。唐末，太祖聖元皇帝肇國遼東，破上谷，遂歸國焉。初授國通事，應天皇后器之，恩撫有加。

太宗天顯中，石敬瑭乞師攻後唐，崇美以臨敵敢先，受倚重。迨用兵石晉，屢攻易州不下，刺史郭璘固守拒之。太宗每過城下，指而歎曰：「吾能吞併天下，而爲此人所扼！」及杜威既降，太宗遣崇美至易州，誘諭其衆，衆皆降，璘不能制，遂爲崇美所殺。〔三〕

大同元年二月，太宗聞劉知遠即位太原，以崇美爲潞州節度使，高唐英爲相州節度使，崔廷勳爲孟州節度使。〔四〕潞州，兵衝也，自潞州東下壺關，則至相州；南下太行，則至孟州。故命將以控扼要害。四月，崇美、廷勳至澤州，聞史弘肇兵已入潞州，不敢進，引兵而南，〔五〕弘肇遣先鋒馬誨追擊，破之。崇美、廷勳與奚王拽刺，退保懷州。契丹在河南者相繼北去。〔六〕後爲武定軍節度使。武定即上谷也。累贈太師，假相印。〔七〕

娶秦王韓匡嗣女，子五人：〔八〕紹紀，附見子延毅傳。紹忠，統和四年，爲同州節度使，州在西樓南數百里，適扈從至饒樂河，〔九〕聞宋師至，被遣爲蔚州監城使，時蔚州左右都押衙李存璋、許彦欽〔一〇〕等殺節度使蕭啜里及守卒千人，以城附于宋，〔一一〕紹忠被執。紹雍，官三司使。孫延毅有補傳。〔一二〕

參耿延毅墓誌、耿知新墓誌、册府元龜、舊五代史、宋會要、通鑑、通鑑胡注、契丹國志

〔一〕宋會要、統類卷三、長編並作美，省崇字，或是避諱。

〔二〕全遼文卷六耿知新墓誌銘於武平軍節度下有「澧、朗等州觀察處置等使、使持節朗州諸軍事、朗州刺史、金紫崇禄大夫、檢校太尉、兼御史大夫上柱國、鉅鹿郡開國伯、食邑七百户、累贈公。國家紹夏禹之功，分冀爲幽，特立望焉，宜命其氏，封爲鉅鹿，乃繼中山之下，即邢州安國軍是也。」

〔三〕通鑑後晉紀齊王開運三年（九四六）：「先是，契丹屢攻易州，刺史郭璘固守拒之，契丹主每過城下指而歎曰：『吾能吞併天下，而爲此人所扼。』及杜威既降，契丹主遣通事耿崇美至易州，誘諭其衆，衆皆降，璘不能制，遂爲崇美所殺。」（舊五代史卷九五郭璘傳，册府元龜卷四〇〇，又卷四二五並同。）

〔四〕舊五代史卷九九漢高祖紀：「天福十二年（遼大同元年，晉開運四年，九四七）二月，契丹以通事耿崇美爲潞州節度使，高唐英爲相州節度使，崔廷勳爲河陽節度使，以扼要害之地。」

〔五〕册府元龜卷三四七：「代州王暉叛，以城歸契丹，（史）弘肇征之，身先士卒，一鼓而拔。加檢校太保領雷州刺史。漢國建，王守恩以上黨來附，虜主命大將耿崇美率衆上太行，欲取上黨，高祖命弘肇率軍應接，守恩軍至潞州，契丹退去。」（又卷四一四同。）

〔六〕通鑑後漢紀：「高祖天福十二年夏四月，契丹昭義節度使耿崇美屯澤州，將攻潞州，乙丑，詔史弘肇將步騎萬人救之。五月，史弘肇奏克澤州。始，弘肇攻澤州，刺史翟令奇固守不下，弘肇遣部將李萬超説令奇，令奇乃降。崔廷勳、耿崇美、奚王拽剌合兵逼河陽，張遇帥衆數千救之，戰於南阪，敗死，武行德出戰亦敗，閉城自守。拽剌欲攻之，廷勳曰：『今北軍已去，得此城何用？』乃釋河陽。契丹在河南者相繼北去。」

〔七〕契丹國志卷一九番將除授職名：耿崇美，昭義節度使。

〔八〕全遼文卷六耿延毅墓誌銘：「太師（崇美）仲子諱紹紀。」又：「挺生五子，忠勇不辱。」

〔九〕統類卷三：「紹忠領同州，州在西樓南數百里，方從遼主至遥樂河，聞王師至，遣爲蔚州監城使，於是被執。」（宋會要、長編並同。）

〔一〇〕統類卷三：「夏四月乙卯，田重進至蔚州，（左右都押衙）李存璋，趙彦卿（長編同。遼史作許彦欽）等殺虜酋蕭啜里及其守卒千人，執（監城使）同州節度使耿紹忠，舉城降。初，王師入虜境，所向皆下，啜里、紹忠等懼不自安，謀欲殺城中將吏，盡率其豪傑歸虜中，存璋等知其謀，乃先事而發。紹忠父美，爲虜奉聖節度使，弟紹雍爲三司使。」

〔一一〕本史卷一一聖宗紀：「統和四年（宋太宗雍熙三年）四月乙卯，蔚州左右都押衙李存璋、許彦欽等殺節度使蕭啜里，執監城使、銅州節度使耿紹忠，以城叛，附於宋。」銅州，長編、宋會要、統類並作同州。同州鎮安軍，銅州廣利軍，均屬東京道。

〔一二〕耿延毅補傳在卷八五。

趙思温，字文美，盧龍人。〔一〕少果鋭，膂力兼人，隸燕帥劉仁恭幕。李存勗問罪于燕，思温統偏師拒之。流矢中目，裂裳漬血，戰猶不已。爲存勗將周德威所擒，存勗壯而釋其縛。久之，日見信用。與梁戰於莘縣，以驍勇聞，授平州刺史，兼平、營、薊三州都指揮使。

神册二年，太祖遣大將經畧燕地，思温來降。〔二〕及伐渤海，以思温爲漢軍都團練使，力戰拔扶餘城。身被數創，太祖親爲調藥。

太宗即位，以功擢檢校太保、保静軍節度使。〔三〕天顯十一年，唐兵攻太原，石敬瑭遣使求救，上命思温自嵐、憲間出兵援之。既罷兵，改南京留守、〔四〕盧龍軍節度使、管内觀察處置等使、開府儀同三司，兼侍中，賜協謀静亂翊聖功臣，〔五〕尋改臨海軍節度使。

會同初，從耶律牒蠋使晉行册禮，還，加檢校太師。二年，有星隕于庭，卒。上遣使賻祭，贈太師、魏國公。子延照、〔六〕延靖，官至使相。〔七〕延威，保静軍節度使。孫匡禹。〔八〕

〔補〕匡禹，字致君。父延威字大武，推忠佐命翊聖功臣。保静軍節度使、特進檢校太尉、開國侯。匡禹即延威次子也。〔九〕性冲和，初仕，授西宫使。是時東韓作梗，不遵王命。匡禹奉詔徂征，鞠旅陳師，解紛排難，終致於清平。遂改授麓州刺史，兼加勛憲。在任有治聲。加遂州觀察使、銀青崇禄大夫、檢校太保、兼御史大夫、上柱國、知臨海軍節度使事。匡禹覃信惠，去煩苛，勸農桑，繕廬舍。以開泰八年九月薨于建州之私第。年六十九。〔一〇〕前夫人清河郡張氏，故仁博州〔一一〕刺史、司徒之女，夫人蕭氏，故護衛相公之女。子十人。長曰爲臣，西南面安撫副使。次曰爲春，前永豐庫副使。次曰爲果，守右領軍衛上將軍、天德軍節度使、檢校太尉並食邑等。次曰爲佐，侍衛親軍神武左廂都指揮使、檢校工部尚書。次曰爲幹，沂州刺史。次曰爲帶，隨駕儀鸞副使。次曰爲禮，不仕。次曰轄麥，早卒。次曰爲霖，右班殿直。次曰爲航，保静軍節度使、金紫崇禄大夫、檢校太尉。女三人：長適中京内園使王匡旻，次適廳頭都指揮使劉從心，次適登州刺史盧士正。

參趙匡禹墓誌銘

〔一〕全遼文卷一三趙匡禹墓誌銘：「曾祖諱元遂，字善利，守太子宫門郎，因官薊北，家於盧龍，爲郡人也。」契丹國志卷一太祖紀稱「平州人趙思温」，平州即盧龍。

〔二〕按本史卷二太祖紀天贊二年正月：「大元帥堯骨克平州，獲刺史趙思温。」洛中紀異：「盧文進投阿保機，徵諸路甲兵寇幽州，設圍攻之。莊宗召募救之，契丹退。以趙思温爲營州團練使、北面沿邊巡檢都指揮使，未期，契丹圍營州，踰年，朝廷未暇救，糧草俱盡，兵刃亦無。思温欲自殺，左右諫止。阿保機誓不殺，乃南拜遥辭而投戈。」

〔三〕舊傳述律后曾命趙思温從太祖於地下，經思温婉言謝絶未行。參本書卷七一太祖淳欽皇后述律氏傳注〔一三〕。

〔四〕册府元龜卷九七六：「晉天福二年十一月，詔賜北朝曷魯相公、聶相公、幽州趙思温繒帛器皿，以前屯瀛州，援王師討魏故也。」

通鑑後晉紀高祖天福三年（九三八）：「初，契丹既得幽州，命曰南京，以唐降將趙思温爲留守。」

〔五〕全遼文卷一三趙匡禹墓誌銘：「祖諱思温，字文美，協謀静亂翊聖功臣燕京留守、盧龍軍節度管内觀察處置等使、開府儀同三司、檢校太師兼侍中、行幽都尹、上柱國開國公，食邑一千五百户，贈太師衛國公。」

〔六〕延照，照原作昭，按朱彝尊曝書亭集卷五一舍利佛牙石匣記跋，記列施主姓名有趙思温男延照，與通鑑同。據改。又通鑑後晉紀高祖天福三年（九三八）七月云：「思温子延照在晉，帝以爲祁州刺史。思温密令延照言虜情終變，請以幽州内附，帝不許。」胡注：「趙延照後遂入契丹，爲契丹用。」通鑑後晉紀：「開運元年正月，邊藩馳告：『契丹前鋒將趙延壽、趙延照將兵五萬人入寇，逼貝州。』延照，思温之子也。」

王惲秋澗集卷七三題遼太師趙思温族系後曰：「遼氏開國二百載，跨有燕雲，雄長夷夏，雖其創業之君，規模宏遠；守成之王，善於繼述，亦由一時謀臣猛將與夫子孫蕃衍衆多，克肖肯構，有以維持藩翰。趙公早以驍勇善戰，受知遼太祖，煊赫貴顯，生子十有二人，其後支分派别，官三司、使相、宣徽、節度、團練、觀察、刺史，下逮州縣職二百餘人，迄今燕之故老，談勳閥富盛，照映前後者，必曰韓、劉、馬、趙四大族焉。」又卷四八盧龍趙氏家傳：「趙氏自五季迄今三百餘年，子孫蕃衍，幾於千人，忠傳學繼，世繼其美，越不事宦遊者，學術行義，亦昭晰於時，與韓劉馬共稱爲燕四大族，至比唐李、鄭、崔、盧。」蘇天爵滋溪文稿卷二五三史質疑：「遼金大族，如劉、韓、馬、趙、時、左、張、吕，其墳墓多在京畿。」

〔七〕金史卷九一趙興祥傳：「趙興祥，平州盧龍人。六世祖思温，遼燕京留守，封天水郡王。父瑾，遼静江軍節度使。興祥以父任閤門祗候，謁告省親于白霫。會遼季土賊據郡作亂，興祥携母及弟妹奔燕京，不能進，乃自柳城涉沙磧，夜視星斗而行。僅達遼軍，而不知遼主所向，遂還柳城。及婁室獲遼主，興祥乃歸國，從宗望伐宋，爲六宅使。」金史卷一二七隱逸趙質傳：「趙質字景道，遼相思温之裔。大定末，舉進士不第，隱居燕城南，教授爲業。」

〔八〕以上十一字，據全遼文卷一三趙匡禹墓誌銘、秋澗集增補。

〔九〕全遼文卷一三趙匡禹墓誌銘：「烈考諱延寧(威)，字大武，推忠佐命翊聖功臣保静軍節度使、特進檢校太尉、開國侯、食邑一千户。旌旄重寄，河洛要衝，兩朝事主，内罄一心，公即太尉次子也。」

〔一〇〕全遼文卷一三趙匡禹墓誌銘：「即以十年四月九日，葬於州之南白楊口，從先塋，禮也。」

〔一一〕仁博州，不見地理志，或是建置未久之頭下州。

耶律漚里思，六院夷離堇蒲古只之後。負勇畧，每戰被重鎧，揮鐵槊，所向披靡。會同間，伐晉，上至河而獵，適海東青鶻搏雉，晉人隔水以鴿引去。上顧左右曰：「誰爲我得此人？」漚里思請内厩馬，濟河擒之，并殺救者數人還。上大悦，優加賞賚。既而晉將杜重威逆于望都，據水勒戰。漚里思介馬突陣，餘軍繼之。被圍，衆言陣薄處可出，漚里思曰：「恐彼有他備。」竟引兵衝堅而出；回視衆所指，皆大塹也。其料敵多此類。

是年，總領敵烈皮室軍，坐私免部曲，奪官，〔一〕卒。

〔一〕本史卷四太宗紀：會同四年六月，命宣徽使褭古只圍攻朔州。十二月，攻拔朔州。時褭古只戰殁城下，上命「以叛民上户三十爲褭古只部曲」。部曲屬於本主。按此「坐私免部曲，奪官，」則部曲身份，仍須由朝廷規定。

張礪，字夢臣，磁州滏陽〔一〕人，初仕唐爲掌書記，遷翰林學士。〔二〕會石敬瑭起兵，唐主以礪爲招討判官，從趙德鈞援張敬達于河東。及敬達敗，礪入契丹。〔三〕後太宗見礪剛直，有文彩，擢翰林學士。礪臨事必盡言，無所避，上益重之。未幾，謀亡歸，爲追騎所獲。上責曰：「汝何故亡？」礪對曰：「臣不習北方土俗、飲食、居處，意常鬱鬱，以是亡耳。」上顧通事高彦英〔四〕曰：「朕嘗戒汝善遇此人，何乃使失所而亡？礪去，可再得耶？」遂杖彦英而謝礪。〔五〕

會同初，陞翰林承旨，兼吏部尚書，從太宗伐晉。入汴，諸將蕭翰、耶律郎五、麻答〔六〕輩肆殺掠，礪奏曰：「今大遼始得中國，宜以中國人治之，不可專用國人及左右近習。苟政令乖失，則人心不服，雖得之亦將失之。」上不聽。〔七〕改右僕射，兼門下侍郎、平章事。頃之，車駕北還，〔八〕至欒城崩。時礪在恒州，蕭翰與麻答以兵圍其第。礪方卧病，出見之。翰數之曰：「汝何故於先帝言國人不可爲節度使？我以國舅之親，有征伐功，先帝留我守汴，以爲宣武軍節度使，汝獨以爲不可。又譖我與解里〔九〕好掠人財物子女。今必殺汝！」趣令鎖之。礪抗聲曰：「此國家大體，安危所繫，吾實言之。欲殺即殺，奚以鎖爲？」麻答以礪大臣，不可專殺，乃救止之。是夕，礪恚憤卒。〔一〇〕

論曰：初，晉因遼之兵而得天下，故兼臣禮而父事之，割地以爲壽，輸帛以爲貢。未久也，而會同之師次滹沱矣。豈羣帥貪功黷武而致然歟？抑所謂信不由衷也哉？

模翰以功名自終，可謂良將。若延壽之勳雖著，至於覬覦儲位，謬矣。利令智昏，固無足議。若乃成末釁以虧儁功，如解里者，何譏焉！

〔一〕「字夢臣」及「滏陽」五字，據舊五代史卷九八本傳補。

〔二〕舊五代史卷九八本傳：「張礪字夢臣，磁州滏陽人也，祖慶，父寶，世爲農。礪幼嗜學，有文藻。唐同光初，擢進士第，尋拜左拾遺、直史館。會郭崇韜伐蜀，奏請礪掌軍書。（唐）魏王班師，礪從副招討使任圜東歸至利州，會康延孝叛，回據漢州，圜奉魏王命，回軍西討延孝，時礪獻謀於圜，請伏精兵於後，先以羸師誘之，圜深以爲然。延孝本驍將也，任圜乃儒生也。延孝聞圜至，又覩其羸師，殊不介意，及戰酣，圜發精兵以擊之，延孝果敗，遂擒之以歸。是歲四月五日至鳳翔，内官向延嗣奉莊宗命令誅延孝，監軍李延襲已聞洛中有變，故留延孝，且害任圜之功故也。

圜未決，礪謂圜曰：此賊搆亂，遂致凱旋差晚，且明公血戰擒賊，安得違詔養禍，是破檻放虎，自貽其咎也。公若不決，余自殺此賊。任圜不得已，遂誅延孝。天成初，明宗知其名，召爲翰林學士。再丁父母憂，服闋，皆復入爲學士，歷禮部、兵部員外郎，知制誥。」

册府元龜卷八四一：「後唐李愚初仕梁爲右拾遺崇政殿學士，磁州舉子張礪依焉。末帝貞明中，礪自河陽北歸，莊宗拔授太原府篆。出入崇達之間，揄揚愚之節概及愚所爲文仲尼遇，顔回壽，夷齊非餓等篇，北人望風稱之。」

〔三〕舊五代史卷九八本傳云：「高祖起于晉陽，唐末帝命趙延壽進討，又命翰林學士和凝與延壽偕行。礪素輕凝，慮不能集事，因自請行。唐末帝慰而許之。及唐軍敗于團柏谷，與延壽俱陷于契丹。契丹以舊職縻之，累官至吏部尚書。」

契丹國志卷一六張礪傳：「(唐)潞王時，爲翰林學士。石敬瑭叛，潞王以趙德鈞爲行營招討，礪以翰林學士爲行營判官。礪隨德鈞入契丹。太宗復以爲翰林學士。」

册府元龜卷七九六：「張礪爲戎王翰林學士，開運末，與虜居南松門之内，軒轡交織，多繼燭接洽，無厭倦色，因密言曰：『契丹用法如此，豈能久處漢地。』及北去，道路有觴酒豆鹵，必遺故客屬僚，死之日，囊裝唯酒食器皿而已。識者無不高之。」

通鑑後唐紀：「天成元年春正月，魏王繼岌將發成都，馬彦珪至，以皇后教示繼岌。甲子旦召郭崇韜計事，繼岌登樓避之，崇韜方升階，繼岌從者李環撾碎其首，并殺其子廷誨、廷信，崇韜左右皆竄匿，獨掌書記滏陽張礪詣魏王府慟哭久之。」舊五代史卷九八本傳亦記：「蜀平，（郭）崇韜爲魏王繼岌所誅，時崇韜左右親信，皆懼禍奔逃，惟礪詣魏王府第，慟哭久之，時人皆服其高義。」契丹國志卷一六本傳謂「繼岌死，礪詣王府慟哭」，誤。

〔四〕高彦英，通鑑後晉紀天福二年二月，契丹國志卷一六同，新、舊五代史並作高唐英。五代史記纂誤補卷四疑高唐英、彦英爲二人，此處當作高彦英。

〔五〕新五代史卷七二四夷附録：「德光將視朝，有司給延壽貂蟬冠，礪三品冠服，延壽與礪皆不肯服，礪曰：『吾在上國時，晉遣馮道奉册北朝，道賫二貂冠，其一宰相韓延徽冠之，其一命我冠之。今其可降服邪。』卒冠貂蟬以朝。」

〔六〕郎五，亦作朗，漢名忠。本史卷一一三有傳。麻答，即拔里得，本卷有傳。

〔七〕太宗「杖彦英而謝礪」，具見遼廷漢臣使用政策；張礪奏議雖未聽，但對以後南北管理制度，不無影響。

〔八〕通鑑後漢紀高祖天福十二年（九四七）四月：「契丹主見所過城邑邱墟曰：『致中國如此，皆燕王之罪也。』顧張礪曰：『爾亦有力焉。』」

〔九〕此解里爲孩鄰歧譯，即拔里得，又作麻答。

〔一〇〕舊五代史卷一〇〇漢書高祖紀：「天福十二年六月乙卯，契丹右僕射兼中書侍郎、平章事張礪卒于鎮州。」卷九八本傳云：「家人燼其骨，歸葬于滏陽。」「礪素耿直，在布衣時，或覩民間争競，必爲親詣公府，辨其曲直。其負氣也如此。」「礪平生抱義憐才，急于獎拔，聞人之善，必攘袂以稱之；見人之貧，亦倒篋以濟之。故死之日，中朝士大夫亦皆歎惜焉。」

〔補〕張建立，平州盧龍縣人。父守貞，滄州馬步軍都指揮使。母鄭氏，亦出身仕族。時邊境多事，始附大遼。建立受朝廷器使。仕至榆州刺史兼西南路番漢都提轄使。階秩兼御史大夫、上柱國、銀青崇禄大夫、檢校尚書右僕射。天顯五年以疾卒於公府，年四十七。

子彦琋、彦英、彦珀、彦琸、彦勝。

彦英亦曾任榆、惠二州刺史、知榷場事兼兵馬都監。再任西南路都提轄使充糺使、〔一〕銀青崇禄大夫、檢校司徒。於保寧元年閏五月卒於公府，年五十三。

彦勝繼任榆州刺史兼充南路糺使、銀青崇禄大夫、檢校司空兼御史大夫、上柱國。於應曆十五年十二月卒於公府，年三十九。

父子三人歷世官榆州，握軍職財政。受朝廷倚重，亦見大遼前期對漢地管理之一斑也。

〔一〕乣字，百衲本以下遼史均作糺，述曾撰文論之。今張建立墓誌出，可知遼時同於祖本金史，作乣不作糺。以是知祖本遼史，亦必作乣不作糺。

參張建立墓誌

〔補〕張諫，瀛州河間縣人。才華出衆，學識淵博。嘗漫游泗北、河朔，從師授徒，接納豪傑，固文武全才也。旋值太祖龍興北方，大展雄圖之際，遂北向龍沙，思展所學。時義宗倍即太子圖欲在儲君，諫常携筆從事，雖非拜傅，一若師焉。

太子圖欲博通古今，泛濫儒釋，旁及陰陽。又精於詩歌、繪畫、音樂、醫卜，尤好聚書。儼然一中原博雅學者，此應有諫等侍讀輔導之功。後義宗入唐，世宗居潛邸，諫任王府郎中。嗣世宗繼位，授諫樞密直學士、轉給事中，除朔州順義軍節度使、檢校太保。到任後，關注民事，勤于奉公。秩滿獲替。穆宗繼位，授諫左威衛上將軍、充入班節度使班首。

子正嵓，通事舍人，壯年卒於職。正巒，亦爲通事舍人。正嵩，歷濟州刺史、朔州節院

使。〔一〕幼子正峯。〔二〕孫思忠，黄龍府節度使。〔三〕　參本史卷七二義宗傳、張正嵩墓誌、張思忠墓誌

〔一〕正嵩卒年四十八。有墓誌，見全遼文卷四。

〔二〕女一，嫁西臺御史大夫鄭藉。

〔三〕有墓誌，見全遼文卷七。

〔補〕劉晞，〔一〕涿州人。父濟雍，累爲本部諸邑令長。晞少以儒學稱於鄉，嘗爲唐將周德威從事。後歸遼，朝廷授以漢官。會同中，命爲燕京留守，嘗三知貢舉，歷官至同平章事兼侍中，隨太宗入汴，授洛京留守。〔二〕會河陽軍亂，晞走許州，又奔東京。蕭翰遣兵援晞至洛下，太宗崩於欒城，晞自洛復至東京，隨蕭翰北歸，遂留鎮州。適漢劉知遠起太原，遂與麻答同奔定州，後北返〔三〕卒。子珂。

珂，晞之次子也。尚世宗妹燕國公主，〔四〕少善射，以材能稱、性謹重，未嘗有大過，爲

太宗所知。太宗南征石晉，戰於定州，帝深入，馬陷泥濘中，珂下馬奉帝出，身被數十創，流血滿體，太宗壯之。遷林牙、行宮都部署、西北路兵馬招討使。從入大梁，授同知京府事，尋授漢人樞密使、封吴王。

參舊五代史卷九八劉晞傳、契丹國志卷一五劉珂傳

〔一〕通鑑後漢紀高祖天福十二年（九四七）正月胡注：「考異曰：『晞，實録作禧，或云名晞。今從陷蕃記。』」

〔二〕通鑑後漢紀高祖天福十二年（九四七）正月，太宗入汴，遣拽剌等戍洛陽，趙在禮入謁，拜庭下，皆踞坐受之。晞至，詬曰：「趙在禮、漢家大臣，爾北方一酋長耳，安得慢之如此。」立於庭下以挫之，由是洛人稍安。

〔三〕天禄三年葬舍利佛牙石匣記（見全遼文卷四）施主題名有洛京留守、侍中劉晞。

〔四〕燕國公主，太子倍之女。

〔補〕王敦裕，〔一〕先世太原祁郡人。遠祖珪，仕唐太宗朝，有令聞。裔祖經，知薊州尚

武軍州事，會以事赴朝，經弟紹權知尚武軍事，因與燕王劉仁恭搆隙之年，屢困戰敵，遂向風徂北。適太祖皇帝變家爲國之會，君臣相得。天贊元年拔薊州，擒刺史胡瓊。經隨軍從征至太祖崩殂。暨太宗臨朝，以顧命元勳，累遷淳和守正佐理功臣、開府儀同三司、門下平章事、監修國史、齊國公。仍奉詔於建州〔二〕營創私第。遂家焉。父子貞，〔三〕官至殿中少監同知興中府亞尹。〔四〕敦裕爲子貞長子。母鮮于氏，燕京酒坊使兖之季女，授東海縣君。

敦裕少穎悟能文，壯歲首中進士乙科。初露幹才，尤擅能名。莅事樞庭，受知於相府，欲考績於臨民，出任平州遼興軍觀察判官。咸雍元年，以疾卒于惠州東北隅行在所。年三十九。

敦裕娶中京度支使安□軍〔五〕節度使左千牛衞上將軍馮見善〔六〕之長女。子三人：長曰準，次曰矩，次曰迎桂。〔七〕弟用俊。用儒，習進士業。義常，出家。〔八〕

參王敦裕墓誌

〔一〕敦裕名用□，字泐不能辨，遂以其字敦裕録入。（編者注：「用□」，今人識讀作「用仁」，篇名仍舊。參向南等遼代石刻文續編。）

〔二〕建州爲北遷漢人集中地區。石晉太后曾乞於建州漢兒城側耕種自擅。時稱石家寨。

〔三〕敦裕父名原空兩格字子貞。此亦以字代名。

〔四〕興中府長官爲知府事，亞尹當即同知府事。

〔五〕安下字原缺。（編者注：遼代石刻文續編作「安國軍」。）

〔六〕馮見善曾於重熙二十三年使宋。長編至和元年十二月，契丹國母遣寧州觀察使馮見善來爲賀正旦副使。

〔七〕全遼文卷九王敦裕墓誌銘稱女三人，僅著端祥、懿祥二女名。

〔八〕墓誌稱妹一人，如哥。適故宜州禮賓使、隨駕馬軍虞候鮮于白第三子，東頭供奉官、錦州商麴都監嗣赤。

〔補〕崔廷勳，河内人。〔一〕形貌魁偉，美鬚髯，太宗時，歷任大同節度使，官至侍中。大同元年正月，太宗入汴，遷晉少帝於封禪寺，廷勳受命以兵防守。二月，詔以趙延壽爲大丞相兼政事令、樞密使、中京留守，又以耿崇美爲昭義軍節度使，高唐英〔二〕爲昭德軍節度使，崔廷勳爲河陽軍節度使，分扼要害之地。廷勳在河陽，甚得民情。四月，太宗自汴州北行，廷勳以兵送耿崇美之潞州，寧國都虞候武行德率衆殺契丹監軍使，乘虚入據河陽。時廷勳與耿崇美已至澤州，聞漢史弘肇兵已入潞州，遂引兵而南，爲史弘肇追兵所敗，欲歸河陽，而河陽又爲武行德所據，乃與奚王拽剌退保懷州，以逼河陽。五月，廷勳與耿崇美、奚王拽剌合兵反攻河陽，張遇率衆數千救之，與廷勳等戰於南阪，兵敗死之。武行德出戰亦敗，閉城自守，拽剌欲攻城，廷勳曰：「今北軍已去，得此城何用？且殺一夫猶可惜，况一城乎？」聞史弘肇已攻取澤州，乃釋河陽，還保懷州。及史弘肇將攻至，遂領軍北退。弘肇引兵與武行德會合。

廷勳後卒於契丹。參紀、通鑑、舊五代史、契丹國志、拾遺補

〔一〕通鑑後漢紀高祖天福十二年（九四七）正月胡注：「宋白曰：崔廷勳，本河内人。」

〔二〕即高彦英。參本書本卷張礪傳注〔四〕。

遼史補注卷七十七

列傳第七

耶律屋質　耶律吼何魯不　耶律安摶　耶律注

耶律頹昱　耶律撻烈

耶律屋質，〔一〕字敵輦，系出孟父房。姿簡静，有器識，重然諾。遇事造次，處之從容，人莫能測。博學，知天文。

會同間，爲惕隱。太宗崩，諸大臣立世宗，太后聞之，怒甚，遣皇子李胡以兵逆擊，遇安端、劉哥等于泰德泉，敗歸。李胡盡執世宗臣僚家屬，謂守者曰：「我戰不克，先殪此曹！」人皆恟恟相謂曰：「若果戰，則是父子兄弟相夷矣！」軍次潢河横渡，隔岸相拒。時屋質從太后，世宗以屋質善籌，欲行間，乃設事奉書，以試太后。太后得書，以示屋質。屋質讀竟，言曰：「太后佐太祖定天下，故臣願竭死力。若太后見疑，臣雖欲盡忠，得乎？爲今之計，莫若以言和解，事必有成；否即宜速戰，以決勝負。然人心一摇，國禍不淺，惟太后裁察。」太后曰：「我若疑卿，安肯以書示汝？」屋質對曰：「李胡、永康王皆太祖子孫，神器非移他族，何不可之有？太后宜思長策，與永康王和議。」太后曰：「誰可遣者？」對曰：「太后不疑臣，臣請往。萬一永康王見聽，廟社之福。」太后乃遣屋質授書於帝。

帝遣宣徽使耶律海思復書，辭多不遜。屋質諫曰：「書意如此，國家之憂未艾也。能釋怨以安社稷，則臣以爲莫若和好。」帝曰：「彼衆烏合，安能敵我？」屋質曰：「即不敵，奈骨肉何！況未知孰勝？借曰幸勝，諸臣之族執於李胡者無噍類矣。以此計之，惟和爲善。」左右聞者失色。帝良久，問曰：「若何而和？」屋質對曰：「與太后相見，各紓忿恚，和之不難；不然，決戰非晚。」帝然之，遂遣海思詣太后約和。往返數日，議乃定。

始相見，怨言交讓，殊無和意。太后謂屋質曰：「汝當爲我畫之。」屋質進曰：「太后與大王若能釋怨，臣乃敢進說。」太后曰：「汝第言之。」屋質借謁者籌執之，謂太后曰：「昔人皇王在，何故立嗣聖？」太后曰「立嗣聖者，太祖遺旨。」又曰：「大王何故擅立，不禀尊親？」帝曰：「人皇王當立而不立，所以去之。」屋質正色曰：「人皇王捨父母之國而奔唐，子道當如是耶？大王見太后，不少遜謝，惟怨是尋。太后牽于偏愛，託先帝遺命，妄授神器。如此何敢望和，當速交戰！」擲籌而退。太后泣曰：「向太祖遭諸弟亂，天下荼毒，瘡痍未復，庸可再乎！」乃索籌一。帝曰：「父不爲而子爲，又誰咎也。」亦取籌而執。左右感激，大慟。

太后復謂屋質曰：「議既定，神器竟誰歸？」屋質曰：「太后若授永康王，順天合人，復何疑？」李胡厲聲曰：「我在，兀欲安得立！」屋質曰：「禮有世嫡，不傳諸弟。昔嗣聖之立，尚以爲非，況公暴戾殘忍，人多怨讟。萬口一辭，願立永康王，不可奪也。」〔二〕太后顧李胡曰：「汝亦聞此言乎？汝實自爲之！」乃許立永康。

帝謂屋質曰：「汝與朕屬尤近，何反助太后？」屋質對曰：「臣以社稷至重，不可輕付，故如是耳。」上喜其忠。

天祿二年，耶律天德、蕭翰謀反下獄，惕隱劉哥及其弟盆都結天德等爲亂。耶律石刺潛告屋質，屋質遽引入見，白其事。劉哥等不服，事遂寢。未幾，劉哥邀駕觀樗蒲，〔三〕捧觴上壽，袖刃而進。帝覺，命執之，親詰其事。劉哥自誓，帝復不問。屋質奏曰：「當使劉哥與石刺對狀，不可輒恕。」帝曰：「卿爲朕鞫之。」屋質率劍士往訊之，天德等伏罪，誅天德，杖翰，遷劉哥，以盆都使轄戛斯國。

三年，爲右皮室詳穩。〔四〕表列泰寧王察割陰謀事，上不聽。五年秋，上祭讓國皇帝于行宮，與羣臣皆醉，察割弒帝。屋質聞有言「衣紫者不可失」，乃易衣而出，亟遣人召諸王，及喻禁衛長皮室等同力討賊。時壽安王歸帳，屋質遣弟冲迎之。王至，尚猶豫。屋質曰：「大王嗣聖子，賊若得之，必不容。羣臣將誰事，社稷將誰賴？萬一落賊手，悔將何及？」王始悟。諸將聞屋質出，相繼而至。遲明整兵，出賊不意，圍之，遂誅察割。

亂既平，穆宗即位，謂屋質曰：「朕之性命，實出卿手。」命知國事，以逆黨財産盡賜之，屋質固辭。應曆五年，爲北院大王，總山西事。

保寧初，宋圍太原，以屋質率兵往援，至白馬嶺，〔五〕遣勁卒夜出間道，疾馳駐太原西，鳴鼓舉火。宋兵以爲大軍至，懼而宵遁。以功加于越。四年，漢劉繼元遣使來貢，致幣於屋質，屋質以聞，帝命受之。五年五月薨，〔六〕年五十七。帝痛悼，輟朝三日。後道宗詔上京立祠祭享，樹碑以紀其功云。

〔一〕按本史卷一〇聖宗紀統和元年九月作屋只。

〔二〕牙籌數罪，契丹法；禮有世嫡，謂漢禮。

〔三〕樗蒲，古代博戲，亦作摴蒲。漢馬融有樗蒲賦。見藝文類聚卷七四。其法以擲骰決勝負。

〔四〕「爲右皮室詳穩」六字，原在五年下，據本史卷一一二察割傳移此。

〔五〕清一統志卷一一三：「白馬山在忻州西南六十里，北接大嶺，山西南接静樂縣界。静樂縣東南至太原府陽曲縣界九十里。」

〔六〕五年原作「是年」，承上文言即四年。按本史卷八景宗紀漢遣使來貢，在三年十月。四年二月，漢以皇子生遣使來賀。五年五月癸亥，于越屋質薨，據改。

耶律吼，字曷魯，六院部夷離菫蒲古只之後。端愨好施，不事生產。太宗特加倚任。會同六年，爲南院大王，〔一〕莅事清簡，人不敢以年少易之。時晉主石重貴表不稱臣，辭多踞慢，吼言晉罪不可不伐。及帝親征，以所部兵從。既入汴，諸將皆取内帑珍異，吼獨取馬鎧，帝嘉之。

及帝崩于欒城，無遺詔，軍中憂懼不知所爲。吼詣北院大王耶律洼議曰：「天位不可一日曠。若請于太后，則必屬李胡。李胡暴戾殘忍，詎能子民。必欲厭人望，則當立永康王。」洼然之。會耶律安摶來，意與吼合，遂定議立永康王，是爲世宗。

頃之，以功加採訪使，賜以寶貨。吼辭曰：「臣位已高，敢復求富！臣從弟的禄諸子坐事籍没，陛下哀而出之，則臣受賜多矣！」上曰：「吼舍重賞，以族人爲請，其賢遠甚。」許之，仍賜宫户五十。時有取當世名流作七賢傳者，吼與其一。天禄三年卒，年三十九。子何魯不。

何魯不，字斜寧，嘗與耶律屋質平察割亂。穆宗以其父吼首議立世宗，故不顯用。晚年爲本族敞史。

及景宗即位，以平察割功，授昭德軍節度使，爲北院大王。時黄龍府軍將燕頗殺守臣以叛，何魯不討之，〔二〕破於鴨渌江。坐不親追擊，以至失賊，杖之。乾亨間卒。

〔一〕按本史卷三太宗紀天顯十一年九月作南府夷離堇曷魯恩。卷四太宗紀會同元年十一月，升北、南夷離堇爲王。吼遂稱南院大王。册府元龜卷九七六：「晉天福二年（天顯十二年）十一月，詔賜北朝曷魯相公、聶相公繒帛器皿。」曷魯相公亦即此耶律吼。

〔二〕按本史卷八景宗紀保寧七年七月：「黄龍府衛將燕頗殺都監張琚以叛，遣敞史耶律曷里必討之。」曷里必即何魯不。

耶律安摶，曾祖巖木，玄祖之長子；祖楚不魯，爲本部夷離堇。父迭里，幼多疾，時太祖爲撻馬狘沙里，常加撫育。神册六年，爲惕隱，從太祖將龍軍討阻卜、党項有功。天贊三年，爲南院夷離堇，征渤海，攻忽汗城，俘斬甚衆。太祖崩，淳欽皇后稱制，欲以大元帥嗣位。迭里建言，帝位宜先嫡長；今東丹王赴朝，當立。由是忤旨。以黨附東丹王，詔下獄，訊鞫，加以炮烙。不伏，殺之，籍其家。

安摶自幼若成人，居父喪，哀毀過禮，見者傷之。太宗屢加慰諭，嘗曰：「此兒必爲令器。」既長，寡言笑，重然諾，動遵繩矩，事母至孝。以父死非罪，未葬，不預宴樂。世宗在藩邸，尤加憐恤，安摶密自結納。

太宗伐晉還，至欒城崩，諸將欲立世宗，以李胡及壽安王在朝，猶豫未決。時安摶直宿衛，世宗密召問計。安摶曰：「大王聰安寬恕，人皇王之嫡長；先帝雖有壽安，天下屬意多在大王。今若不斷，後悔無及。」會有自京師來者，安摶詐以李胡死傳報軍中，皆以爲信。於是安摶詣北、南二大王計之。北院大王洼聞而遽起曰：「吾二人方議此事。先帝嘗欲以永康王爲儲貳，今日之事有我輩在，孰敢不從！但恐不白太后而立，爲國家啓釁。」安摶對曰：「大王既知先帝欲以永康王爲儲副，況永康王賢明，人心樂附。今天下甫定，稍緩則大事去矣。若白太后，必立李胡。且李胡殘暴，行路共知，果嗣位，如社稷何？」南院大王吼曰：「此言是也。吾計決矣！」乃整軍，召諸將奉世宗即位于太宗柩前。帝立，以安摶爲腹心，總知宿衛。是歲，約和于潢河橫渡。太后問安摶曰：「吾與汝有何隙？」安摶以父死爲對，太后默然。及置北院樞密使，上命安摶爲之，賜奴婢百口，寵任無比，事皆取決焉。然性太寬，事循苟簡，豪猾縱恣不能制。天禄末，察割兵犯御幄，又不能討，由是中外短之。穆宗即位，以立世宗之故，不復委用。應曆三年，或誣安摶與齊王罨撒葛謀亂，繫獄死。姪撒給，左皮室詳穩。

耶律洼，字敵輦，隋國王釋魯孫，南院夷離菫綰思子。少有器識，人以公輔期之。太祖時，雖未官，常任以事。太宗即位，爲惕隱。天顯末，帝援河東，洼爲先鋒，敗張敬達軍於太原北。〔一〕會同中，遷北院大王。及伐晉，復爲先鋒，〔二〕與梁漢璋戰於瀛州，敗之。〔三〕

太宗崩于欒城，南方州郡多叛，士馬困乏，軍中不知所爲。洼與耶律吼定策立世宗，乃令諸將曰：「大行上賓，神器無主，永康王，人皇王之嫡長。天人所屬，當立；有不從者，以軍法從事。」諸將皆曰：「諾。」世宗即位，賜宮户五十，拜于越。卒，年五十四。

〔一〕按本史卷三太宗紀天顯十一年十一月，「候騎兩奏南有兵至，復奏西有兵至。命惕隱迪輦注拒之。閏月，楊光遠、安審琦殺（張）敬達以降」。

〔二〕本史卷七六高模翰傳作「與僧遏前驅」。

〔三〕册府元龜卷九七六：「晉天福二年（天顯十二年）十一月，詔賜北朝曷魯相公、聶相公繒帛器皿。」聶相公即敵輦。

耶律頹昱，字團寧，孟父楚國王之後。父末掇，嘗爲夷离堇。

頹昱性端直。會同中，領九石烈部，政濟寬猛。世宗即位，爲惕隱。天禄三年，兼政事令，封漆水郡王。

及穆宗立，以匡贊功，嘗許以本部大王。後將葬世宗，頹昱懇言於帝曰：「臣蒙先帝厚恩，未能報；幸及大葬，臣請陪位。」帝由是不悦，寢其議。薨。〔一〕

〔一〕全遼文卷九蕭義墓誌銘：「夫人耶律氏封陳國夫人，即故□大王團寧之猶女也。」闕文疑是北字。按墓誌則是團寧已曾任大王。耶律屋質係出孟父房，曾任北院大王。耶律撻烈以六院郎君裹古直之後曾任南院大王。

耶律撻烈，字涅魯衮，六院部郎君裹古直之後。沉厚多智，有任重才。年四十未仕。會同間，爲邊部令穩。應曆初，陞南院大王，〔一〕均賦役，勸耕稼，部人化之，户口豐殖。時周人侵漢，以撻烈都統西南道軍援之。周已下太原數城，漢人不敢戰。及聞撻烈兵至，周主遣郭從義、尚鈞〔二〕等率精騎拒於忻口。撻烈擊敗之，〔三〕獲其將史彦超，〔四〕周軍遁歸，復所陷城邑，漢主詣撻烈謝。及漢主殂，宋師來伐，上命撻烈爲行軍都統，發諸道兵救之。既出雁門，宋諜知而退。〔五〕

保寧元年，加兼政事令，致政。乾亨初，召之。上見鬢髮皓然，精力猶健，問以政事，厚禮之。以疾薨，年七十九。

撻烈凡用兵，賞罰信明，得士卒心。河東單弱，不爲周、宋所併者，撻烈有力焉。在治所不修邊幅，百姓無稱，年穀屢稔。時耶律屋質居北院，撻烈居南院，俱有政迹，朝議以爲

「富民大王」云。

贊曰：立嗣以嫡，禮也。太宗崩，非安摶、吼、洼謀而克斷，策立世宗，非屋質直而能諫，杜太后之私，折李胡之暴，以成橫渡之約，則亂將誰定？四臣者，庶幾春秋首止之功哉。

〔一〕按本史卷六穆宗紀應曆二年三月，以耶律撻烈爲南院大王。

〔二〕尚鈞，舊五代史卷一一四作向訓。

〔三〕索隱卷八：「按穆宗紀應曆四年五月：『撻烈敗周將符彥卿於忻口。』五代史記、契丹國志同。通鑑後周紀：『顯德元年五月丁酉，契丹數千騎屯忻州之間，爲北漢援。庚辰，遣符彥卿等擊之，彥卿入忻州，契丹退保忻口。癸巳，遣李筠、張永德將兵三千赴之。丙申，史彥超將二十騎爲前鋒，遇契丹，與戰，李筠引兵繼之，殺契丹二千人。彥超恃勇輕進，去大軍浸遠，衆寡不敵，爲契丹所殺，筠僅以身免。周兵死傷甚衆。彥卿退保忻州。』考此傳有郭從義、尚鈞等，與通鑑李筠、張永德異。蓋此役符彥卿爲都部署，而郭從義、尚鈞等皆諸將，故諸書但言敗符彥卿，此傳反無之，非也。」

〔四〕索隱卷八：「續通志注云：『彥超爲遼所殺，而言獲者，或即春秋胡氏傳所云大夫生死皆曰獲之義歟。』漢章謂大夫生死皆曰獲，本公羊昭（公）二十三（年）傳文，遼史似無此例。」

〔五〕索隱卷八：「案長編：『開寶二年六月癸巳，車駕至自太原，時契丹遣其將南大王來援，屯於太原城下，劉繼業言於北漢主曰：契丹貪利棄信，他日必破吾國，今救兵驕而無備，願襲取之。獲馬數萬，因籍河東之地歸中國，使晉人免於塗炭，陛下長享貴寵，不亦可乎？北漢主不從，南大王數日北還，贈遺甚厚。』今考此南大王即耶律撻烈。畢沅續通鑑著其名爲耶律色（斜）軫，大誤。耶律斜軫以南大王援北漢，在乾亨初，當宋太宗時，非宋太祖圍太原時也。」

遼史補注卷七十八

列傳第八

耶律夷臘葛　蕭海瓈　蕭護思　蕭思温
蕭繼先　〔補〕劉繼文　〔補〕盧俊

耶律夷臘葛，字蘇散，本宮分人檢校太師合魯之子。應曆初，以父任入侍。數歲，始爲殿前都點檢。時上新即位，疑諸王有異志，引夷臘葛爲布衣交，一切機密事必與之謀，遷寄班都知，賜宫户。時上酗酒，數以細故殺人。有監雉者因傷雉而亡，獲之欲誅，夷臘葛諫曰：「是罪不應死。」帝竟殺之，以屍付夷臘葛曰：「收汝故人！」夷臘葛終不爲止。復有監鹿詳穩亡一鹿，下獄當死，夷臘葛又諫曰：「人命至重，豈可爲一獸殺之？」良久，得免。遼法，麚歧角者，惟天子得射。會秋獵，善爲鹿鳴者呼一麚至，命夷臘葛射，應弦而踣。上大悦，賜金、銀各百兩，名馬百疋，及黑山東抹真〔一〕之地。

後穆宗被弒，坐守衛不嚴，被誅。

〔一〕金史卷四四兵志：「金初因遼諸抹而置羣牧。抹之爲言無蚊蚋、美水草之地也。」

蕭海瓈，字寅的哂，其先遥輦氏時爲本部夷離堇；父塔列，天顯間爲本部令穩。海瓈貌魁偉，膂力過人。天禄間，娶明王安端女藹因翁主。〔一〕應曆初，察割亂，藹因連坐，繼娶嘲瑰公主。〔二〕上以近戚，嘉其勤篤，命預北府宰相選。頃之，總知軍國事。時諸王多坐反逆，海瓈爲人廉謹，達政體，每被命按獄，多得其情，人無冤者，由是知名。漢主劉承鈞每遣使入貢，必别致幣物，詔許受之。年五十卒，帝愍悼，輟朝二日。

蕭護思，字延寧，世爲北院吏，累遷御史中丞，總典羣牧部籍。應曆初，遷左客省使。未幾，拜御史大夫。時諸王多坐事繫獄，上以護思有才幹，詔窮治，稱旨，改北院樞密使，〔三〕仍命世預宰相選。護思辭曰：「臣子孫賢否未知，得一客省使足矣。」從之。

上晚歲酗酒，用刑多濫，護思居要地，躪躪自保，未嘗一言匡救，議者以是少之。年五十七卒。

〔一〕漢書卷一下高帝紀高祖十二年三月「女子公主」下，顏師古注：「天子不親主婚，故謂之公主；諸王即自主婚，故其女曰翁主。翁者，父也，言父主其婚也。」

〔二〕嘲瑰公主，公，原誤翁，按本史卷六五公主表：「太宗二女：嘲瑰第二，下嫁北府宰相蕭海瓈。」據改。

〔三〕按本史卷六穆宗紀應曆十二年二月，「以御史大夫蕭護思爲北院樞密使」。

蕭思温，小字寅古，宰相敵魯之族弟忽没里之子。〔一〕通書史。太宗時爲奚秃里太尉，尚燕國公主，〔二〕爲羣牧都林牙。思温在軍中，握齱修邊幅，〔三〕僚佐皆言非將帥才。尋爲南京留守。

初，周人攻揚州，上遣思温躡其後，〔四〕憚暑不敢進，拔緣邊數城而還。〔五〕後周師來侵，圍馮母鎮，〔六〕勢甚張。思温請益兵，帝報曰：「敵來，則與統軍司併兵拒之；敵去，則務農作，勿勞士馬。」會敵入束城，我軍退渡滹沱而屯。思温勒兵徐行，周軍數日不動。思温與諸將議曰：「敵衆而鋭，戰不利則有後患。不如頓兵以老其師，躡而擊之，可以必勝。」諸將從之。遂與統軍司兵會，飾他説請濟師。周人引退，思温亦還。

已而，周主復北侵，與其將傅元卿、李崇進等分道並進，〔七〕圍瀛州，陷益津、瓦橋、淤口三關，垂迫固安。〔八〕思温不知計所出，但云車駕旦夕至；麾下士奮躍請戰，不從。已而，陷易、瀛、莫等州，京畿人皆震駭，往往遁入西山。思温以邊防失利，恐朝廷罪己，表請親征。會周主榮以病歸，思温退至益津，僞言不知所在。遇步卒二千餘人來拒，敗之。是年，聞周喪，燕民始安，乃班師。

時穆宗湎酒嗜殺，思温以密戚預政，無所匡輔，士論不與。十九年，春蒐，上射熊而中，思温與夷離畢牙里斯等進酒上壽，帝醉還宫。是夜，爲庖人斯奴古等所弑。〔九〕思温與南院樞密使高勳、飛龍使女里等立景宗。

保寧初，爲北院樞密使，兼北府宰相，仍命世預其選。上册思温女爲后，加尚書令，封魏王。從帝獵閭山，爲賊所害。〔一〇〕

〔一〕忽没里，本史卷六七外戚表作忽里没，卷八景宗紀保寧五年三月，「追封皇后祖胡母里爲韓王，贈伯胡魯古兼政事令，尼古只兼侍中」。契丹國志卷一五：「蕭守興，蕃名餵呱。侍中解里鉢長子也。始爲祗候郎君、林牙、左宣徽使。景宗居藩，燕燕爲妃；即位，册立爲后。守興以后父爲侍中，共當國政。是時，景宗嬰疾，北漢見僭叛悉平，南宋侵逼，屢遣蠟丸求援，而守温柱石非才，兵勢稍弱。石嶺關南之敗，喪萬餘人，後又遷尚書令、封魏王，任遇彌堅。年既昏耄，事多徇私，吏有言韻微謅者，抉摘示明，朝廷以此患之，畏后不敢言。」長編太祖開寶二年亦以守興爲景宗皇后父，並謂疑守興別名思温。長編真宗咸平六年七月記契丹供奉官李信來歸，信言其國中事云：「戎主之父明記，號景宗，后蕭氏，挾力宰相之女、蕭氏今年五十，自景宗死，領國事。自稱太后。」

〔二〕輯本元一統志卷一大都路古迹：「傳法院，遼景宗保寧四年圓慧大師建。傳法院大禪師讓公實行碑：施院功德主，推誠啟運翊聖同德致理功臣、樞密使、開府儀同三司、守尚書令、駙馬都尉魏王蕭守興、魏國長公主耶律氏也。」本史卷六五公主表：「太宗二女，吕不古第一，保寧中，進封燕國大長公主，下嫁北府宰相蕭思温。」卷六七外戚表：「景宗睿智皇后父思温。」長編疑思温又名守興，則燕國大長公主又有魏國長公主之號。

〔三〕索隱卷八：「案握齪本史記、漢書酈食其傳，應劭注：急促之貌。其字亦作握齪，見司馬相如傳師古注：『局陿也。又作齷齪，』見文選西京賦、吴都賦，李善注：『小節也，好苛局小之貌。』廣雅：

『齷齪，迫也。』修邊幅，本後漢書馬援傳，章懷注：『言若布帛修整其邊幅也。』續通志遼外戚傳改之曰：『蕭遜爲人，少通書史而多文飾。』」續通志所改，似有失原義。

〔四〕新五代史卷一二周本紀：「顯德三年（應曆六年）二月，取揚州，五年二月，（世宗）如揚州。」遼欲乘周師南下而躡其後。

索隱卷八：「案通鑑後周紀：顯德三年，唐主遣兵部郎中陳處堯持重幣浮海詣契丹乞兵，契丹不能爲之出兵，而留處堯不遣。處堯久之忿懟，數面責契丹主。今考此使南唐書作段處常，時爲南唐李璟保大十四年，此師蓋以南唐使面責而出。」

〔五〕索隱卷八：「案通鑑顯德五年帝之南征也，契丹乘虚入寇。夏四月壬申，帝至大梁，命張永德將兵備禦北邊。」

〔六〕索隱卷八：「案通鑑：『成德節度使郭崇攻契丹束城，拔之。以報其入寇也。』一統志：『束城故城，在河間縣東北六十里。』」按本史卷六穆宗紀：周陷束城縣在應曆八年五月。馮母鎮，今河北内丘縣北，京漢鐵路經過。

〔七〕李崇進，通鑑，舊五代史卷一一九並作李重進。

〔八〕通鑑後周紀顯德六年五月，關南悉平，議取幽州，趣先鋒都指揮使劉重進先發，據固安。

〔九〕庖人斯奴古，本史卷七穆宗紀應曆十九年二月作庖人辛古。

〔一〇〕按本史卷八景宗紀保寧二年五月，「次盤道嶺，盜殺北院樞密使蕭思温」。應是閭山盤道嶺。又同年九月,「得國舅蕭海只及海里殺蕭思温狀,皆伏誅」。卷八五高勳傳:「謀害尚書令蕭思温,詔獄誅之,没其産,皆賜思温家。」

蕭繼先,字楊隱,小字留只哥。〔一〕幼穎悟,叔思温命爲子,睿智皇后〔二〕尤愛之。乾亨初,尚齊國公主,拜駙馬都尉。

統和四年,宋人來侵,繼先率邏騎逆境上,〔三〕多所俘獲,上嘉之,拜北府宰相。自是出師,繼先必將本府兵先從。拔狼山石壘,〔四〕從破宋軍應州,上南征取通利軍,戰稱捷力。及親征高麗,以繼先年老,留守上京。卒,年五十八。

繼先雖處富貴,尚儉素,所至以善治稱,故將兵攻戰,未嘗失利,名重戚里。

子紹宗,孫永、寧、安。〔五〕

論曰:嗚呼!人君之過,莫大於殺無辜。湯之伐桀也,數其罪曰「並告無辜於上下神祇」;武王之伐紂也,數其罪曰「無辜籲天」;堯之伐苗民也,吕侯追數其罪曰「殺戮無辜」。迹是言之,夷臘葛之諫,凛凛庶幾古君子之風矣。

功。雖然，善諫者不諫於已然。蓋必先得於心術之微，如察脈者，先其病而治之，則易爲而警之，以防其甚，則亦詎至是哉。于以知護思、思溫處位優重，耽祿取容，真鄙夫矣！穆宗沈湎失德，蓋其資富强之勢以自肆久矣。使羣臣於造次動作之際，此諫彼諍，提若海璆之折獄，繼先之善治，可謂任職臣歟。

〔一〕按本史卷一一、卷一二、卷一四聖宗紀統和四年三月、十一月、六年十二月、十七年十月、全遼文卷六秦晉國大長公主墓誌銘、宋會要並作繼遠，本史卷一二聖宗紀統和七年二月作寧遠。卷六五公主表、卷六七外戚表又作繼先。留只哥，契丹國志卷一三作留住哥。

〔二〕即承天太后。

〔三〕按本史卷一一聖宗紀統和四年十一月，「遣蕭繼遠沿邊巡徼」。

〔四〕在河北定縣北二百里，易縣西南八十里。

〔五〕以上七字，據全遼文卷六秦晉國大長公主墓誌銘補。

〔補〕劉繼文，字敏素，太原人。伯祖知遠，代晉稱漢，是爲後漢高祖。祖彥崇，仕晉爲内外馬步軍都指揮使、檢校太保。知遠建號後，以皇族拜河東節度，封北平王。父承贇，徐州節度使，天禄五年，郭威代漢建周，崇遂自立於太原，遣使求援，約爲父子之國。世宗忻然應之，遣燕王牒蠟、知南院樞密事高勳册崇爲大漢神武皇帝。應曆六年（漢乾祐九年）崇卒，子承鈞嗣，改天會元年。應曆十一年（北漢天會六年），繼文銜命來使，留居七載，質而未還。

應曆十八年（北漢天會十二年）秋七月，承鈞卒，養子繼恩嗣。九月，爲侯霸榮所殺。子繼元嗣，遣使乞封册，遂遣韓知範〔一〕册爲大漢英武皇帝。知範歸報云：「北漢庶事多梗而無輔臣。」時高勳亦上言：「晉陽爲父子之國，盡拘其使無謂也。今嗣主新立，左右皆非舊人，宜以此時盡歸其使。」景宗納其言，乃悉索北漢使者前後凡十六人，厚其禮而歸之。即命李弼爲樞密使，繼文爲保義節度使，詔北漢主繼元委任之。繼文以前右金吾衛將軍、金紫光禄大夫、檢校司空上柱國，衣錦還鄉，敕授竭忠匡運功臣、保義軍節度、陝、虢等州觀察處置等使，大漢國侍衛親軍馬步軍都指揮使，特進檢校太尉、同政事門下平章事、陝州大都督府長史、上柱國彭城郡開國公，食邑三千户，食實封三百户。繼文等久駐遼廷，後受命歸秉國政，左右皆譖毀之。未久，又加推功保祚功臣、開府儀同三司、檢校太師兼中書令、權代州防禦使，〔二〕食邑五千户、實封五百户，勳、階、食邑加等，實爲代州刺史，弼亦改憲州刺史。景宗聞之，下詔責繼元曰：「朕以爾國連喪二主，僻處一隅，期於再安，必資共治。繼文爾之令弟，李弼爾之舊臣，一則有同氣之親，一則有耆年之故，遂行並命，俾效純誠；庶幾輯寧，保成歡好。而席未暇暖，身已棄捐，將順之心，於我何有！」繼元聞詔恐懼，且疑繼文報遼廷，乃密遣使按責繼文，繼文既蒙聖澤，統綰雄藩，一時軍民安居，而與繼元隱存嫌隙。〔三〕

保寧七年二月，繼文又以漢鴈門節度使來貢方物。洎宋師攻漢，繼元力乏計窮，乾亨元年五月，繼文遂隻身來奔，妻郭氏及二子未及從行。六月，繼元降宋，景宗敕授繼文佐命功臣、北京留守、河東節度管内觀察處置等使、兼政事令、太原尹、上柱國彭城郡王、知昭德軍節度事，食邑八千户、食實封七百户。〔四〕兼以昭義軍節度使、檢校太傅耿紹紀長女妻之，即尚父秦王韓氏之甥也。〔五〕一女才生，乾亨三年以疾卒。年三十二。景宗敕下宜、霸二州共營喪禮，葬於塔山之陽。

參墓誌、十國春秋、九國志、長編

〔一〕按本史卷七穆宗紀，遣韓知範册北漢劉繼元在應曆十九年二月。知範，新五代史卷七〇、長編、十國春秋並作知璠。

〔二〕長編太祖開寶三年正月作代州刺史。

〔三〕按本史卷八景宗紀保寧元年五月，漢李匡弼等來賀時，內有劉繼文。

〔四〕宋史卷二五九郭守文傳：「會劉繼元降，其弟繼文據代州，依遼人之援以拒命，遣守文討平之。」

〔五〕全遼文卷六耿延毅墓誌銘：「祖諱崇美。左武衛上將軍、涿州刺史，累贈太尉、左羽林統軍諱紹紀，乃考也。燕京留守尚父秦王季女，累贈陳國太夫人耶律氏，乃妣也。大丞相晉國王、贈太傅謚文忠，乃伯舅也。齊天章德皇后，乃姨兄妹也。」

參紀、表

〔補〕盧俊仕北漢。尚主拜駙馬都尉。保寧八年九月，宋攻北漢，命南府宰相耶律沙、冀王敵烈助漢軍，既而漢以宋師壓境，遣俊來告，求援兵。乾亨元年四月，俊又自代州馳狀告急。五月，漢軍力不支，俊與劉繼文皆隻身來奔。六月，漢主繼元降宋。遂封繼文爲彭城郡王，以俊爲同政事門下平章事。明年，尚景宗第四女淑哥，拜駙馬都尉，既而加同平章政事。統和元年六月，俊與公主不諧，公主表請離婚，詔許之，遂出俊爲興國軍節度使。

遼史補注卷七十九

列傳第九

室昉　耶律賢適　女里　郭襲　耶律阿没里　〔補〕王裕　〔補〕李内貞　〔補〕姚漢英

室昉，字夢奇，南京人。幼謹厚篤學，不出外户者二十年，雖里人莫識。其精如此。會同初，登進士第，爲盧龍巡捕官。太宗入汴受册禮，詔昉知制誥，總禮儀事。天禄中，爲南京留守判官。應曆間，累遷翰林學士，出入禁闥十餘年。保寧間，兼政事舍人，數延問古今治亂得失，奏對稱旨。上多昉有理劇才，改南京副留守，決訟平允，人皆便之。遷工部尚書，尋改樞密副使，參知政事。頃之，拜樞密使，兼北府宰相，加同政事門下平章事。乾亨初，監修國史。

統和元年，告老，不許。進尚書無逸篇以諫，太后聞而嘉奬。二年秋，詔修諸嶺路，昉發民夫二十萬，一日畢功。〔一〕是時，昉與韓德讓、耶律斜軫相友善，同心輔政，整析蠹弊，知無不言，務在息民薄賦，以故法度修明，朝無異議。

八年，復請致政。詔入朝免拜，賜几杖，太后遣閤門使李從訓持詔勞問，令常居南京，封鄭國公。初，晉國公主建佛寺于南京，上許賜額。昉奏曰：「詔書悉罪無名寺院。今以主請賜額，不惟違前詔，恐此風愈熾。」上從之。表進所撰實録二十卷，手詔褒之，加政事令，賜帛六百匹。〔二〕

九年，荐韓德讓自代，不從。上以昉年老苦寒，賜貂皮衾褥，許乘輦入朝。病劇，遣翰林學士張幹就第授中京留守，加尚父。〔三〕卒，年七十五。上嗟悼，輟朝二日，贈尚書令。遺言戒厚葬。恐人譽過情，自志其墓。子种。〔四〕

〔一〕一日，疑有誤字。

〔二〕按本史卷一三聖宗紀繫於統和九年正月。文曰：「樞密使、監修國史室昉等進實録，賜物有差。」實自乾亨三年十二月，樞密使已爲韓德讓，此止是前樞密使。

〔三〕按本史卷一三聖宗紀，加尚父在統和十二年七月。中京，錢氏考異卷八三百官志疑是南京之訛。

〔四〕以上二字，新增。宋會要蕃夷一：「淳化元年（統和八年）十二月四日，契丹僞官室种來奔，授順州刺史。（原注：种自言虜相室昉之子也。）」

索隱卷八引宋鄧名世古今姓氏書辨證：「遼相室昉子种。見千姓編。」長編：「大中祥符三年（統和二十八年）九月，契丹主遣給事中室程爲副使奉其母遺物來上。」程、种均取禾字旁，應是室昉之子或侄。

耶律賢適，字阿古真，〔一〕于越魯不古之子。嗜學有大志，滑稽玩世，人莫之知。惟于越屋質器之，嘗謂人曰：「是人當國，天下幸甚。」

應曆中，朝臣多以言獲譴，賢適樂於靜退，遊獵自娱，與親朋言不及時事。會討烏古還，擢右皮室詳穩。景宗在藩邸，常與韓匡嗣、女里等游，言或刺譏，賢適勸以宜早疎絶，由是穆宗終不見疑，賢適之力也。

景宗立，以功加檢校太保，尋遥授寧江軍節度使，〔二〕賜推忠協力功臣。時帝初踐阼，多疑諸王或萌非望，陰以賢適爲腹心，加特進同中書門下平章事。保寧二年秋，拜北院樞密使，兼侍中，賜保節功臣。三年，爲西北路兵馬都部署。〔三〕賢適忠介膚敏，推誠待人，雖燕息不忘政務。以故百司首職，罔敢媮惰，累年滯獄悉決之。

大丞相高勳、〔四〕契丹行宫都部署女里席寵放恣，及帝姨母、保母勢薰灼。一時納賂請謁，門若賈區。賢適患之，言于帝，不報；以病解職，又不允，令鑄手印行事。乾亨初，疾篤，得請。明年，封西平郡王，薨，年五十三。子觀音，大同軍節度使。〔五〕

〔一〕遼代耶律習涅墓誌（參見考古一九九一年四期）作：「奥聒只，小字賢聖。」賢聖即賢適歧譯。

〔二〕索隱卷八：「宋夔州軍額寧江。」

〔三〕按本史卷八景宗紀保寧三年七月，「以北院樞密使賢適爲西北路招討使」。

〔四〕按紀及本史卷八五高勳傳，均無勳爲大丞相。

〔五〕耶律習涅墓誌作：「節度使應恩，小字觀音。」

女里，字涅烈衮，逸其氏族，補積慶宫人。應曆初，爲習馬小底，以母憂去。一日至雅伯山，見一巨人，惶懼走。巨人止之曰：「勿懼，我地祇也。葬爾母於斯，當速詣闕，必貴。」女里從之，累遷馬羣侍中。

時景宗在藩邸，以女里出自本宫，待遇殊厚，女里亦傾心結納。及穆宗遇弑，女里奔赴景宗。是夜，集禁兵五百以衛。既即位，以翼戴功，加政事令、契丹行宫都部署，賞賚甚渥，尋加守太尉。北漢主劉繼元聞女里爲上信任，遇其生日必致禮。

女里素貪，同列蕭阿不底亦好賄，二人相善。人有氈裘爲枲耳子〔一〕所著者，或戲曰：「若遇女里、阿不底，必盡取之！」傳以爲笑。其貪猥如此。

保寧末，坐私藏甲五百屬，有司方按詰，女里袖中又得殺樞密使蕭思温賊書，賜死。

女里善識馬，嘗行郊野，見數馬跡，指其一曰：「此奇駿也！」以己馬易之，果然。

〔一〕索隱卷八：「詩草木疏：『卷耳，一名枲耳，四月中生子，正如婦人耳中璫。』又博物志：『洛中有人驅羊入蜀，胡枲子多刺，黏綴羊毛。遂至中國，故名「羊負來」。』又史虚白釣磯立談：『胡耳，本西域植物，中國故無。自張騫通諸國時，有爲羊馬之獻者，胡耳之實，偶綴於毛端，因得遺種。』又周憲王救荒本草：『蒼耳子，比桑椹短小而多刺，炒去皮，研爲麪，可作燒餅食，亦可熬油點燈。』」

郭襲，不知何郡人。性端介，識治體。久淹外調。景宗即位，召見，對稱旨，知可任以事，拜南院樞密使，尋加兼政事令。

以帝數遊獵，襲上書諫曰：「昔唐高祖好獵，蘇世長言不滿十旬未足爲樂，高祖即日罷，史稱其美。伏念聖祖創業艱難，修德布政，宵旰不懈。穆宗逞無厭之欲，不恤國事，天下愁怨。陛下繼統，海内翕然望中興之治。十餘年間，征伐未已，而寇賊未弭；年穀雖登，而瘡痍未復。正宜戒懼修省，以懷永圖。側聞恣意遊獵，甚於往日。萬一有銜橛之變，搏噬之虞，悔將何及？况南有强敵伺隙而動，聞之得無生心乎？伏望陛下節從禽酣飲之樂，爲生靈社稷計，則有無疆之休。」上覽而稱善，賜協贊功臣，拜武定軍節度使，卒。

耶律阿没里，字蒲鄰，〔一〕遥輦嘲古可汗之四世孫。幼聰敏。

保寧中，爲南院宣徽使。〔二〕統和初，皇太后稱制，與耶律斜軫參預國論，爲都統。以征高麗功，遷北院宣徽使，加政事令。四年春，宋將曹彬、米信等侵燕，上親征，阿没里爲都監，〔三〕屢破敵軍。十二年，行在多盜，阿没里立禁捕法，盜始息。

先是，叛逆之家，兄弟不知情者亦連坐。阿没里諫曰：「夫兄弟雖曰同胞，賦性各異，一行逆謀，雖不與知，輒坐以法，是刑及無罪也。自今，雖同居兄弟，不知情者免連坐。」太后嘉納，著爲令，致仕，卒。

阿没里性好聚斂，每從征所掠人口，聚而建城，請爲豐州，就以家奴閻貴爲刺史，時議鄙之。子賢哥，左夷離畢。

論曰：景宗之世，人望中興，豈其勤心庶績而然，蓋承穆宗酗虐之餘，爲善易見；亦由羣臣多賢，左右弼諧之力也。室昉進無逸之篇，郭襲陳諫獵之疏，阿没里請免同氣之坐，所謂仁人之言，其利溥哉。覽適忠介，亦近世之名臣。女里貪猥，後人所當取鑑者也。

〔一〕阿没里，宋會要作阿摩里。蒲鄰，長編作阿穆爾，本史卷一〇聖宗紀統和元年正月作普領，十月作蒲領，二年二月作蒲寧，四月作普寧，卷一一聖宗紀統和四年三月作蒲領。卷三七地理志一作僧隱。

〔二〕長編：「太平興國二年（保寧九年）十月辛酉，契丹遣使耶律阿穆爾來賀乾明節。」（並見宋會要蕃夷一。）

〔三〕本史卷一一聖宗紀統和四年三月作「南征都統」。

〔補〕王裕，字伏貞。曾祖仕唐，官義武軍節度使。祖入遼爲龍化州節度使、開府儀同三司、中書令。父鶚，龍化州節度使、〔一〕金紫光禄大夫、檢校太傅、兼御史大夫、上柱國、封太原縣食邑三百户。

裕風神疏朗，有公輔之量。穆宗以其勳閥之嗣，授西頭供奉。尋授盧龍軍節度衙内馬步軍都指揮使，就加順州刺史、崇禄大夫、檢校尚書、右僕射、使持節順州諸軍事、行順州刺史。裕下車之始，起學勸農，鑒物布政，治績顯著。景宗嗣立，特加静難軍節度使及觀察處置等使、檢校太保，後改授崇義軍節度使管内觀察處置等使、崇禄大夫、檢校太保、使持節宜州諸軍事、行宜州刺史兼御史大夫、上柱國，進封瑯琊郡開國侯，加食邑五佰户、建牙封爵。俄以詔入覲，於乾亨二年秋八月卒于行宫之私第。年五十餘。〔二〕夫人張氏，子七人：瓚，銀青崇禄大夫、檢校尚書右僕射、行通事舍人兼御史大夫、上柱國。珌，左番殿直。琢，崇義軍衙内都將。珏，崇義軍山河指揮使。玉，崇義軍節院使。〔三〕兄笄，東頭供奉官。

裕英俊善言談，通解詩書，富于智謀，藴韜畧，又輕財好施，固亦佼佼可稱者。

參王裕墓誌銘

〔一〕本史卷三太宗紀天顯十年五月作以舍利王庭鶚爲龍化州節度使。

〔二〕原誌文八月下有「二日」兩字。五十下有缺字（見全遼文卷一三王裕墓誌銘）。

〔三〕誌文有另二子三女並幼。兄二人，筭，東頭供奉官。張八，未仕。

〔補〕李內貞，字吉美，嬀州〔一〕人。唐莊宗時舉秀才，除授將仕郎，守鴈門縣主簿，次授蔚州興唐縣〔二〕主簿。次授儒林郎，試大理寺丞。守嬀州懷來縣丞。太祖皇帝兵至，迎降。太祖一見器之。加朝散大夫、檢校工部尚書、兼御史中丞賜紫金魚袋。兼屬珊都提舉使。太宗初，改銀青光禄大夫、檢校尚書、右僕射。故燕京留守南面行營都統燕王達剌〔三〕知其才，補充隨使左都押衙，中門使兼知廳勾、次攝薊州刺史、次授都峯銀冶都監。景宗朝，改檢校司空兼御史大夫、上柱國、次行太子左衛率府率。保寧十年六月卒於燕京盧龍坊私第。年八十。葬于京東燕下鄉海王村，〔四〕先娶殷氏生三子，後娶何氏生二子。

弟僧可延，穆宗授普濟大師，賜紫。

長子瓚，金紫崇禄大夫、檢校司空、南奚界都提紀使兼御史大夫。次子玉，燕京都麴院都監、金紫崇禄大夫、檢校司空兼御史大夫上柱國。次子琰，銀青崇禄大夫、檢校尚書、右僕射兼御史大夫、上柱國、前大石銀冶都監。次子玿，前遼興軍節度使推官、將仕郎、試秘書省校書郎。次子璟，攝宜州觀察推官。參潛研堂文集卷一八引墓誌、日下舊聞考

〔一〕原作嬀汭，古地名。尚書卷一堯典：「釐降二女于嬀汭。」唐嬀州，後改北燕州。

〔二〕興唐縣，唐置，石晉改靈仙縣，遼因之。

〔三〕達剌即牒蠟，本史卷一一三有傳。

〔四〕今北京和平門外琉璃廠。

〔補〕姚漢英，仕周至左金吾衛將軍，廣順元年（天禄五年）與右神武將軍華光裔銜命來使，以書辭抗禮，遂留之，隸漢人宫分。漢英事世、景、聖三朝，加安時制節宏化翊亮功臣、開府儀同三司、樞密使檢校太師兼政事令、上柱國，封東陽郡公。

子衡之，中書門下平章事，北面宣徽使。衡之子居政，給事中、同中書門下平章事。居政子景祥，太師，左金吾衛上將軍，虔州節度使，又景行亦漢英曾孫。〔一〕景祥子企華，太子洗馬。企華子玢，仕金至東上閤門使，金州團練使。

參紀、卷九六姚景行傳、舊五代史、册府元龜、元文類卷六姚樞神道碑

〔一〕孫景行，原名景禧，本史卷九六有傳。傳云：「祖漢英。」按景祥、景禧排行，則景禧爲漢英曾孫。未詳景行爲居政之子或侄，景祥亦官太師，惟景禧無左金吾衛上將軍、虔州節度使銜，景字及礻字偏旁全同，排行甚嚴，應爲弟兄，非一人。

遼史補注卷八十

列傳第十

張儉 邢抱朴 馬得臣 蕭朴 耶律八哥 〔補〕常遵化

〔補〕宋匡世 〔補〕蕭僅 〔補〕韓知白

張儉，字仲寶，〔一〕宛平人，〔二〕性端愨，不事外飾。統和十四年，舉進士第一，調雲州幕官。〔三〕故事，車駕經行，長吏當有所獻。聖宗獵雲中，節度使進曰：「臣境無他産，惟幕僚張儉，一代之寶，願以爲獻。」先是，上夢四人侍側，賜食人二口，至聞儉名，始悟。召見，容止朴野；訪及世務，占奏三十餘事。由此顧遇特異，踐歷清華，號稱明幹。

開泰中，〔四〕累遷同知樞密院事。〔五〕太平五年，出爲武定軍節度使，移鎮大同。〔六〕六年，入爲南院樞密使。〔七〕帝方眷倚，參知政事吴叔達與儉不相能，帝怒，出叔達爲康州刺史，拜儉左丞相，兼政事令監修國史，仍於南京賜第。〔八〕帝不豫，受遺詔輔立太子，是爲興宗，賜貞亮弘靖保義守節耆德功臣，〔九〕重熙元年，〔一〇〕拜太師、中書令，〔一一〕四年致仕，加尚父，兼政事令如故。〔一二〕

重熙五年，帝幸禮部貢院及親試進士，皆儉發之。進見不名，賜詩褒美。六年，封韓王。〔一三〕儉衣唯紬帛，食不重味，月俸有餘，賙給親舊。方冬，奏事便殿，帝見衣袍弊惡，密令近侍以火夾穿孔記之，屢見不易。帝問其故，儉對曰：「臣服此袍已三十年。」時尚奢靡，故以此微諷喻之。上憐其清貧，令恣取内府物，儉奉詔持布三端而出，益見獎重。儉弟五人，上欲俱賜進士第，固辭。有司獲盜八人，既戮之，乃獲正賊。家人訴冤，儉三乞申理。上勃然曰：「卿欲朕償命耶！」儉曰：「八家老稚無告，少加存恤，使得收葬，足慰存没矣。」乃從之。儉在相位二十餘年，裨益爲多。

致政歸第，會宋書辭不如禮，上將親征。幸儉第，尚食先往具饌，却之；進葵羹乾飯，帝食之美。徐問以策，儉極陳利害，且曰：「第遣一使問之，何必遠勞車駕？」上悦而止。復即其第賜宴，器玩悉與之。十一年，徙王陳，〔一四〕二十二年薨，〔一五〕年九十一，敕葬宛平縣。

〔一〕以上三字，據重熙二十二年楊佶撰張儉墓誌銘（見全遼文卷六）補。

〔二〕張儉墓誌銘：「其先清河人，後徙薊北，遂占籍焉。」按本史卷一五聖宗紀開泰元年十一月，「改薊北曰析津；改幽都曰宛平。」（卷四〇地理志四同。）據墓誌則儉籍屬析津。析津，金貞元二年改爲大興，此或以儉敕葬宛平而致誤。

張儉墓誌銘叙其先世云：「曾王父諱禮，皇左散騎常侍。王父諱正，皇大中大夫、檢校尚書、左僕射、守太僕卿、贈太子少師。夫人李氏，贈趙國太夫人。父諱雍，皇左贊善大夫，累贈至太子太傅。母劉氏，累贈至燕國太夫人，故歸德軍節度使、檢校太師、同政事門下平章事，贈侍中敏之女。皆鄉稱孝廉，代肄儒墨，王即太傅元子也。」

儉季父琪，太平四年楊佶撰張琪墓誌銘（見全遼文卷六），畧云：「琪字伯玉，即大卿（正）之仲子，樞密使、左丞相兼政事令、魯國公、監修國史儉之季父也。府君娶二夫人，前夫人宋氏，故靈丘縣令允之女。再娶夫人尹氏，故縉山縣令守奇之女。府君有子二人，並應鄉貢□方舉，苗而不□。有女一人，適長清縣令程憲。府君承資廕，授幽都府文學。歷容城、文德、永興、薊北縣主簿。平州録事參軍，幽都府倉曹參軍，龍門、文德縣令，僅三十年，八轉官而五遷階，其遷次也如此，居易知命，無鬱鬱之志。其宰文德也，烹鮮不撓，操刀以割，戴星視其事，錯節表其利，職勞斯積，風恙俄遘，及瓜而代，溘先朝露，以統和三十年七月九日，易簀於燕京私第，享年六十有一。以太平四年九月十八日葬於幽都府幽都縣禮賢鄉北彭里之先塋。琪體貎魁偉，談論清簡，履古人行，爲君子儒。克家揚肯構之聲，從官著能官之譽。丞相令公，位崇金鉉，望峻黑輜，忠貞奉其君親，孝弟稱乎鄉黨，爰事窀穸，殆畢封樹，俾摭行實，將示來裔。」

〔三〕張儉墓誌銘：「統和中，一舉冠進士甲科，一命試順州從事，署棘寺丞。以讞獄調范陽令，以字民遷監察御史，供職行在，簪筆以肅朝憲。補司門外郎，贊畫留幕，履珠以觀民風。二十七年，丁先太傅憂，七日絶漿，三年泣血。服闋之翌日，授禮部郎中、知制誥、直樞密院，加賜金紫、柱國，特封開國男，食賦三百室。紫掖發揮，訓誥復於古道；黄樞寓直，兢業慎於日機。」

〔四〕張儉墓誌銘：「詔充賀南朝皇帝生辰國信副使，展幣成儀，拭珪復命。開泰元年，遷政事舍人知樞密直學士。」檢長編大中祥符四年（統和二十九年）十二月：「契丹遣使長寧軍節度使耶律漢寧，副使太常少卿張儉來賀明年正旦。」儉副漢寧使宋，使還遷官。誌言賀生辰，長編作賀正。墓誌出於行狀追憶，長編根據實録、政府檔案，應以長編爲是。本史卷一五聖宗紀（開泰）二年正月「以張儉爲政事舍人」。錯後一年。

〔五〕張儉墓誌銘：「（開泰）二年，正授樞密直學士，同修國史。三年，加尚書工部侍郎、知制誥。四年春，遷樞密副使。夏六月，授宣政殿學士、守刑部尚書、參知政事、同知樞密院事。冬十月，授樞密使、加崇禄大夫、尚書左僕射、兼門下侍郎、平章事、監修國史，特賜翊聖佐理功臣。五年秋，加開府儀同三司、守司空，加賜竭節功臣。七年冬，加政事令。」本史卷一六聖宗紀開泰七年五月，「以張儉守司徒兼政事令」。

〔六〕張儉墓誌銘：「太平元年，以左丞相之秩，昇中書令之上，先聖特制，王實居之。兼進封魯國公，增加邑户，改賜推忠匡時守節功臣。五年春，以武定旌節兼相印以授之，賜佐時全節功臣。夏六月，復詔假節於彰國，冬十二月，又詔鎮節於大同。」按本史卷一七聖宗紀：「太平五年三月，以左丞相張儉爲武定軍節度使、同政事門下平章事。五月，以張儉（爲）彰信軍節度使。」奉聖州武定軍（今涿鹿縣保安）應州彰國軍（今山西應縣）雲州大同軍（今大同市）三地距離近，均屬西京道。信州彰德軍（金史作彰信軍，今遼寧秦家屯古城）屬東京道。應以墓誌爲是。

〔七〕本史卷一七聖宗紀：「太平六年三月，以大同軍節度使張儉入爲南院樞密使、左丞相兼政事令。」

〔八〕以上十四字據張儉墓誌銘補。墓誌云：「六年春三月，再授樞密使、左丞相、兼政事令、監修國史、魯國公□□推忠翊聖保義守節功臣，仍於南京賜之北第。景福元年夏六月（即太平十一年，一〇三一）册命爲太傅，加賜同德功臣。」是年十一月，儉奉敕撰聖宗皇帝哀册文，署銜：「推忠翊聖保義守節同德功臣、樞密使、開府儀同三司、左丞相、守太傅兼政事令、監修國史、上柱國、魯國公、食邑一萬户、食實封一千户臣張儉。」此時已册爲太傅，尚未拜太師。

〔九〕長編真宗天禧三年六月：「河北既罷兵，（知雄州李）允則治城壘不輟，虜主問其相張儉曰：『聞南朝尚修城備，得無違誓約？』張儉曰：『李雄州爲安撫使，其人長者，不足疑。』」宋史卷三二四李允則傳，因長編之文以入傳。索隱卷八：「今考李允則治沿邊城壘，在景德二年（統和二十三年）罷兵後，而張儉相聖宗，在太平六年後，當宋仁宗時，時代不合。」

〔一〇〕功臣號自開泰四年「特賜翊聖佐理功臣」，五年「加賜竭節功臣」，太平元年「改賜推忠匡時守節功臣」，五年「賜佐時全節功臣」，六年「翊聖保義守節功臣」，景福元年「加賜同德功臣」，重熙四年「改賜貞亮弘靖保義守節耆德功臣」。「保義守節」是舊號，墓誌題稱「故貞亮弘靖保義守節耆德功臣」與本傳合。墓誌稱功臣至十字亦合，誌文「改賜」，應作加賜更切。

〔一〇〕「重熙元年」四字原缺，據張儉墓誌銘：「重熙元年冬十一月，進位爲太師，增實賦五百室。」補。

〔一一〕中書令，按本史卷四七百官志三：「中書省初名政事省，興宗重熙十三年改中書省。」中書令即政事令。

〔一二〕「四年致仕」四字、「兼政事令如故」六字，原並缺，據張儉墓誌銘「四年春，致仕，授洛京留守，尚父，行河南尹，進封秦國公，增食賦七千室。改賜貞亮弘靖耆德功臣，守太師兼政事令如故。」補。

〔一三〕「封韓王」三字原誤在太平六年下、興宗即位前，據墓誌「六年，特封韓王」，移此，並增「六年」二字。

〔一四〕「徙王陳」三字，原誤在重熙五年前，據墓誌「十一年進封陳王」移此，補「十一年」三字，因興宗用張儉策，遣蕭特末、劉六符使宋，取得成果，進封陳王。

〔一五〕二十二年，原誤「十二年」。

張儉墓誌銘：「重熙二十二年正月二十九日，啟手足於聖宗皇帝所賜之第，享年九十有一。尋具聞奏，特蒙聖恩，詔遣昭文館直學士、諸宮制置使李軻充敕祭發引使，以其年五月十日歸全於析津府宛平縣仁壽鄉陳王里，從先太傅之塋。」

邢抱朴，應州人，刑部郎中簡之子也。抱朴性穎悟，好學博古。保寧初，爲政事舍人、知制誥，累遷翰林學士，加禮部侍郎。統和四年，〔一〕山西州縣被兵，命抱朴鎮撫之，〔二〕民始安，加户部尚書。遷翰林學士承旨，與室昉同修實録。決南京滯獄還，優詔褒美。十年，拜參知政事。〔三〕以樞密使韓德讓薦，按察諸道守令能否而黜陟之，大協人望。尋以母憂去官，詔起視事。表乞終制，不從；宰相密諭上意，乃視事。人以孝稱。及耶律休哥留守南京，又多滯獄，復詔抱朴平決之，人無冤者。改南院樞密使，卒，贈侍中。〔四〕

初，抱朴與弟抱質受經于母陳氏，皆以儒術顯，抱質亦官至侍中，〔五〕時人榮之。

〔一〕按本史卷一〇聖宗紀統和三年閏九月，「命邢抱朴勾檢顯陵」。

〔二〕按本史卷一一聖宗紀：「統和四年六月，以節度使韓毗哥、翰林學士邢抱朴等充雲州宣諭招撫使。」

〔三〕按本史卷一三聖宗紀拜參知政事在十二年七月。

山西通志卷五五、乾隆大同府志卷六並稱應州西南有龍首書院，遼翰林學士邢抱朴建。

〔四〕按本史卷一四聖宗紀：「統和二十二年二月丙寅，南院樞密使邢抱朴薨，輟朝三日。」長編大中祥符三年（統和二十八年）五月：「（契丹）殺其臣邢抱朴，召劉晟知政事。」宋會要蕃夷二同，惟作「召劉晟代知政事」。薨逝尚輟朝，應非被殺。宋朝所記，當屬傳誤或諜者假報。

〔五〕按本史卷一五聖宗紀統和二十九年五月，「以南府宰相邢抱質知南院樞密使事」。十二月，「以知南院樞密使事邢抱質年老，詔乘小車入朝」。開泰元年三月，「詔卜日行拜山、大射柳之禮，命北宰相、駙馬蕭寧，樞密使、司空邢抱質督有司具儀物」。五月，「以邢抱質爲大同軍節度使。」

馬得臣，〔一〕南京人，好學博古，善屬文，尤長於詩。保寧間，累遷政事舍人、翰林學士，常預朝議，以正直稱。乾亨初，宋師屢犯邊，命爲南京副留守，復拜翰林學士承旨。

聖宗即位，皇太后稱制，〔二〕兼侍讀學士。〔三〕上閱唐高祖、太宗、玄宗三紀，得臣乃録其行事可法者進之。及扈從伐宋，進言降不可殺，亡不可追，二三其德者别議。詔從之。俄兼諫議大夫，知宣徽院事。

時上擊鞠無度，上書諫曰：

臣竊觀房玄齡、杜如晦，隋季書生，向不遇太宗，安能爲一代名相？臣雖不才，陛下在東宮，幸列侍從，今又得侍聖讀，未有裨補聖明。陛下嘗問臣以貞觀、開元之事，臣請畧陳之。

臣聞唐太宗侍太上皇宴罷，則挽輦至内殿；玄宗與兄弟歡飲，盡家人禮。陛下嗣祖考之祚，躬侍太后，可謂至孝。臣更望定省之餘，睦六親，加愛敬，則陛下親親之道，比隆二帝矣。

臣又聞二帝耽玩經史，數引公卿講學，至于日昃。故當時天下翕然嚮風，以隆文治。今陛下游心典籍，分解章句，臣願研究經理，深造而篤行之，二帝之治不難致矣。

臣又聞太宗射豕，唐儉諫之；玄宗臂鷹，韓休言之，二帝莫不樂從。今陛下以毬馬爲樂，愚臣思之，有不宜者三，故不避斧鉞言之。竊以君臣同戲，不免分争，君得臣愧，彼負此喜，一不宜。躍馬揮杖，縱横馳騖，不顧上下之分，争先取勝，失人臣禮，二不宜。輕萬乘之尊，圖一時之樂，萬一有銜勒之失，其如社稷、太后何？三不宜。儻陛下不以臣言爲迂，少賜省覽，天下之福，羣臣之願也。〔四〕

書奏，帝嘉歎良久。未幾卒，贈太子太保，詔有司給葬。〔五〕

〔一〕光緒通州府志卷一〇元王謂郭公新塋碑作德誠。

〔二〕王謂郭公新塋碑：「統和六年，承天太后伐宋，（郭）世珍與翰林承旨馬德誠上書言：『降卒役夫，皆有父母妻子，不無懷土之情，驅之而北，終不爲用。惟殿下以至仁寛宥，放歸鄉國，幸甚。』」

〔三〕索隱卷八：「侍讀學士，案續通志改作『兼宣政殿學士』，注云：『考百官志有諸王伴讀，無侍讀學士，今依聖宗紀改。』漢章謂傳下（文）明云：今又得侍聖讀。」

〔四〕此疏另見於本史卷一二聖宗紀統和七年四月，字句少歧。

〔五〕按本史卷一二聖宗紀統和七年六月甲戌，「宣政殿學士馬得臣卒。詔贈太子少保，賜錢十萬，粟百石」。

蕭朴，〔一〕字延寧，國舅少父房之族。父勞古，以善屬文，爲聖宗詩友。朴幼如老成人。及長，博學多智。

開泰初，補牌印郎君，爲南院承旨，權知轉運事，尋改南面林牙。〔二〕帝問以政，朴具陳百姓疾苦，國用豐耗，帝悦曰：「吾得人矣！」擢左夷離畢。時蕭合卓爲樞密使，朴知部署院事，以酒廢事，出爲興國軍節度使，俄召爲南面林牙。太平三年，守太子太傅。明年，拜北府宰相，遷北院樞密使。〔三〕時太平日久，帝留心翰墨，始畫譜牒以別嫡庶，由是爭訟紛起。朴有吏才，能知人主意，敷奏稱旨，朝議多取決之。封蘭陵郡王，進王恒，加中書令。及大延琳叛，詔安撫東京，以便宜從事。

興宗即位，皇太后稱制，國事一委弟孝先。方仁德皇后以馮家奴所誣被害，朴屢言其冤，不報。每念至此，爲之嘔血。〔四〕重熙初，改王韓，拜東京留守。及遷太后于慶州，朴徙王楚，升南院樞密使，四年，王魏。薨，年五十，贈齊王。子鐸剌，國舅詳穩。

〔一〕按本史卷一七聖宗紀太平五年十二月，卷一八興宗紀景福元年七月並作普古。

〔二〕按本史卷四五百官志一有南院林牙，北面林牙，無南面林牙。

〔三〕按本史卷一七聖宗紀太平五年十二月，「以北府宰相蕭普古爲北院樞密使」。

〔四〕按本史卷一八興宗紀景福元年七月，「上召晉王蕭普古等飲博，夜分乃罷」。又「幸晉王普古第視疾」。

耶律八哥，〔一〕字烏古鄰，五院部人。幼聰慧，書一覽輒成誦。

統和中，以世業爲本部吏。未幾，陞閘撒狘，尋轉樞密院侍御。會宋將曹彬、米信侵燕，八哥以扈從有功，擢上京留守。

開泰四年，召爲北院樞密副使。頃之，留守東京。七年，上命東平王蕭排押帥師伐高麗，八哥爲都監，至開京，大掠而還。濟茶、陀二河，高麗追兵至。諸將皆欲使敵渡兩河擊之，獨八哥以爲不可，曰：「敵若渡兩河，必殊死戰，乃危道也；不若擊於兩河之間。」排押從之，戰，敗績。

明年，還東京，〔二〕奏渤海承奉官宜有以統領之，上從其言，置都知押班。後以茶、陀之敗，削使相，降西北路都監，卒。

孫拔魯，準備任使官。金兵克中京，天祚西徙，拔魯受命督輜重，已而輜重被掠，拔魯遂自髡，遁入山林。〔三〕

論曰：張儉名符帝夢，遂結主知。服弊袍不易，志敦薄俗。功著兩朝，世稱賢相，非過也。邢抱朴甄別守令，大愜人望。兩決滯獄，民無冤濫。馬得臣引盛唐之治以諫其君。蕭朴痛皇后之誣，至於嘔血。四人者，皆以明經致位，忠藎若此，宜矣。聖宗得人，於斯爲盛。

〔一〕金史卷八九移剌子敬傳:「移剌子敬字同文,本名屋骨朵魯,遼五院人。曾祖霸哥,同平章事。」

〔二〕索隱卷八:「案本紀開泰八年三月,『東京留守耶律八哥,坐失律,數其罪而釋之』。太平六年二月,『東京留守八哥奏:黄翩領兵入女真界徇地,俘獲人馬牛豕不可勝計,得降户二百七十。詔獎諭之』。宏簡録據本紀謂降職後,旋起復。續通志同。」

〔三〕以上三十九字據金史卷八九移剌子敬傳補。子敬傳云:「父拔魯,准備任使官。都統杲克中京,遼主西走,留拔魯督輜重,已而輜重被掠,拔魯乃自髡,逃于山林。」

〔補〕常遵化,字世昌,常山郡人。父賓嗣,字仁繼,霸州觀察判官、金紫崇禄大夫、檢校尚書左僕射兼御史大夫、上柱國。

遵化幼聰敏,長而剛直,登場得第。應曆十年,除授霸州文學參軍。保寧元年,授將仕郎、霸州歸化縣令,勸課農事,屢見豐饒。保寧八年,授霸州觀察判官,加試大理司直、兼監察御史。次年,賜緋魚袋。乾亨五年,授乾州觀察判官,起授朝議郎。統和五年,授崇德宫漢兒都部署判官。統和九年,授廣德軍節度副使,改授銀青崇禄大夫、檢校左散騎常侍。十四年再授廣德軍節度副使。十九年，授上京軍巡使、京内巡檢使，頓得盜賊併跡，豪户洗心。二十四年，奉命授朔州榷場〔一〕都監。年終官畢，返駕歸朝，二十五年，授遼西州諸軍事、遼西州刺史，忽染疾未愈，于當年六月，〔二〕殁于行朝西南五里之隅，年六十五。〔三〕

子守麟，廣德軍節度都知使。〔四〕

參常遵化墓誌銘

〔一〕本史卷一八興宗紀重熙八年正月：「禁朔州鬻羊于宋。」

〔二〕墓誌作「六月二十五日殁于行朝西南五里之隅」。行朝即捺鉢。（見全遼文卷一三常遵化墓誌銘。）

〔三〕墓誌作：「公先娶于南王□番漢都部署使女，罔盡衾幃，早先殞逝。次娶故滑州令公之孫、彰武軍節度使之女，不終偕老之期。子三人：守一、守節俱先喪殁。女五人：長適廣德軍節度山河使耿阮，次適彰武軍節度都軍使安信，次適保安軍節度節院使竇昌懿。次二未適。」

〔四〕墓誌題：「故遼西州刺史、銀青崇禄大夫、檢校左散騎常侍兼監察御史、武騎尉常山郡常公墓誌銘并序。」

〔補〕宋匡世，字成績。出身宦門。父榆州刺史、太傅。兄長慶軍節度使、太尉。弟宜州弘政縣令、員外郎。

匡世性恬和端謹，幼好學，長於文辭，奉親孝，交友信，與人恭而有禮，持己正直，不託依權貴。統和十六年，故樞密使魏王聞其器業，署爲都孔目官。洎專呈對，尤見幹能。特奏授將仕郎、安北州興化縣令。三年秩滿，授大定府都市令。未幾，擢授北面都孔目官。聖宗皇帝受册，改元太平，〔一〕匡世攝毛詩博士，押鹵簿道駕。後改授晉國公主中京提轄使，仍帶前銜。太平五年五月，以疾卒於提轄公署之正寢，年四十八。〔二〕

娶吴氏，建雄軍節度使渥之女。馬氏，前東京轉運使澤之女。

二子：福先奴、福聖奴。

參宋匡世墓誌

〔一〕本史卷一六聖宗紀太平元年十一月：「上御昭慶殿，文武百僚奉册上尊號曰睿文英武遵道至德崇仁廣孝功成治定昭聖神贊天輔皇帝，大赦，改元太平。」

〔二〕按墓誌「太平六年三月，歸窆於榆州南和鄉餘慶里鹿鳴山先塋之左」。誌文前題「故儒林郎前守北安州興化縣令晉國公主中京提轄使宋府君墓誌銘并序」。又「外甥中京留守判官朝議郎尚書吏部郎中賜緋魚袋王景運撰」。（見全遼文卷六宋匡世墓誌。）

參蕭僅墓誌銘

〔補〕蕭僅，系出貴胄。皇朝國舅正族之裔。高祖撒刺，〔一〕左丞相，守太傅。曾祖迷骨里。〔二〕祖訖列，尚義平公主，加檢校司徒。父罕，奉職軍旅，贈侍中。母爲秦王韓匡嗣之女，聖宗仁德皇后（即齊天彰德皇后）之姨，與耿延毅之母爲同胞姊妹，封□國太夫人。姻戚多貴顯。

僅有兄一人，嫺於書史。弟三人，與僅並習武事。統和二十八年，高麗康兆弒其君，聖宗親征問罪，僅隨駕進討，勝利班師，以功授率府率，羽衛東宮。次遷東京勝州〔三〕節度使，貴德州節度使。在任能奉公盡職。娶耶律留守之女，生子二，先逝。繼娶同舍耶律氏，生子五。

僅以太平九年六月，終于永安山北之行帳，年四十八歲。

長子徒骨底，曾奉命討女真，在軍以勤勇稱。次子提列戛，官東頭供奉。三曰胡都古，四曰阿里斯里，五曰洪霸，六曰徒骨思，七曰桃素里。

〔一〕朱子方遼陳國公主、蕭僅墓誌芻議（遼海文物學刊一九八八年一期）擬撒刺爲剔刺，德祖宣簡皇后之父亦即北府宰相蕭轄刺。剔刺、轄刺、撒刺爲一音之轉。李宇峯謂是本史卷七四有傳之蕭痕篤，初建國時爲北宰相。

〔二〕蕭僅墓誌（見北方文物一九八八年二期）稱：迷骨里「戰高羣卒，職大將軍」。此處不可理解爲敍其官職，只可理解爲身先士卒，爲駢體諛墓之辭。

〔三〕勝州，本史卷三八地理志二誤滕州。初或爲頭下州。先是刺史，後升節度。

〔補〕韓知白，先世相人。〔一〕曾祖繼甯，仕石晉爲行軍司馬。值遼、晉失和，太宗統兵至汴京，繼甯從晉出帝北遷，中途留析津。

至知白，仕遼爲中書令，孚爲中書門下事。朝廷賜田盤山，遂爲漁陽人。

太平九年六月，知白以崇禄少卿充賀宋太后正旦副使。〔二〕使還，累遷至南府宰相。以與杜防、楊晳等擅給進士堂帖，降職。〔三〕重熙十九年十一月，由南府宰相出爲武定軍節度使。

裔孫玉，金史有傳。參中州集、金史韓玉傳

〔一〕見中州集卷八韓内翰玉傳、金史卷一一〇韓玉傳。

〔二〕長編：「天聖七年（一〇二九）契丹遣奉國軍節度使耶律高（嵩）、崇禄少卿韓知白賀皇太后正旦。」

〔三〕三人同時還降，按本史卷二〇興宗紀，在重熙十九年十一月。

遼史補注卷八十一

列傳第十一

耶律室魯 歐里斯　王繼忠　蕭孝忠　陳昭衮　蕭合卓

耶律室魯，字乙辛隱，六院部人。魁岸，美容儀。聖宗同年生，帝愛之。甫冠，補祗候郎君。未幾，爲宿直官。

及出師伐宋，爲隊帥，從南府宰相耶律奴瓜、統軍使蕭撻覽畧地趙、魏，有功，加檢校太師，爲北院大王。〔一〕攻拔通利軍。宋和議成，特進門下平章事，賜推誠竭節保義功臣。以本部俸羊多闕，部人空乏，請以羸老之羊及皮毛，歲易南中絹，彼此利之。拜北院樞密使，封韓王。〔二〕自韓德讓知北院，職多廢曠，室魯拜命之日，朝野相慶。

從上獵松林，至沙嶺卒，年四十四，贈守司徒、政事令。二子：十神奴、歐里斯。

十神奴，南院大王。〔三〕

歐里思，字留隱，少有大志。未冠，補祗候郎君。開泰初，爲本部司徒。秩滿閑居，徵爲郎君班詳穩。遷右皮室詳穩，將本部兵，從東平王蕭排押伐高麗，至茶、陀二河，戰不利。〔四〕歐里斯獨全軍還，帝嘉賞。終西南面招討使。

〔一〕按本史卷一四聖宗紀，統和二十一年七月，以奚王府監軍出任此職。

〔二〕按本史卷一五聖宗紀，在統和二十九年三月。

〔三〕按本史卷二一道宗紀：清寧元年十月，以順義軍節度使十神奴爲南院大王。

〔四〕按本史卷一六聖宗紀，是役在開泰七年十二月，天雲、右皮室二軍没溺者衆，遥輦帳詳穩阿果達等死之。

王繼忠，〔一〕不知何郡人。仕宋爲鄆州刺史、殿前都虞候。〔二〕統和二十一年，宋遣繼忠屯定之望都，以輕騎覘我軍，遇南府宰相耶律奴瓜等，獲之。太后知其賢，授户部使，以康默記族女女之。繼忠亦自激昂，事必盡力。宋以繼忠先朝舊

臣，每遣使，必有附賜，聖宗許受之。〔三〕

二十二年，宋使來聘，遺繼忠弧矢、鞭策及求和劄子，有曰：「自臨大位，愛養黎元。豈欲窮兵，惟思息戰。每敕邊事，嚴諭守臣。至于北界人民，不令小有侵擾，衆所具悉，爾亦備知。向以知雄州何承矩已布此懇，〔四〕自後杳無所聞。汝可密言，如許通和，即當別使往請。」詔繼忠與宋使相見，仍許講和。〔五〕以繼忠家無奴隸，賜宮户三十，加左武衛上將軍，攝中京留守。〔六〕

開泰五年，〔七〕爲漢人行宫都部署，封琅邪郡王。六年，進楚王，賜國姓。上嘗燕飲，議以蕭合卓爲北院樞密使，繼忠曰：「合卓雖有刀筆才，暗於大體。蕭敵烈才行兼備，可任。」上不納，竟用合卓。及遣合卓伐高麗，繼忠爲行軍副部署，攻興化鎮，月餘不下。師還，上謂明於知人，拜樞密使。〔八〕

太平〔九〕三年致仕，卒。子懷玉，〔一〇〕仕至防禦使。

〔一〕本史卷八五蕭撻凜傳作王先知。

〔二〕宋史卷二七九王繼忠傳：「繼忠，開封人。（東都事畧、隆平集並同）。父珫，爲武騎指揮使，戍瓦橋關，卒。繼忠年六歲，補東西班殿侍，真宗在藩邸，得給事左右，以謹厚被親信。即位，補內殿崇班，累遷至殿前都虞候，領雲州觀察使。出爲深州副都部署，改鎮、定、高陽關三路鈐轄兼河北都轉運使，遷高陽關副都部署，俄徙定州。」東都事畧卷四二：「父爲軍校，戍邊而死，繼忠因得補殿直。真宗在東宫，得給事左右，累擢至雲州觀察使。」

〔三〕宋史卷二七九王繼忠傳：「咸平六年（統和二十一年，一〇〇三），契丹數萬騎南侵，至望都，繼忠與大將王超及桑贊等領兵援之。契丹至康村，與契丹戰，自日昳至乙夜，敵勢小却，遲明復戰，繼忠陣東偏，爲敵所乘，斷餉道，超、贊皆畏縮退師，竟不赴援，繼忠獨與麾下躍馬馳赴，服飾稍異，契丹識之，圍數十重，士皆重創，殊死戰，且戰且行，旁西山而北，至白城，遂陷於契丹。真宗聞之震悼，初謂已死，優詔贈大同軍節度，賵賻加等，官其四子（懷節、懷敏、懷德、懷政）。景德初（統和二十二年，一〇〇四），契丹請和，令繼忠奏章，乃知其尚在。朝廷從之。自是南北戢兵，繼忠有力焉。歲遣使至契丹，必以襲衣、金帶、器幣、茶藥賜之。繼忠對使者亦必泣下，嘗附表懇請召還。上以誓書約各無所求，不欲渝之，賜詔諭意。契丹主遇繼忠甚厚，更其姓名爲耶律顯忠，又改宗信，封楚王。」東都事畧卷四二：「咸平末，契丹入寇，繼忠帥定武出戰於望都之北，自以被遇之厚，力戰圖報，而服飾稍異，契丹識之，轉鬬累日，援兵不至，遂陷於契丹。」隆平集卷一八：「（繼忠）咸平末，陷虜中，初謂已死，贈大同軍節度使。録其子懷敏、懷德、懷政，皆加等。景德初，虜俾繼忠奉章道意，請修和好，朝廷允其請，戢兵息民，與有力焉。至是朝廷每遣使至契丹，必厚賜之，繼忠對使臣必泣下，嘗附表請召還。上以誓好既定，姑詔諭之。虜主待之益厚，改其姓曰耶律，名曰顯忠，又曰宗信，封爲吴王。」續通鑑咸平六年五月：「繼忠既擒，見遼主於炭山。太后知其才，授户部使，兼賜妻室。」

王曾筆録：「王繼忠性謹飭，純固有守，事真宗儲邸，歷年最久，羣萃中爲之冠首。衆皆憚其嚴整，宫中事有所未便，常盡規諫，上每爲之斂容聽納，特加禮遇。及上嗣位，咸平中，邊鄙尚聳，與今侍中張耆（按其時王超爲都部署，非張耆）同典禁兵，戍守鎮、定。會戎馬大至，晨薄我軍，亟命出兵，爲左右翼以禦之。陣之西偏，最爲兵衝，繼忠固請代耆西往。及我師敗績，繼忠遂爲契丹所獲。因授以官爵，爲其婚娶，大加委用。繼忠亦悉心勤職，由是漸被親任，乃從容進説曰：『竊觀契丹與南朝爲讎敵，每歲賦車籍馬，國内騷然，未見其利。孰若馳一介，尋舊盟，結好息民，休兵解甲，爲彼此之計，無出此者。』國母春秋已高，國主承襲已歲久，共忻納之。咸平六年（按應爲景德元年）夏四月，（石）普方守莫州，素與繼忠同在東宫，乃命致書於普，請遣使至北境，特議和好。普具奏其事，朝廷弗之信，止令普答其書而已。是秋，繼忠書復至，意甚切。令普答書，且曰：『俟彼先遣使至，即議修好。』冬，契丹舉兵深入貝、魏，邊烽警急，上在澶淵，乃遣曹利用馳往，許以通聘。利用至魏，參知政事王公欽若鎮天雄，留而不遣。及德清、通利（學津本作通德、清遠）兩軍被圍愈急，上令參政王公旦作手書以諭欽若，始聽其北去。契丹國母見利用，大喜曰：『何來之晚耶！』即日議定其事，遣使丁振偕來。朝廷又命李繼昌報聘，於是兵罷，改元景德（按改元在正月，此處有誤），車駕還京。是舉也，雖宸謀善斷，亦繼忠能揣敵情而啟導之。自是生辰、正旦信使往還，皆賜繼忠手詔、器玩、服帶甚厚，仍通其家信，歲以爲常，至其身没乃止。繼忠爲人有誠信，北境甚重之，後封河間王，彼土人士或稱之曰：『古人盡忠，止能忠於一主，今河間王結南北歡好若此，可謂盡忠於兩國主。』然則繼忠身陷異國，不能即死，與夫無益而苟活者異矣。」

玉壺清話卷四：「真宗爲開封尹，呼通衢中鐵盤市卜一瞽者，令張耆、夏守贇、楊宗勳左右數輩揣聽聲骨，因以爲娱，或中或否。獨相王繼忠，瞽者駭之，曰：『此人可訝，半生食漢禄，半生食胡禄。』真宗笑而遣去。繼忠後爲觀察使、高陽總管。咸平六年，契丹寇望都，與虜酣戰至乙夜，戎騎合圍數十重，徐戰徐行，旋傍西山而遁。至白城陷虜，上聞之，甚嗟悼，皆謂即没。景德初，戎人乞和，繼忠與撰奏章，而勸諷誘掖，大有力焉。朝廷方知其存，後每歲遣使，真宗手封御帶、藥茗以賜焉。繼忠服漢章，南望天闕，稱未死臣，哭拜不起，問聖體起居，不避虜嫌。以其姿儀雄美，虜以女妻之，僞封吴王，改姓耶律，卒於虜，人謂陷蕃王氏也。」長編咸平六年：「四月丙子，契丹入寇，定州行營都部署王超遣使召鎮州桑贊、高陽關周瑩各以所部軍來援，超先發步兵千五百人逆戰於望都縣，翌日，至縣南六里，與敵遇，殺戮甚衆。副部署、殿前都虞候、雲州觀察使王繼忠常以契遇深厚，思戮力自效，與敵戰康村，自日昳至乙夜，敵勢稍却，遲明復戰，敵悉衆攻東偏，出陣後，焚絶糧道。繼忠率麾下躍馬馳赴，素衒儀服，敵識之，圍數十重，士皆重創，殊死戰，且戰且行，旁西山而北，至白城陷於敵，超等即引兵還定州。五月，上以王繼忠實戰死，丁酉，贈繼忠大同節度使兼侍中，録其子懷節爲崇儀使，懷敏爲崇儀副使，懷德爲内殿崇班，懷政爲供奉官。又贈定州路承受、殿直尹能爲如京使，望都縣監押、殿直李勳爲供備庫使，縣尉吴讓爲太子中舍，餘死事者第追贈焉。」

宋元通鑑卷一一：「繼忠見契丹主於炭山，蕭太后知繼忠才賢，授户部使，繼忠固言南北通好之利，契丹主然之。」

〔四〕宋史卷二七三何承矩傳：「真宗嗣位，復遣知雄州，賜承矩詔曰：『朕嗣守鴻業，惟懷永固，思與華夷共臻富壽，而契丹自太祖在位之日，先帝繼統之初，和好往來，禮幣不絶。其後尅復汾、晉，疆臣貪地，爲國生事，信好不通。今者聖考上仙，禮當訃告。汝任居邊要，洞曉詩書，凡有事機，必能詳究，輕重之際，務在得中。』承矩貽書契丹，諭以懷來之旨，然未得其要。」長編：「咸平二年（統和十七年，九九九）夏五月乙巳，幸曹彬第問疾，賜白金萬兩。先是，知雄州何承矩奏敵謀寇邊。上以問彬，對曰：『太祖英武定天下，猶委孫全興經營和好，陛下初登極時，承矩嘗發書道意，臣料北鄙終復成和好。』上曰：『此事朕當屈節爲天下蒼生，然須執綱紀，存大體，即久遠之利也。』」按王繼忠上宋帝奏文中有：「臣嘗念昔歲面辭，親奉德音：惟以息民止戈爲事。」是出征之前，已聆講和旨意。

〔五〕宋大詔令集卷二三二載有賜王繼忠詔共六則如下：

賜王繼忠詔　景德元年（統和二十二年，一〇〇四）（閏）九月乙亥（二十四日）

石普以卿實封入奏，備已詳悉。所云望遣人通和事，朕君臨大寶，子育羣氓，嘗思息戰以安人，豈欲窮兵而黷武。邊防之事，汝素備知。向因何承矩上言，乞差使往，其時亦允所奏，爾後别無所聞。相次邊陲，復興戈甲，今覽封疏，深嘉懇誠。朕富有寰區，爲人父母，儻各諧偃革，誠亦協素懷。手詔到日，卿可密達此意，共議事宜，儻有審實之言，即附邊臣聞奏。

賜王繼忠詔　景德元年十月

今月二十六日，石普遣人齎到卿重封奏狀，知已領得近降手詔，及言所議通和，固已端的，乞早遣一人到此商量。再閲奏陳，備已詳悉。頃從邊事，因虧玉帛之歡；既絶使人，遂構干戈之役。兩地之交兵不息，四方之受弊實多，疆場未寧，歲月兹久。今卿再行奏狀，將議修和，保高議於歡盟，垂永圖於家國。安民繼好，今古美談。況朕自守丕基，常思遠略。務誕敷於文德，豈專耀於武功。覩此來因，固叶素志。已議專差使命，致書大遼，止於旦夕之間，令自旦冀前去。卿可具言此意，請諭巡邏之人，候見所遣使車，立令防援引送。俾一价之使，無或稽留；冀兩朝之情，得以通達。

賜王繼忠詔　景德元年十一月庚午（二十日）

葛霸等以卿奏狀來，曹利用往，兼報卿令人援接前去，尋聞道路艱阻，尚在天雄。今有付利用手詔，同封付卿，便可聞於大遼，遣人齎送接援付彼。

賜王繼忠詔　景德元年十一月甲戌（二十四日）

繼省來章，專候使命。昨自孫崇等回後，尋降手詔與天雄軍，令速發利用往彼，今張皓到闕，再覽卿奏，果稱天雄軍以未奉詔旨，尚且稽留。今再降詔命，令皓齎去勾取，候利用纔到大遼，可令皓赴闕。

賜王繼忠詔　景德元年十二月戊子（初九日）

北朝人使□回，尋令繼昌同去。備陳書誓，明達誠懷，兩朝既議於歡盟，百姓必期於安堵。遂令諸州放出老小，各遂營生；仍戒諸路部署州軍，不得更出兵馬。今據逐處奏報，人民卻有驚擾，移入州城。慮是所在鄉村不逞之輩，或北朝流散從人，偵知不出軍兵，遂結黨類，恣行騷動。已命署司量出兵甲，剪除賊盜，安撫人民。若遇北界兵，並令具述事意。卿可以此達於北朝，若有探騎游兵，請即抽取，免令相見，或致難明。仍聞北朝諸寨幕之中，猶帶老小前去，流離愁嘆，誠可憫嗟。卿宜細具敷揚，盡令歸復，共守和平之義，免傷南北之情。同卜歲寒，不渝誓約。

（長編：「景德元年十二月乙未（十六日），王繼忠具奏：『北面已嚴禁樵採，仍乞詔張凝等，無使殺傷北朝人騎。』丁酉（十八日），張凝等言契丹已出塞，凝等各歸屯所。」東都事畧卷四作：「甲午（十五日），契丹出塞。」）

賜王繼忠詔　景德二年三月癸卯（三月無癸卯，恐爲二月之誤，則爲二十五日）

近因信使，併省奏封；備悉平和，無忘睠矚。兼韓國華等奏，昨時初到彼，卿託寄附家書內，乞朕專差使命，別發書題，達於北界，俾卿歸國。其書即不曾齎到，朕聞此意，頗愜於懷，於卿之情，無所不可。其如誓書之約，各無所求，質之於神明，告之於宗廟，儻少渝於大信，是有罔於上穹。若國母以卿首荷遭逢，特許歸復，候卿到闕，則當專馳使幣，厚達謝儀。諒惟爾誠，洞達朕意。

大典卷二〇二〇四引畢西臺先生集丞相文簡公（畢士安）事跡（亦即西臺集卷一六丞相文簡公行狀）：「其後契丹統軍順國王撻覽引兵壓境，從騎掠威虜順安，攻北平寨，侵保州，遂合勢以攻定武，所至爲官軍擊却，乃益引兵東駐陽城。初，咸平六年（統和二十一年）雲州觀察使王繼忠戰陷虜中，至是自契丹附奏，請議通和，大臣皆莫能任其虛實，上令莫州石普以書答之（原注：上令石普以書答繼忠，見王沂公筆録）而公獨以爲可信，力贊上羈縻不絶，漸許其通和。上曰：『自古獯鬻爲中原强敵，非懷之以至德，威之以大兵，則獷悍之性，詎能柔服？今繼忠之奏雖至，而虜情不可測也。何以任之？』公對曰：『陛下以至仁撫天下，德冠古今。臣嘗聞契丹歸款之人，皆言其國聚謀，以陛下精於求理，軍國雄富，常慮一旦舉兵，遠復燕境。今既來寇封畧，鋭氣屢挫，雖欲罷去，且耻於無名，故兹勤請，諒非妄也。繼忠之奏，臣請任之。』上於是始以手詔賜繼忠，許議通和。而契丹之衆，遂犯王超大軍，超等按兵不動，乃引兵攻瀛州甚急，瀛州拒之不得入，欲乘虚抵貝、冀。天雄兵猶二十萬，當是時，已詔隨駕諸軍赴澶州，用雍王元份爲留守，而朝論洶洶不定。公與萊公請對，力陳於上前，上乃駕幸澶淵，契丹之來也，亦知上欲幸澶親征，不信，後聞車駕之發，大軍會城下，與駕前諸軍合數十萬，大懼，悔其深入。然業已南，遂掠德清，寖至澶州城北，及車駕次衛南，戎帥順國王撻覽出行軍，伏弩自發，射殺之，其衆宵遁。萊公從上卒至澶州觀兵，而曹利用使虜，得其要領，亦與使人姚柬之俱來，遂定通和之約，至今九十餘年，北州生育蕃息，牛羊被野，戴白之人，不見干戈，多出公計議及薦寇準同爲宰相之力也。」又：「上還兵罷，乃擇要害，因河北諸將易置之。雄州李允則、定州馬知節、鎮州孫全照、保州楊延朗與他守將皆各當其任，遂通互市，除鐵禁，招復流亡，使得契丹牛馬，皆還之以示信，北方少安，乃廣蓄積，蠲逋負，因當時之務而爲法制，如諸道榷酤之額，不得增益。」

補夢溪筆談卷三：「咸平末，契丹犯邊，戎將王顯、王繼忠屯兵鎮、定，虜兵大至，繼忠力戰，爲契丹所獲，授以僞官，復使爲將，漸見親信。繼忠乘間進説契丹講好朝廷，息民爲萬世利。虜母老，亦厭兵，遂納其言。因寓書於莫守石普，使達意於朝廷，時亦未之信。明年，虜兵大下，遂至河。車駕親征，駐蹕澶淵，而繼忠自虜中具奏戎主請和之意，達於行在。上使曹利用馳遣契丹書，與之講平。利用至大名，時王冀公守大名，以虜方得志，疑其不情，留利用未遣。會圍合不得出，朝廷不知利用所在，又募人繼往，得殿前散直張皓，引見行在。皓攜九歲子見曰：『臣不得虜情爲報，誓死不還，願陛下録其子。』上賜銀三百兩遣之。皓出澶州，爲徼騎所掠，皓具言講和之意，騎乃引與俱見戎母蕭及戎主。蕭搴車幃召皓，以木横車軛上，令皓坐，與之酒食，撫勞甚厚。皓既回，聞虜欲襲我北塞，以其謀告守將周文質及李繼隆、秦翰、文質等，厚備以待之。黎明，虜兵果至，迎射其大帥撻覽墜馬死，虜兵大潰。上復使皓申前約，及言已遣曹利用之意。皓入大名，以告王冀公，與利用俱往，和議遂定。乃改元景德，後皓爲利用所軋，終於左侍禁。真宗後知之，録其先所留九歲子牧爲三班奉職，而累贈繼忠至大同軍節度使兼侍中。國史所書，本末不甚備，予得其詳於張牧及王繼忠之子從伾之家。蔣穎叔爲河北都轉運使日，復爲從伾論奏，追録其功。」

長編景祐元年（一〇三四）八月壬午：「降皇城使、英州刺史王懷節爲左驍騎將軍，坐其弟懷德婦持貨私遺尚美人求管軍，上以其父繼忠嘗陷契丹，不欲重貶之。」

長編景德三年三月乙巳：「朝廷每遣使特禮，輒以襲衣、金帶、器械、茶藥賜王繼忠。繼忠對使者必泣。韓國華之還也，又奉表懇請致書國主召己歸，上以盟誓之約，各無所求，因（任）中正等行，賜繼忠手詔諭意，且言國主若自許卿歸，則當重幣爲謝。然契丹主遇繼忠厚，亦弗許也。」長編：「大中祥符二年（統和二十七年）二月壬寅，命太常博士、直史館、河南王隨爲契丹國母生辰使。初，王繼忠嘗因入契丹使回，獻名馬、貂錦等物以賀東封。於是答賜器幣，令隨等齎詔以往。」

〔六〕按本史卷一五聖宗紀開泰二年正月，以王繼忠爲中京留守檢校太師。

〔七〕開泰二字原脱，據上下文補。

〔八〕按本史卷一六聖宗紀開泰八年二月，以漢人行宫都部署王繼忠爲南院樞密使。

〔九〕長編乾興元年（太平二年，一〇二二）八月辛酉：「詔樞密院每歲送契丹禮物，耶律宗信亦以襲衣、金帶賜之，宗信即王繼忠也，契丹封吴王，改今姓名。任中行等使還（本年四月，使遼告即位），宗信亦以名馬來賀（仁宗）登極。（原注：宗信獻名馬，在九月己巳，今並書之。）」

〔一〇〕懷玉，在遼所生，與在宋所生四子同排懷字。

蕭孝忠，字撒板，小字圖古斯，〔一〕志慷慨。開泰中，補祗候郎君，尚越國公主，〔二〕拜駙馬都尉，累遷殿前都點檢。太平中，擢北府宰相。

重熙七年，爲東京留守。〔三〕時禁渤海人擊毬，孝忠言：「東京最爲重鎮，無從禽之地，若非毬馬，何以習武？且天子以四海爲家，何分彼此？宜弛其禁。」從之。〔四〕

十二年，入朝，封楚王，拜北院樞密使。國制，以契丹、漢人分北、南院樞密治之，孝忠奏曰：「一國二樞密，風俗所以不同。若併爲一，天下幸甚。」事未及行，薨。追封楚國王。〔五〕帝素服哭臨，赦死囚數人，爲孝忠薦福。葬日，親臨，賜宫户守塚。子阿速，終南院樞密使。〔六〕

〔一〕孝忠又作孝惠、撒八（八撒）、撒八寧、徒古撒（從姑撒）、姑撒。參見本書卷六七外戚表注〔五三〕。

〔二〕遼東行部志：「懿州寧昌軍，遼聖宗女燕國長公主初古所建，公主納國舅蕭孝惠（忠）以從嫁户置立城市，遂爲州焉。舊名廣順軍。」本史卷三八地理志二：「（東京道）懿州寧昌軍，太平三年越國公主以媵臣户置，初曰慶懿軍，更名廣順軍，隸上京。清寧七年宣懿皇后進入，改今名。」卷三七地理志一：「（上京道）懿州廣順軍，聖宗女燕國長公主以媵臣户置。」卷六五公主表：「聖宗女槊古第三，封越國公主，嫁蕭孝忠。」脱燕國長公主之封，初古即槊古，卷六八遊幸表作楚姑。開泰中先有從嫁户聚落，太平三年置州，清寧七年進入，改隸東京。全遼文卷七耶律元妻晉國夫人蕭氏墓誌銘：「夫人族姓蕭氏，父諧里，母齊國太妃，太妃有五子：長曰孝穆，次孝先，次孝誠，次孝友，次孝惠。」閻萬章謂孝誠即高九，孝惠是遼史中孝忠，當屬是。參見閻萬章遼代成州考（載遼寧省考古博物館學會成立大會會刊，一九八一年），遼道宗宣懿皇后父爲蕭孝惠考（載社會科學輯刊一九七九年第二期），遼史公主表補證（載陳述主編遼金史論集一）及本書卷六七外戚表並其注〔四五〕、〔四七〕、〔五三〕。孝忠有識見，故未附於本史卷八七蕭孝穆傳後。

〔三〕按本史卷一八興宗紀重熙六年六月，「上酒酣賦詩，吴國王蕭孝穆、北宰相蕭撒八等皆屬和，夜中乃罷」。七年十二月，「以北府宰相撒八寧再任兼知東京留守事」。

〔四〕按本史卷一九興宗紀，此事在重熙十年四月。

〔五〕按本史卷一九興宗紀：「重熙十二年正月，以北府宰相蕭孝忠（爲）北院樞密使，封楚王。秋七月丙寅朔，北院樞院使蕭孝忠薨，特釋繫囚。十一月，追封楚王蕭孝忠爲楚國王。」

〔六〕本史卷六五公主表興宗女跋芹第一，清寧初，改適蕭阿速。按卷二一道宗紀清寧五年六月，「以南院樞密使蕭阿速爲北府宰相」。

陳昭袞，小字王九，雲州人。工譯鞮，〔一〕勇而善射。統和中，補祗候郎君，爲奚拽剌詳穩，累遷敦睦宮太保，兼掌圍場事。

開泰五年秋，大獵，帝射虎，以馬馳太速，矢不及發。虎怒，奮勢將犯蹕。左右辟易，昭袞捨馬，捉虎兩耳騎之。虎駭，且逸。上命衞士追射，昭袞大呼止之。虎雖軼山，昭袞終不墮地。伺便，拔佩刀殺之。輦至上前，慰勞良久。即日設燕，悉以席上金銀器賜之，特加節鉞，遷圍場都太師，賜國姓，命張儉、呂德懋賦以美之。

遷歸義軍節度使，同知上京留守，歷西南面招討都監，卒。〔二〕

〔一〕工譯韃前應有「通諸部語」較順。

〔二〕金李俊民莊靖集卷四贈陳仲和詩序：「吾友仲和，故遼降虎太師之後。」降虎太師即昭衮。

蕭合卓，字合魯隱，突呂不部人。始爲本部吏。統和初，以謹恪，補南院侍郎。〔一〕十八年，北院樞密使韓德讓舉合卓爲中丞，以太后遺物使宋。〔二〕還，遷北院樞密副使。開泰三年，爲左夷離畢。

合卓久居近職，明習典故，善占對。以是尤被寵渥，陞北院樞密使。時議以爲無完行，不可大用；南院樞密使王繼忠侍宴，又譏其短。帝頗不悦。六年，遣合卓伐高麗，還，時求進者多附之；然其服食、僕馬不加于舊。帝知其廉，以族屬女妻其子，詔許親友饋獻，豪貴奔趨于門。

太平五年，有疾，帝欲臨視，合卓辭曰：「臣無狀，猥蒙重任。今形容毁瘁，恐陛下見而動心。」帝從之。會北府宰相蕭朴〔三〕問疾，合卓執其手曰：「吾死，君必爲樞密使，慎勿舉勝己者。」朴出而鄙之。是日卒。子烏古，終本部節度使。

論曰：統和諸臣，名昭王室者多矣。室魯拜樞密使，朝野相慶，必有得民心者。繼忠既不能死國，雖通南北之和，有知人之鑑，奚足尚哉！孝忠、昭衮，皆有可稱者。合卓臨終，教蕭朴毋舉勝己者任樞密，其誤國之罪大矣！

〔一〕按本史百官志無南院侍郎，南樞密院有南院侍御，疑郎是御字之誤。

〔二〕按本史卷一四聖宗紀統和二十八年二月，「皇太后崩于行宮」。卷一五聖宗紀統和二十八年二月，「遣左龍虎衛上將軍蕭合卓饋大行皇太后遺物于宋」。宋會要蕃夷二作：「契丹遣臨海軍節度蕭曷領，給事中室程奉其母遺書及遺物玉釧、琥珀瓔珞、碼碯瓶盤、犀玉壺、良馬等上。」

〔三〕本史卷八〇有傳。紀作蕭普古。

遼史補注卷八十二

列傳第十二

耶律隆運 德威 滌魯 制心 耶律勃古哲 武白〔一〕

耶律虎古 磨魯古 〔補〕康昭裔 〔補〕馮從順 〔補〕李知順

耶律隆運，本姓韓，名德讓，西南面招討使匡嗣之子也。統和十九年，賜名德昌；二十二年，賜姓耶律；二十八年，復賜名隆運。〔二〕重厚有智畧，明治體，喜建功立事。侍景宗，以謹飭聞，加東頭承奉官，補樞密院通事，轉上京皇城使，遥授彰德軍節度使，代其父匡嗣爲上京留守，權知京事，甚有聲。尋復代父守南京，時人榮之。宋兵取河東，侵燕，五院糺詳穩奚底、〔三〕統軍蕭討古等敗歸，宋兵圍城，招脅甚急，人懷二心。隆運登城，日夜守禦。援軍至，圍解。及戰高梁河，宋兵敗走，隆運邀擊，又破之。以功拜遼興軍節度使，徵爲南院樞密使。

景宗疾大漸，與耶律斜軫俱受顧命，立梁王爲帝，皇后爲皇太后，稱制，隆運總宿衛事，太后益寵任之。〔四〕統和元年，加開府儀同三司，兼政事令。〔五〕四年，宋遣曹彬、米信將十萬衆來侵，隆運從太后出師敗之，加守司空，〔六〕封楚國公。師還，與北府宰相室昉共執國政。上言山西四州數被兵，〔七〕加以歲饑，宜輕稅賦以來流民，從之。六年，太后觀擊鞠，胡里室突隆運墜馬，命立斬之。詔率師伐宋，圍沙堆，敵乘夜來襲，隆運嚴軍以待，敗走之，〔八〕封楚王。九年，復言燕人挾姦，苟免賦役，貴族因爲囊橐，可遣北院宣徽使趙智戒諭，從之。

十一年，丁母憂，詔强起之。明年，室昉致政，以隆運代爲北府宰相，仍領樞密使，監修國史，賜興化功臣。十二年六月，〔九〕奏三京諸鞫獄官吏，多因請託，曲加寬貸，或妄行搒掠，乞行禁止。上可其奏。又表請任賢去邪，太后喜曰：「進賢輔政，真大臣之職。」優加賜賚，服闋，加守太保、兼政事令。會北院樞密使耶律斜軫薨，詔隆運兼之。〔一〇〕久之，拜大丞相，〔一一〕進王齊，總二樞府事。以南京、平州歲不登，奏免百姓農器錢，〔一二〕及請平諸郡商賈價，並從之。

二十二年，從太后南征，及河，許宋成而還。〔一三〕徙王晉，賜姓，出宮籍，隸横帳季父房後，乃改賜今名，位親王上，賜田宅及陪葬地。〔一四〕

從伐高麗還，得末疾，帝與后臨視醫藥。〔一五〕薨，年七十一。〔一六〕贈尚書令，〔一七〕謚文忠，官給葬具，建廟乾陵側。無子。〔一八〕清寧三年，以魏王貼不子耶魯爲嗣。天祚立，以皇子敖盧斡繼之。弟德威，姪制心。

〔一〕原武白傳前有蕭陽阿傳，後有蕭常哥傳，因陽阿、常哥均天祚朝人，今將該兩傳移至本書卷九九。

〔二〕全遼文卷六韓㯄墓誌銘：「西南路招討、晉昌軍節度使、行京兆尹、尚父秦王諱匡嗣，伯祖父也。生我大丞相、守太傅、晉國王謚文忠諱德讓，賜名隆運，聯其御諱也。賜姓耶律氏，屬籍於宗室，特加殊禮，丕顯大勳，與夫劍履上殿，几杖入朝者不侔矣。從世父也。」

〔三〕按本史卷九景宗紀乾亨元年三月，卷八三耶律休哥傳，卷八四蕭討古傳並作北院大王奚底。

〔四〕契丹國志卷一八本傳：「隆運自在景宗朝，翼決庶政，帝后少年，有辟陽之幸。景宗疾亟，隆運不俟詔，密召其親屬等十餘人竝赴行帳。時諸王宗室二百餘人，擁兵握政，盈布朝廷。后當朝雖久，然少姻戚援助，諸皇子幼穉，内外震恐。隆運請於后，易置大臣，敕諸王各歸第，不得私相燕會，隨機應變，奪其兵權。時趙王等俱在上京，隆運奏召其妻子赴闕。景宗崩，事出倉卒，布置已定，乃集蕃漢臣僚，立梁王隆緒爲皇帝。帝以隆運輔翼功前後少比，乃賜鐵券誓文，躬自親書，齋戒焚香於北斗星下讀之，宣示蕃漢諸臣。」

乘軺録尚記蕭后幼時，嘗許嫁韓德讓之説，可參本書卷七一睿智皇后傳注〔三〕。

〔五〕按本史卷一〇聖宗紀統和三年十一月，「以韓德讓兼政事令。」統和元年樞密使兼政事令室昉辭兼職未允。二年四月，耶律普寧兼政事令，元年隆運方丁父喪，未遷擢。

〔六〕按本史卷一一聖宗紀統和四年十一月作「守司徒」。

〔七〕「山」、「四」二字原脱，據本史卷一一聖宗紀統和四年八月及卷五九食貨志上補。四州指朔、應、雲、蔚。

按紀是年八月，韓德讓曾奏請被兵州郡，其逃民禾稼，宜募人收穫。又請復山西今年租賦。

〔八〕按長編端拱元年（統和六年）十一月，契丹大至唐河北荆入寇，定州都部署李繼隆與監軍袁繼忠出兵拒戰。「契丹騎大潰，追擊逾曹河，斬首萬五千級，獲馬萬匹。」與此傳不合。宋史卷五太宗紀，端拱元年十一月：「郭守文破契丹於唐河。」按長編考異，唐河之捷，郭守文在鎮州，未出兵。

〔九〕按上文已有「十一年」之「明年」，即十二年。此「十二年」三字當有衍誤。

〔一〇〕按本史卷一四聖宗紀統和十七年九月，「北院樞密使魏王耶律斜軫薨，以韓德讓兼知北院樞密使事」。卷八一室魯傳：「自韓德讓知北院，職多廢曠。室魯拜命之日，朝野相慶。」

〔一一〕按本史卷一四聖宗紀統和十九年三月，「賜大丞相韓德讓名德昌」。

〔一二〕本史卷一四聖宗紀統和十九年十二月免南京、平州租税即指此。舊五代史卷四二唐書明宗紀：「長興二年十二月，詔開鐵禁，許百姓自鑄農器、什器之屬，於夏秋田畝上，每畝輸農器錢一文五分。」（五代會要卷二六同。）

〔一三〕龍川別志卷上：「景德中，契丹南牧。契丹有求和意，朝廷知之，使供奉官曹利用使於兵間，利用見虜母於軍中，與蕃將韓德讓偶坐駝車上，坐利用下車，饋之食，共議和事。利用許歲遺銀、絹三十萬疋、兩。」

〔一四〕按本史卷一四聖宗紀統和二十二年十二月，「（和議成，）詔諸軍解嚴。是月班師。皇太后賜大丞相齊王韓德昌姓耶律，徙王晉」。二十三年十一月，「詔大丞相耶律德昌出宮籍，屬于橫帳」。卷一五聖宗紀二十八年四月，「賜大丞相耶律德昌名曰隆運。賜宅及陪葬地」。契丹國志卷一八本傳云：「又以隆運一族附籍橫帳，列于景宗廟位。契丹橫帳，猶宋朝玉牒所也。未幾，改封晉王，授尚書令，賜以几杖，入朝不拜，上殿不趨，左右護衛特置百人。北法：護衛惟國主有之。帝以隆運勳大，恩數優渥，見則盡敬。秦國王每日一問起居，至隆運所居帳二里外，已去蓋下車，徒步而進。暨回也，列揖於帳外，隆運坐而受之。帝或至其帳，亦五十餘步下車，隆運出迎盡禮，帝亦先爲之揖，及入内，同家人禮，飲膳服食，盡一時水陸珍品。諸國争爲奇怪入貢，動駭耳目。隆運疾，帝與太后禱告山川，詔蕃漢名醫診視，朝夕不離左右。及薨，帝與后、諸王、公主以下，并内外臣僚制服行喪，葬禮一依承天太后故事，靈柩將發，帝自挽轜車哭送，羣臣泣諫，百餘步乃止。葬乾陵側，詔影堂制度一同乾陵。又詔諸處應有景宗御容殿，皆以隆運真容置之殿内。」

全遼文卷六耿延毅墓誌銘、耿知新墓誌銘並稱韓制心籍大橫帳。

〔一五〕末疾，南監、北監、殿本並作久疾，按左傳注疏卷四一：昭公元年「風淫末疾」。注：「末，四支也，風爲緩急。」疏注：「正義曰：人之身體，頭爲元首，四肢爲末，故以末爲四支，謂手足也。」

〔一六〕按本史卷一五聖宗紀統和二十九年三月己卯，「大丞相晉國王耶律隆運薨」。長編：「大中祥符三年正月丁巳，邊臣奏韓德讓死。上曰：『德讓頗有智謀，專任國事。今既喪國母，德讓又死，臣佐中未聞有其比者。』王欽若曰：『國主懦弱，自今恐不能堅守和好。』上曰：『朝廷始終待以誠信，彼之部族，亦當順從也。』」

契丹國志卷一八：「隆運自爲相以來，結懽宋朝，歲時修睦，無少間隙，帖服中外，靡有邪謀。」宋會要蕃夷二：「大中祥符三年（統和二十八年），是歲，契丹相韓德謙死。韓久專政，有智畧，契丹畏服。自蕭氏卒，繼以韓死，虜主闇弱，其弟隆慶尤桀黠，衆心附焉。言事者請因遣使特加恩隆慶。帝曰：『講信修睦，務有大體，如其不法，遂加恩命，豈柔遠之道邪。』」德謙即德讓。

〔一七〕按本史卷一五聖宗紀統和二十九年十月，「贈大丞相晉國王耶律隆運尚書令，謚文忠」。按契丹國志卷一八，改封晉王時已授尚書令，未合。

〔一八〕契丹國志卷一八本傳：「隆運薨，無子，帝特以皇姪周王宗業紹其後。（原注：宗業，本齊國王隆裕之子）始封廣平王，未幾徙封周王，歷中京留守，平州、錦州節度使。宗業薨，葬乾陵側。宗業無子，帝復以周王同母弟宗範繼隆運後，歷龍化州節度使、燕京留守，封韓王。」

按宗業即隆裕長子胡都古，本史卷一五聖宗紀開泰三年六月，「封胡都古爲廣平郡王」。卷一六聖宗紀開泰八年十二月，「以廣平郡王宗業爲中京留守」。太平四年六月，「以遼興軍節度使、周王胡都古爲臨海軍節度使」。

宗範即隆裕次子合祿，又作合魯。本史卷一六聖宗紀開泰七年五月，「皇姪宗範（封）昭義軍節度使」。太平三年十一月，「以皇姪宗範爲歸德軍節度使」。十二月，「以宗範爲平章事，封三韓郡王」。韓王即此三韓郡王。此皆在清寧以前者。

德威，性剛介，善馳射。保寧初，歷上京皇城使，儒州防禦使，〔一〕改北院宣徽使。乾亨末，丁父喪，〔二〕强起復職，權西南招討使。統和初，党項寇邊，一戰却之。賜劍許便宜行事，領突呂不、迭剌二糺軍。以討平稍古葛功，真授招討使。〔三〕

夏州李繼遷叛宋內附，德威請納之。既得繼遷，諸夷皆從，璽書褒獎。〔四〕與惕隱耶律善補敗宋將楊繼業，加開府儀同三司、政事門下平章事。未幾，以山西城邑多陷，奪兵柄。〔五〕李繼遷受賂，潛懷二心，奉詔率兵往諭，繼遷託以西征不出，德威至靈州俘掠而還。〔六〕

年五十五卒，贈兼侍中。子雱金，終彰國軍節度使。二孫：謝十、滌魯。謝十終惕

隱。〔七〕

〔一〕光緒延慶州志卷六引舊志：「韓德威保寧初，爲儒州防禦使，綽有謀畧，深明治體。常曰：『務農講武二事，使首務也。』部卒能服習者旌之；其貧不能田，弱不能戰者，亦助給之。訓練勸誘，於是部族感悅，如愛父母然。」

〔二〕乾亨末，末，原誤「初」。按乾亨止五年，檢紀德威父匡嗣卒於乾亨四年十二月。本史卷一〇聖宗紀統和元年正月，德威以西南面招討使奏破党項十五部捷。據改。

〔三〕本史卷一〇聖宗紀：「統和元年正月，西南面招討使韓德威奏：党項十五部侵邊，以兵擊破之。七月丙子，韓德威遣詳穩轄馬上破党項俘獲數，並送夷離菫之子來獻。辛巳，賞西南面有功將士。八月壬子，韓德威表請伐党項之復叛者，詔許之。二年二月，韓德威以征党項回，遂襲河東，獻所俘，賜詔褒美。」

〔四〕西夏書事卷四：「契丹西境直對夏州，党項東山諸部臣事者多。李氏自思恭賜姓，未嘗外附。繼遷見諸部潰散，謀於衆曰：『吾不能克服舊業，致兹喪敗，兵單力弱，勢不得安。北方耶律氏方强，吾將假其援助，以爲後圖。』乃遣張浦持重幣至契丹請附。契丹主隆緒意未決，西南招討使韓德威言：『河西爲中國右臂，向年府州折氏與銀、夏共衡劉漢，致大兵援應無功。今李氏來歸，國之利也。宜從其請。』契丹主納之。」

〔五〕本史卷一一聖宗紀統和四年四月，「惕隱瑶昇、西南面招討使韓德威以捷報。以斜軫爲諸路兵馬都統，閫覽兵馬副部署，迪子都監，以代善補、韓德威。五月，詔遣詳穩排亞率弘義宫兵及南、北皮室、郎君、拽剌四軍赴應、朔二州界，與惕隱瑶昇、招討韓德威等同禦宋兵在山西之未退者。以瑶昇軍赴山西。六月，詔韓德威赴闕。」

〔六〕按本史卷一三聖宗紀統和九年十二月，「夏國王李繼遷潛附于宋，遣招討使韓德威持詔諭之」。十年二月，「韓德威奏李繼遷稱故不出，至靈州俘掠以還」。宋會要方域二一：「至道元年（統和十三年）正月，契丹萬餘衆入寇，節度使折御卿率兵擊敗於子河汊，斬首五百級，獲馬千匹，虜將號突厥太尉、司徒、舍利死者二十餘人，生擒吐渾首領一人，大將韓德威僅以身免。」又兵一四至道元年（統和十三年）稱：「奪得馬數（五）百匹，韓德威一男死於鋒刃之下。」又兵二七：「先是，西北邊巡路必宿重兵以備之。至是折御卿大破虜衆，帝訝契丹從何而至，馳使問其故，乃虜由山峽間細巡而入，意以御卿出巡，謀入剽畧，御卿諜知，先遣内屬戎人邀其歸路，因疾擊之，虜敗走。塵起，迷失本路，人馬墮崖谷死者相枕藉，不知其數，戎帥韓德威僅以身免。」本史卷一三聖宗紀：「統和十四年三月，韓德威奏討党項捷。十五年正月，以河西党項叛，詔韓德威討之。二月，韓德威奏破党項捷。三月，河西党項乞内附。」

〔七〕按本史卷二二道宗紀清寧十年十一月，「以彰國軍節度使韓謝十爲惕隱」。

滌魯，字遵寧。幼養宮中，授小將軍。

重熙初，歷北院宣徽使、右林牙、副點檢，拜惕隱，改西北路招討使，封漆水郡王，請減軍籍三千二百八十人。後以私取回鶻使者獺毛裘，及私取阻卜貢物，事覺，決大杖，削爵免官。俄起爲北院宣徽使。十九年，改烏古敵烈部都詳穩，尋爲東北路詳穩，封混同郡王。

清寧初，徙王鄧，擢拜南府宰相。以年老乞骸骨，更王漢。大康中薨，年八十。

滌魯神情秀徹，聖宗子視之，興宗待以兄禮，雖貴愈謙。初爲都點檢，扈從獵黑嶺，獲熊。上因樂飲，謂滌魯曰：「汝有求乎？」對曰：「臣富貴踰分，不敢他望。惟臣叔先朝優遇，身殁之後，不肖子坐罪籍没，四時之薦享，諸孫中得赦一人以主祭，臣願畢矣。」詔免籍，復其産。子燕五，官至南京步軍都指揮使。

制心，小字可汗奴。〔一〕父德崇，善醫，視人形色，輒決其病，累官至武定軍節度使。〔二〕

制心善調鷹隼。統和中，爲歸化州刺史。〔三〕開泰中，拜上京留守，進漢人行宮都部署，封漆水郡王。〔四〕以皇后外弟，〔五〕恩遇日隆。樞密副使蕭合卓用事，制心奏合卓寡識度，無行檢，上默然。每内宴歡洽，輒避之。皇后不悅曰：「汝不樂耶？」制心對曰：「寵貴鮮能長保，以是爲憂耳！」

太平中，歷中京留守、〔六〕惕隱、南京留守，徙王燕，遷南院大王。或勸制心奉佛，對曰：「吾不知佛法，惟心無私，則近之矣。」一日，沐浴更衣而卧，家人聞絲竹之聲，怪而入視，則已逝矣。年五十三。贈政事令，〔七〕追封陳王。

守上京時，酒禁方嚴，有捕獲私醞者，一飲而盡，笑而不詰。卒之日，部民若哀父母。子三人。女一，適耿延毅。〔八〕

〔一〕全遼文卷六韓椅墓誌銘：「四十萬兵馬都總管兼侍中、南大王、贈政事令陳王諱遂貞，賜名直心……再從兄也。譜係于國姓。」本史卷一五聖宗紀開泰元年七月，「以耶律遂貞爲遼興軍節度使，遂正北院宣徽使」。北院宣徽使得兼節度，遂貞、遂正即同一人。遂貞即直心，亦即制心。開泰六年四月作耶律制心。卷一六聖宗紀開泰八年二月以後並誤作「慸」。索隱卷八引漢書王吉傳注：「慸，古怛字。」

〔二〕按本史卷四七百官志：「翰林祭酒。韓德崇，保寧初爲翰林祭酒。」卷一三聖宗紀統和十二年五月，「武定軍節度使韓德冲秩滿，其民請留，從之」。

〔三〕長編景德四年（統和二十五年）十二月，「契丹遣使耶律信寧、副使……右威衛大將軍耶律遂正來賀明年正旦」。遂正即遂貞諱改，制心爲賜名。

〔四〕按本史卷一五聖宗紀開泰六年四月，「以樞密使漆水郡王耶律制心權知諸行宫都部署事」。

〔五〕全遼文卷六耿延毅墓誌銘：「燕京留守尚父秦王（韓匡嗣）季女，累贈陳國太夫人耶律氏，乃妣也……齊天章德皇后，乃姨兄妹也。」齊天皇后之母爲韓匡嗣女，延毅與齊天皇后爲姨兄妹，制心亦爲齊天皇后兄弟行。故稱皇后外弟。

〔六〕按本史卷一六聖宗紀開泰八年二月，「以前南院樞密使韓制心爲中京留守」。非太平中。十二月，「以韓制心爲惕隱」。九年十一月，「以漆水郡王韓制心爲南京留守」。

〔七〕按本史卷一六聖宗紀：「太平四年六月，南院大王韓制心薨。十一月，追封南院大王韓制心爲陳王。」

〔八〕以上九字新增。全遼文卷五耿延毅妻耶律氏墓誌銘：「夫人耶律氏，本姓韓，自諸父大丞相、晉國公、尚書令文中王，寅亮累朝，操執八柄。故賜耶律氏，與國同姓焉。曾祖諱知古，彰武軍節度使、太師同中書令。王父諱匡嗣，西南面招討使、晉昌軍節度使、尚父秦王，贈尚書。烈考諱德冲，武定軍節度使、檢校太師、同政事門下平章事，贈侍中。妣宋國太夫人蕭氏。夫人則宋國太夫人之所長嫡也，宣徽太尉之賢姊也。統和二十五年内授漆水郡君，統和二十九年，加授漆水郡夫人。」

卷六耿知新墓誌銘：「皇祖諱紹紀。燕京留守尚父秦王（韓匡嗣）季女，累贈陳國太夫人耶律氏兒，乃祖母也。惟誕一子，諱延毅，齊天皇后之姨兄，乃考也。封漆水郡夫人耶律氏兒，乃慈母也。大横帳燕京留守燕王，移鎮南王，累贈陳國王，乃外祖父也。封陳國迪邏免夫人，乃外祖母也。左千牛衛小將軍，乃孟舅也。崇德宮漢兒渤海都部署、銀青崇禄大夫、檢校司空，乃仲舅也。帥府將軍，乃季舅也。」卷六韓橁墓誌銘：「其餘戚屬族人，拜使相者七，任宣猷者九，持節旄，綰符印，宿衛交戟，入侍納陛者，實倍百人。」檢本史卷一六聖宗紀太平二年七月，「以耶律遂忠爲長寧軍節度使」。卷一七聖宗紀太平七年十二月，「遣耶律遂英充賀宋太后生辰使」。長編仁宗天聖六年十二月作「保安軍節度使耶律遂英」。遂忠遂英似是遂貞兄弟行。

耶律勃古哲，字蒲奴隱，〔一〕六院夷離菫蒲古只之後。勇悍，善治生。保寧中，爲天德軍節度使，歷南京侍衛馬步軍都指揮使。以討平党項羌阿理撒米、僕里鼈米，遷南院大王。〔二〕

聖宗即位，太后稱制，會羣臣議軍國事，勃古哲上疏陳便宜數事，稱旨，即日兼領山西路諸州事。統和四年，宋將曹彬等侵燕，勃古哲擊之甚力，賜輸忠保節致主功臣，總知山

西五州。〔三〕

會有告勃古哲曲法虐民者，按之有狀，以大杖決之。〔四〕八年，爲南京統軍使，卒。子爻里，官至詳穩。

〔一〕按勃古哲，本卷傳論作勃古；蒲奴隱，本史卷一〇聖宗紀統和元年正月作普奴寧，五月及卷一一聖宗紀統和四年四月並作蒲奴寧。

〔二〕勃古哲先任南院大王，休哥任北院大王。本史卷一〇聖宗紀乾亨四年十月，以南院大王勃古哲總領山西諸州；北院大王休哥爲南面行營都統。既而休哥任南京留守，勃古哲遂任北院大王。

〔三〕本史卷一一聖宗紀統和四年八月丁酉朔，「以北大王蒲奴寧爲山後五州都管」。山西即山後。

〔四〕本史卷一一聖宗紀統和四年十月，「北大王帳郎君曷葛只里言本府王蒲奴寧十七罪，詔橫帳太保覈國底鞫之。蒲奴寧伏其罪十一，笞二十釋之。曷葛只里亦伏誣告六事，命詳酌罪之。十一月，詔以北大王蒲奴寧居奉聖州，山西五州公事，並聽與節度使蒲打里共裁決之」。

武白，不知何郡人。爲宋國子博士，差知相州，至通利軍，〔一〕爲我軍所俘。詔授上京國子博士。改臨潢縣令，遷廣德軍節度副使。

先是，有訟宰相劉慎行與子婦姚氏私者，有司出其罪。聖宗詔白鞫之，白正其事。使高麗還，〔二〕權中京留守。時慎行諸子皆處權要，以白斷百姓分籍事不直，坐左遷。未幾，遷尚書左丞，知樞密事，拜遼興軍節度使。致仕，卒。

〔一〕按本史卷一四聖宗紀統和二十二年十一月乙亥，「攻破通利軍」。

〔二〕高麗原作新羅，按高麗史卷五白奉使在顯宗十四年，即遼太平三年。

耶律虎古，字海鄰，六院夷離菫覲烈〔一〕之孫。少穎悟，重然諾。保寧初，補御琖郎君。十年，使宋還，〔二〕以宋取河東之意聞于上。燕王韓匡嗣曰：「何以知之？」虎古曰：「諸僭號之國，宋皆併收，惟河東未下。今宋講武習戰，意必在漢。」匡嗣力沮，乃止。明年，宋果伐漢。帝以虎古能料事，器之，乃曰：「吾與匡嗣慮不及此。」授涿州刺史。

統和初，皇太后稱制，召赴京師。與韓德讓以事相忤，德讓怒，取護衛所執戎仗擊其腦，卒。子磨魯古。

磨魯古，字遥隱，有智識，善射。統和初，拜南面林牙。四年，[三]宋侵燕，太后親征。磨魯古爲前鋒，手中流矢，拔而復進。太后既至，磨魯古以創不能戰，與北府宰相蕭繼先巡邏境上。累遷北院大王。六年，伐宋爲先鋒，[四]與耶律奴瓜破其將李忠吉于定州。[五]以疾卒于軍。[六]

論曰：德讓在統和間，位兼將相，其克敵制勝，進賢輔國，功業茂矣。至賜姓名，王齊、晉，抑有寵於太后而致然歟？宗族如德威平党項，滌魯完宗祀，制心不苟合，家聲益振，豈無所自哉！若勃古之忠，陽阿之孝，[七]武白之直，亦彬彬乎一代之良臣矣。

〔一〕覿烈，本史卷七五有傳。

〔二〕長編：「太平興國三年（遼保寧十年）十月癸丑朔作「太僕卿耶律諧里來賀乾明節」。諧里即海鄰歧譯。

〔三〕按磨魯古又作謀魯姑。本史卷一一聖宗紀統和四年正月，「林牙耶律謀魯姑上東征俘獲，賜詔獎諭。壬午，樞密使斜軫林牙勤德、謀魯姑等克女直還軍，遣近侍泥里吉詔旌其功，仍執手撫諭，賜酒果勞之」。

〔四〕六年原誤七年。據本史卷一二聖宗紀統和六年九月及卷八五耶律奴瓜傳改。

〔五〕索隱卷八：「案續通志遼統和七年、宋端拱二年，宋史、通鑑皆不載此事。今考是年長編有『定州路都部署李繼隆、副都部署孔守正與鎮州副都部署范廷召、北面緣邊都巡檢尹繼倫敗契丹事。』」蓋互有勝負，遂各以捷聞。若七年爲六年之誤，則本史卷八五耶律奴瓜傳有：「六年，再舉，將先鋒軍，敗宋游兵于定州。」

〔六〕本史卷一三聖宗紀：「統和八年六月，以北面林牙磨魯古爲北院大王。」

〔七〕參見本書卷九九蕭陽阿傳，因該傳在本書中已由本卷移入卷九九。

〔補〕康昭裔原名保裔，〔一〕河南洛陽人，祖志忠，後唐長興中，討王都戰歿。父再遇，宋初爲龍捷指揮使，從征李筠，死於兵。

昭裔在周，屢立戰功，爲東班押班，及再遇戰歿，遂以昭裔代父職，從石守信破澤州。明年，攻河東之廣陽，獲千餘人。保寧（宋開寶）中，曾從宋將破遼兵於石嶺關。後領彰國軍節度，出爲并、代都部署，徙知天雄軍，并、代列狀請留，宋廷下詔褒之，復爲高陽關都部署。

統和十七年，承天太后統兵南下，宋兵迎戰於河間，昭裔選精鋭赴之，會暮，約詰旦合戰。遲明，遼兵圍之數重，左右勸易甲馳突以出，昭裔曰：「臨難無苟免。」遂決戰二日，殺傷甚衆，蹴踐塵深二尺，兵盡矢絶，遂被俘。〔二〕十九年六月，以昭裔爲昭順軍節度使。參紀

〔一〕遼宋高陽關之戰，宋將康保裔戰敗未還，宋方風傳被擒、陣亡兩説，疑不能定。宋廷「密詔（夏）守贇往察之，守贇變服入營中，廉問得狀，還奏稱旨。（即肯定爲戰死。）詔恤保裔家」。見宋史卷二九〇夏守贇傳。宋方公私文獻如長編、東都事畧卷三四、老學庵筆記俱云戰殁。實保裔被執，宋人亦有知之者，見宋史卷四四一路振祭戰馬文。宋史列保裔於忠義傳之首。保裔子繼英官貴州團練使時，曾爲立廟於貴州。康保裔廟又記於田雯黔書卷三。畢沅續通鑑考異咸平三年正月云：「昭裔即保裔，名氏小異，遼史多如此。」陳漢章撰康保裔降遼辨以駁畢説，謂「東都事畧、續通鑑、長編并同宋史無異詞，遼史之康昭裔，蓋爲保裔兄弟行同俘者耳。」又曰：「君子成人之美，小人反是。」見綴學堂初稿卷二。從陳漢章説者或謂遼史爲孤文單證。不知：一、祭戰馬文即見宋史，爲一書並存兩説。二、宋無康昭裔其人，更無昭裔爲將。三、保裔，遼人諱保改昭。四、馮從順墓誌出，此案已大白。

陳黄中宋史稿糾宋史之失，即舉康保裔戰敗降遼官節度使。宋史列忠義傳之首，益見其誤謬

失檢。

〔二〕按本史卷一四聖宗紀統和十七年十月，「次瀛州，與宋軍戰，擒其將康昭裔、宋順，獲兵仗、器甲無算」。長編、皇宋十朝綱要、稽古録並記此役於咸平三年（統和十八年）正月，殆據呈報時間。長編：「咸平三年正月甲申，先是范廷召自中山分兵擊敵，求援於高陽關都部署、馬軍都虞候、彰國軍節度使康保裔，保裔即領兵赴之，至瀛州西南裴村。而廷召後陣已與敵遇。使來趣兵，保裔選精鋭與之。會日暮，約以詰旦合戰。及夕，廷召潛師以遁。（原注：實録於保裔傳載廷召潛師以遁及傳潛事，又云廷召與敵血戰，前後差違。今但從保裔傳。）保裔不之覺，遲明，敵騎圍之數重，左右請易甲而逃。保裔曰：『臨難無苟免，此吾效死之日矣。』遂大呼『決戰』！凡數十合，兵盡矢窮，士卒以勁弩擊敵，殺傷甚衆，所蹙踏塵深二尺，而救兵不至，保裔没焉。上既聞保裔死，其部曲畏誅，聲言保裔投賊。密詔駕前走馬承受榆次夏守贇察之。守贇變服入軍中廉問，既得其實，於是優詔贈侍中，以其子寄班供奉官繼英爲六宅使、順州刺史，餘三子及孫，悉加寵秩。」

全遼文卷六馮從順墓誌銘：「（從順）遂與瀛州兵馬都統康保裔同驅軍旅，來禦王師。十萬兵潰而見擒，一千載聖而合契。遂卜入燕之計，始堅事漢之心。」此言遇擒降遼，雖主要指從順，保裔既同被擒，亦應包括在内。墓誌中郝德壽、王仁贇亦似有共同遭遇者。

〔補〕馮從順，〔一〕字德柔，信都人，仕宋。統和十七年南北失和，承天太后率師南下，直趨澶淵。從順以宋將與瀛州兵馬都統康保裔〔二〕統兵來禦，戰敗被擒，遂降遼。聖宗置之左右，迭任要職。恒扈從太后、聖宗，與顯陵節度使郝德壽、楚州節度使王仁贇並受寵榮。歷官自西頭供奉至頒給副使、頒給、武德、皇城等使，兩任知内承宣事，中、上兩京内省使，延州〔三〕觀察使，敦睦宫漢兒、渤海都部署，歸義軍節度管内觀察處置等使，上京户部使；階自銀青至金紫；勳自武騎至上柱國；散官自國子祭酒、工部尚書至司空、太傅、太尉；爵自男至開國侯；封至一千户、實封一百户。從順在公廉直，臨事機智，得朝廷信任。太平三年以疾卒〔五〕於上京公署，年五十七。於太平三年十月〔六〕葬於中京東郊别墅，子知玄。

參馮從順墓誌銘

〔一〕按本史卷一四聖宗紀統和十七年十月作宋順。

〔二〕宋史作康保裔，本史避保作昭裔，本卷有補傳。

〔三〕本史地理志無延州。

〔四〕全遼文卷六馮從順墓誌銘題：「大契丹國故上京户部使、歸義軍節度管内觀察處置等使、金紫崇禄大夫、檢校太尉、使持節沙州諸軍事、沙州刺史兼御史大夫、上柱國、信都郡開國侯、食邑一千户、食實封一百户馮公墓誌銘並序。」

〔五〕墓誌作「太平三年□月十五日寢疾」。

〔六〕墓誌作「太平三年，歲次癸亥，十月辛酉朔，十三日癸酉甲時葬」。

〔補〕李知順，原籍并、汾，長於汴、洛，仕於宋朝。統和間，遼兵攻宋，知順被俘而北，遠詣行闕之下。承天皇太后服而捨之，略加體察。聖宗見之並委任職事。統和二十四年，擢任西頭供奉官。未及一年，續授中京宮苑副使。知順忠勤奉職，頗諳星歲。開泰初，授頒給大使。適高麗叛擾，知順受命領軍直抵雞林，臨鴨渌江，斷舡橋，破車陣。高麗尋時納款輸誠。特加頒給庫使。開泰五年，改授金紫崇禄大夫、檢校太保、千牛衛大將軍、知内承宣事兼御史大夫上柱國、隴西縣開國伯、食邑七百户。七年，就拜中京内省使、知宮苑司事，只於舊地，不革本官，加食邑九百户、檢校太傅，並遥領揚州節度使，官踰三品。

參李知順墓誌

知順卒于太平八年，〔一〕年五十四，夫人即皇甫殿直之女。子希言，娶妻趙氏，有孫二人，長曰張五，次曰十一。

〔一〕全遼文卷六李知順墓誌：「以太平八年五月二十九日，薨於中京貴德坊之私第。當年八月二十二日，葬於中京東南地約三十（里）之塋。」

遼史補注卷八十三

列傳第十三

耶律休哥 馬哥　耶律斜軫　耶律奚低

耶律學古 烏不吕　〔補〕梁文規 廷嗣

耶律休哥，字遜寧。祖釋魯，隋國王。父綰思，南院夷離堇。休哥少有公輔器。初烏古、室韋二部叛，休哥從北府宰相蕭幹討之。應曆末，爲惕隱。

乾亨元年，宋侵燕，北院大王奚底、統軍使蕭討古等敗績，南京被圍。帝命休哥代奚底，將五院軍往救。遇大敵于高梁河，與耶律斜軫分左右翼，擊敗之。追殺三十餘里，斬首萬餘級，休哥被三創。明旦，宋主遁去，〔一〕休哥以創不能騎，輕車追至涿州，不及而還。

是年冬，〔二〕上命韓匡嗣、耶律沙伐宋，以報圍城之役。休哥率本部兵從匡嗣等戰于滿城。翌日將復戰，宋人請降，匡嗣信之。休哥曰：「彼衆整而鋭，必不肯屈，乃誘我耳。宜嚴兵以待。」匡嗣不聽。休哥引兵憑高而視，須臾南兵大至，鼓譟疾馳。匡嗣倉卒不知所

爲，士卒棄旗鼓而走，遂敗績。休哥整兵進擊，敵乃却。詔總南面戍兵，爲北院大王。〔三〕

明年，車駕親征，〔四〕圍瓦橋關。宋兵來救，守將張師突圍出。帝親督戰，休哥斬師，餘衆退走入城。宋陣于水南。將戰，帝以休哥馬介獨黄，慮爲敵所識，乃賜玄甲、白馬易之。休哥率精騎渡水，擊敗之，追至莫州。横屍滿道，靫矢俱罄，生獲數將以獻。帝悦，賜御馬、金盂，勞之曰：「爾勇過于名，若人人如卿，何憂不克？」師還，拜于越。

聖宗即位，太后稱制，令休哥總南面軍務，以便宜從事。休哥均戍兵，立更休法，勸農桑，修武備，邊境大治。〔五〕統和四年，宋復來侵，其將范密、楊繼業出雲州；〔六〕曹彬、米信出雄、易，取岐溝、涿州，陷固安，置屯。時北南院、奚部兵未至，休哥力寡，不敢出戰。夜以輕騎出兩軍間，殺其單弱以脅餘衆；晝則以精鋭張其勢，使彼勞於防禦，以疲其力。又設伏林莽，絶其糧道。曹彬等以糧運不繼，退保白溝。月餘，復至。休哥以輕兵薄之，伺彼蓐食，擊其離伍單出者，且戰且却。由是南軍自救不暇，結方陣，塹地兩邊而行。軍渴乏井，漉淖而飲，凡四日始達于涿。聞太后軍至，彬等冒雨而遁。太后益以鋭卒，追及之。彼力窮，環糧車自衛，休哥圍之。至夜，彬、信以數騎亡去，餘衆悉潰。〔七〕追至易州東，聞宋師尚有數萬，瀕沙河而爨，促兵往擊之。宋師望塵奔竄，墮岸相蹂死者過半，沙河爲之不流。太后旋旆，休哥收宋屍爲京觀。封宋國王。

又上言，可乘宋弱，畧地至河爲界。書奏，不納。及太后南征，休哥爲先鋒，敗宋兵於望都。時宋將劉廷讓以數萬騎並海而出，約與李敬源合兵，聲言取燕。休哥聞之，先以兵扼其要地。會太后軍至，接戰，殺敬源，廷讓走瀛州。七年，宋遣劉廷讓等乘暑潦來攻易州，諸將憚之；獨休哥率鋭卒逆擊于沙河之北，殺傷數萬，獲輜重不可計，獻于朝。〔八〕太后嘉其功，詔免拜、不名。〔九〕自是宋不敢北向。時宋人欲止兒啼，乃曰：「于越至矣！」

休哥以燕民疲弊，省賦役，恤孤寡，戒戍兵無犯宋境，雖馬牛逸于北者悉還之。遠近向化，邊鄙以安。十六年，薨。〔一〇〕是夕，雨木冰。聖宗詔立祠南京。

休哥智畧宏遠，料敵如神。每戰勝，讓功諸將，故士卒樂爲之用。身更百戰，未嘗殺一無辜。二子：高八，官至節度使；高十，終于越。〔一一〕孫馬哥。

馬哥，字訛特懶。興宗時，以散職入見，上問：「卿奉佛乎？」對曰：「臣每旦誦太祖、太宗及先臣遺訓，未暇奉佛。」帝悦。

清寧中，遷唐古部節度使。咸雍中，累遷匡義軍節度使。大康初，致仕，卒。

〔一〕按本史卷九景宗紀乾亨元年七月，「（耶律）沙等及宋兵戰于高粱河，少却。休哥、斜軫橫擊，大敗之。宋主僅以身免，至涿州，竊乘驢車遁去」。

長編：「太平興國四年（乾亨元年）七月甲申，『上以幽州城踰旬不下，士卒疲頓，轉輸回遠，復恐契丹來救，遂詔班師。車駕夕發，命諸將整軍徐還。』江休復雜志補遺：『太宗自并幸幽，乘敵無備，契丹主方獵，遁歸牙帳，議棄燕、薊，以兵守松亭、虎北口而已。于越時爲舍利郎君，契丹國中親近無職事呼爲舍利郎君，請兵十萬救幽州，并西方薄幽陵，人夾持兩炬，朝舉兩旂，選精騎三萬，夜從他道自官軍南席捲而北，又先以弱兵五千守幽州，望風遁去，我師遏之不得去，遂堅守。及我師已退，或勸襲之，于越曰：『受命救幽、薊，已得之矣。』遂不甚争利。」

續通鑑太平興國四年七月於「輕車追至涿州」下有「獲兵仗、符印、糧饋、貨幣不可勝計」。

又續通鑑考異曾辨正契丹國志于越不復進之説。

續通鑑太平興國四年七月，「遼耶律沙以援師至，戰於高梁河，宋師擊之，沙敗走，會薄暮，休哥自間道馳至，人持兩炬，宋師不測其多寡，有懼色，休哥與斜軫合軍」。

聞見近録：「太宗皇帝自并門乘勝直趨幽燕，虜空山後遯，有赦例郎君于越者，請得五千騎以嘗王師，不成，退處未晚，虜從之。乃騎持一幟，由間道邀我歸路，周環往來，晝夜不絶，帝疑救兵大至，宵歸定州，王師多没，至今號其奇兵曰于越軍。」

契丹國志卷六：「乾亨六年（宋太平興國四年）秋七月，（宋）太宗至幽州，攻城，踰旬不下，士卒疲頓，轉輸回遠，又恐遼救兵至，遂退師。先是宋師自并幸幽，乘其無備，帝方獵，急歸牙帳，議棄幽、薊，以兵守松亭北岸口（北岸口當是虎北口）而已。時耶律遜寧號于越，呼爲舍利郎君。（原注：北朝親近無職事者呼爲之。）請兵十萬救幽州，并西山薄幽陵，人夜持兩炬，朝舉兩旗，選精騎三萬，夜從他道自宋軍南席捲而北。遼兵先守幽州者，皆脆兵弱卒，見宋師之盛，望風而遁，又爲宋師所遏，進退無計，反爲堅守。至是，于越救至，宋遂退師。」默記卷中叙神宗與滕元發語及北邊事曰：「太宗自燕京城下軍潰，北人追之，僅得脱，凡行在服御寶器盡爲所奪，從人宮嬪盡陷没，股上中兩箭，歲歲必發，其棄天下竟以箭創發云。」

〔二〕按本史卷九景宗紀：乾亨元年九月命諸將分道以進。宋史卷四太宗紀：太平興國四年九月戰契丹於遂城西，大敗之。續通志卷四一九本傳改冬字爲九月，是。

〔三〕按本史卷九景宗紀乾亨元年十一月「宴賞休哥及有功將校」。二年正月「以惕隱休哥爲北院大王」。

〔四〕「明年」二字原脱，續通志卷四一九本傳增此二字，與本史卷九景宗紀乾亨二年十月合，據補。按景宗紀休哥拜于越在乾亨二年十二月。

〔五〕休哥亦以農戰教民者。

〔六〕羅校：「考宋史、長編諸書，當時宋將無『范密』，疑是潘美之誤。」索隱卷八：「范密，潘美之譯音。」

〔七〕宋史卷二七五尹繼倫傳：「端拱中（統和六、七年），威虜軍糧餽不繼，契丹潛議入寇。上聞，遣李繼隆發鎮、定兵萬餘，護送輜重數千乘，契丹將于越諜知之，率精鋭數萬騎將邀於路，繼倫適領兵巡徼，路與寇直，于越逕趨大軍，過繼倫軍，不顧而去。繼倫謂其麾下曰：『爲今日計，但當卷甲銜枚以躡之。彼鋭氣前趣，不虞我之至。力戰而勝，足以自樹。……』衆皆憤激從命，繼倫令軍中秣馬，俟夜，人將短兵潛躡其後。行數十里，至唐州、徐河間，天未明，于越去大軍四、五里，會食訖將戰，繼隆方陣於前以待，繼倫從後急擊，殺其將皮室一人，皮室者，契丹相也。皮室既擒，衆遂驚潰，于越方食，失箸，爲短兵中其臂，創甚，乘善馬先遁。寇兵隨之大潰，相蹂死者無數，餘黨悉引去，契丹自是不敢窺邊。」

〔八〕宋朝事實卷二〇：「自曹彬失律，諸將多坐黜免。至是上復思宿將劉廷讓、宋偓、張永德、時皆罷節制在環衛，上欲令進擊自效，遂遣廷讓屯雄州，偓屯霸州，永德屯定州。廷讓與敵戰君子館。軍敗，僅以身免，先鋒賀令圖、高陽關部署楊重進没焉。（原注：賀令圖，少謹愿，太宗在藩邸，以隸左右。即位，改綾錦副使，知莫州。雍熙二年，領平州刺史、幽州行營濠寨使。令圖握兵邊郡十餘年，恃藩邸舊恩，每歲入奏，多言邊塞利害及幽、薊可取之狀。上信之，故有岐溝之舉。既而師敗，議者皆咎令圖貪功生事，復輕而無謀。敵將耶律遜寧號于越者使諜紿令圖曰：『我獲罪本國，旦夕欲歸南朝，無路自拔，幸君侯少留意焉。』令圖不虞其詐，自以終獲大功，私遺以重錦十兩。是年十二月，敵將于越率衆入攻，大將劉廷讓與戰於君子館，令圖爲先鋒。敵圍我師數重，于越傳言軍中，願得見雄州賀使君，令圖嘗爲所紿，意其來降，即引麾下百十騎逆之，將至其帳百步外，于越據胡床罵曰：『汝小子，年在乳臭，乃今送死來耳。』命左右盡殺其從騎，反縛令圖。令圖與其父首謀北伐，一歲中，父子皆陷焉。）敵復入深、祈，陷易州，殺戮甚衆，上爲下哀痛之詔。」

〔九〕本史卷一二聖宗紀統和七年三月戊子，「賜于越宋國王紅珠筋線，命入内神帳行再生禮，皇太后賜物甚厚」。即賞此戰功。

〔一〇〕宋會要蕃夷一：「咸平元年（統和十六年），契丹于越王下五寨監使馬守玉與其弟租子寨使守琛、雕翎寨使王知遇等百七十五人挈族來歸。帝召見，因問守玉事于越，月廩幾何？對：『歲給粟百斛，亦虛名耳，暴斂重役，不任其苦。』詔賜衣服銀帶，給田處之。」

〔一一〕按本史卷一四聖宗紀統和二十一年十一月，「故于越耶律休哥之子道士奴、高九等謀叛，伏誅」。

耶律斜軫，字韓隱，于越曷魯之孫。性明敏，不事生産。

保寧元年，樞密使蕭思温薦斜軫有經國才，上曰：「朕知之，第佚蕩，豈可羈屈？」對曰：「外雖佚蕩，中未可量。」乃召問以時政，占對剴切，帝器重之。妻以皇后之姪，命節制西南面諸軍，仍援河東。改南院大王。

乾亨初，宋再攻河東，從耶律沙至白馬嶺遇敵，〔一〕沙等戰不利；斜軫赴之，令麾下萬矢齊發，敵氣褫而退。是年秋，宋下河東，乘勝襲燕，北院大王耶律奚底與蕭討古逆戰，敗績，退屯清河北。斜軫取奚底等青幟軍于得勝口以誘敵，敵果争赴。斜軫出其後，奮擊敗之。及高梁之戰，與耶律休哥分左右翼夾擊，大敗宋軍。

統和初，皇太后稱制，益見委任，爲北院樞密使。〔二〕會宋將曹彬、米信出雄、易，楊繼業出代州。太后親帥師救燕，以斜軫爲山西路兵馬都統。繼業陷山西諸郡，各以兵守，自屯代州。斜軫至定安，遇賀令圖軍，擊破之，追至五臺，斬首數萬級。明日，至蔚州，敵不敢出，斜軫書帛射城上，諭以招慰意。陰聞宋軍來救，令都監耶律題子夜伏兵險阨，俟敵至而發。城守者見救至，突出。斜軫擊其背，二軍俱潰，追至飛狐，斬首二萬餘級，遂取蔚州。賀令圖、潘美復以兵來，斜軫逆于飛狐，擊敗之。宋軍在渾源、應州者，皆棄城走。斜軫聞繼業出兵，令蕭撻凛伏兵于路。明旦，繼業兵至，斜軫擁衆爲戰勢。繼業麾幟而前，斜軫佯退。伏兵發，斜軫進攻，繼業敗走，至狼牙村，衆軍皆潰。繼業爲流矢所中，被擒。斜軫責曰：「汝與我國角勝三十餘年，〔三〕今日何面目相見！」繼業但稱死罪而已。初，繼業在宋以驍勇聞，人號楊無敵，首建梗邊之策。至狼牙村，心惡之，欲避不可得。既擒，三日死。〔四〕

斜軫歸闕，以功加守太保。從太后南伐，卒于軍。〔五〕太后親爲哀臨，仍給葬具。庶子狗兒，官至小將軍。

〔一〕索隱卷八：「案宋史（卷二七五）孔守正傳：『上征太原，會契丹南大王、沙相公來援，守正接戰於石嶺關，契丹敗退，奔過關北，斬首萬餘級。獲僞排陳使王破得。太祖壯之，召令從駕。』今考南大王即斜軫，但與此傳上云乾亨初不合。宋太祖圍太原，乃遼保寧八年也。耶律沙傳云保寧間不誤，沙官南府宰相，故曰相公。」檢本史卷八四耶律沙傳沙與宋交鋒兩次：一在保寧間；一在乾亨初，即白馬嶺之役。斜軫以保寧勝利改南院大王，則孔守正傳所稱南大王，自是乾亨之役。

〔二〕按本史卷一〇聖宗紀統和三年八月，受命爲都統，以兵討女直。

〔三〕宋太平興國四年（九七九）北漢亡，楊繼業始歸宋，雍熙三年（遼統和四年，九八六）被擒身亡。在宋前後七年。角勝三十餘年，無據。

〔四〕按本史卷一一聖宗紀統和四年七月，「繼業至狼牙村，惡其名，不進；左右固請，乃行。遇斜軫，伏四起，中流矢，墮馬被擒。瘡發不食，三日死」。宋史卷二七二楊業傳：「業弱冠事劉崇，累遷至建雄軍節度使，屢立戰功，所向克捷，國人號爲『無敵』。太宗征太原，素聞其名。繼元既降……帝（太宗）以業老於邊事，復遷代州兼三交駐泊兵馬都部署。會契丹入雁門，業領麾下數千騎自西陘而出，由小徑至雁門北口，南嚮背擊之，契丹大敗，以功遷雲州觀察使。雍熙三年（統和四年），大兵北征，以忠武軍節度使潘美爲雲、應路行營都部署，命業副之。以西上閤門使、蔚州刺史王侁，軍器庫使、順州團練使劉文裕護其軍。諸軍連拔雲、應、寰、朔四州，師次桑乾河，會曹彬之師不利，諸路班師。美等歸代州。未幾，詔遷四州之民於内地。令美等以所部之兵護之。時契丹國母蕭氏與其大臣耶律漢寧、南、北皮室及五押、惕隱領衆十餘萬，復陷寰州。」侁令業趨雁門北川，業以爲必敗，不可。侁逼之行。「（業）因指陳家谷口曰：『諸君於此張步弓强弩，爲左右翼以援。』美即與侁領麾下兵陳於谷口，自寅至巳，侁使人登托邏臺望之，以爲契丹敗走，欲争其功。即領兵離谷口，美不能制，乃緣交河西南行二十里。俄聞業敗，即麾兵却走。業力戰自午至暮，果至谷口，望見無人，即拊膺大慟，再率帳下士力戰，身被數十創，士卒殆盡，業猶手刃數十百人。馬重傷不能進，遂爲契丹所擒。其子延玉亦歿焉。業因太息曰：『上遇我厚，期討賊捍邊以報，而反爲奸臣所迫，致王師敗績。何面目求活耶。』乃不食，三日死。」繼業雖因傷被擒，但仍以死報國。或謂稱「死罪」即乞降，顯係誤解。契丹國志卷七云：「乃不食，三日而死，其麾下尚百餘人，業慰遣之，皆感泣不肯去。遂俱死，無生還者。」

〔五〕按本史卷一一聖宗紀加守太保在統和四年八月。據卷一四聖宗紀從太后用兵卒於軍，在統和十七年九月。

耶律奚低，孟父楚國王之後。便弓馬，勇於攻戰。景宗時，多任以軍事。〔一〕

統和四年，爲右皮室詳穩。時宋將楊繼業陷山西郡縣，奚低從樞密使斜軫討之。凡戰必以身先，矢無虚發。繼業敗于朔州之南，匿深林中。奚低望袍影而射，繼業墮馬。先是，軍令須生擒繼業，奚低以故不能爲功。〔二〕後太后南伐，屢有戰績。〔三〕以病卒。

〔一〕按本史卷九景宗紀：「乾亨元年三月，詔北院大王奚底、乙室王撒合等以兵戍燕。六月，宋主來侵，北院大王奚底、統軍使蕭討古、乙室王撒合擊之，戰于沙河，失利。八月，以白馬（嶺）之役責沙、抹只；奚底遇敵而退，以劍背擊之。」

〔二〕斜軫傳稱斜軫責繼業以何面目相見，繼業但稱死罪而已。死罪僅指被擒，謂已在敵手，不肯貪生，正與三日不食相一致。或謂但稱死罪即乞降，不僅毫無根據，實未解上下文義。此云軍令生擒繼業，奚低因繼業之死未立功，亦證繼業無乞降之意。假若有乞降之意，焉能三日不食。

〔三〕太后南伐，指統和二十一年之役。

耶律學古，字乙辛隱，于越洼之庶孫。穎悟好學，工譯鞮及詩。保寧中，補御盞郎君。

乾亨元年，宋既下河東，乘勝侵燕，學古受詔往援。始至京，宋敗耶律奚底、蕭討古等，勢益張，圍城三周，穴地而進，城中民懷二心。學古以計安反側，隨宜備禦，晝夜不少懈。適有敵三百餘人夜登城，學古戰却之。會援軍至，圍遂解。學古開門列陣，四面鳴鼓，居民大呼，聲震天地。旋有高梁之捷。以功遥授保静軍節度使，爲南京馬步軍都指揮使。

二年，伐宋，乞將漢軍，從之，改彰國軍節度使。時南境未静，民思休息，學古禁寇掠以安之。會宋將潘美率兵分道來侵，學古以軍少，虛張旗幟，雜丁黄〔一〕爲疑兵。是夜，適獨虎峪舉烽火，遣人偵視，見敵俘掠村野，擊之，悉獲所掠物，擒其將領。自是學古與潘美各守邊約，無相侵軼，民獲安業。以功爲惕隱，卒。弟烏不吕。

〔一〕按舊唐書卷四八食貨志：「男女始生者爲黄，四歲爲小，十六爲中，二十一爲丁。」日知録卷三二云：「唐制：人始生爲黄。……遼史耶律學古傳：『雜丁黄爲疑軍。』蓋中小皆雜用之，而史文代以『黄』字，黄者四歲以下，何得雜之兵間耶？」

烏不吕，〔二〕字留隱。嚴重。有膂力，善屬文。統和中伐宋，屢任以軍事。

嘗與爻直不相能，因曰：「爾奴才，何所知？」爻直訟于北院樞密使韓德讓。德讓怒，問曰：「爾安得此奴耶？」烏不呂對曰：「三父異籍時亦易得。」德讓笑而釋之。

後從蕭恒德伐蒲盧毛朵部，以功爲東路統軍都監。及德讓爲大丞相，薦其材可任統軍使，太后曰：「烏不呂嘗不遜于卿，何善而薦？」德讓奏曰：「臣忝相位，於臣猶不屈，況於其餘。以此知可用。若任使之，必能鎮撫諸蕃。」太后從之，加金紫崇禄大夫、檢校太尉。

而弟國留以罪亡，烏不呂及其母俱下吏。恐禍及母，陰使人召國留，紿曰：「太后知事之誣，汝第來勿畏。」國留至，送有司，坐誅。其後，退歸田里，以疾卒。

論曰：宋乘下太原之鋭，以師圍燕，繼遣曹彬、楊繼業等分道來伐。是兩役也，遼亦岌岌乎殆哉！休哥奮擊于高梁，敵兵奔潰；斜軫擒繼業于朔州，旋復故地。宋自是不復深入，社稷固而邊境寧，雖配古名將，無愧矣。然非學古之在南京安其反側，則二將之功，蓋亦難致。故曰，國以人重，信哉。

〔一〕本史卷六六皇族表作烏古不。

〔補〕梁文規，字德仁，祖籍定州。官至吏部尚書，以太子太保致仕，寓居燕臺。天顯中，太宗統兵至燕，得獲謁見，隸宫籍，授幽州軍都指揮，寵錫甚厚。歷世宗、穆宗朝，累功遷防禦使。有二子：次曰廷嗣。

廷嗣，初宰范陽縣，景宗即位，因龍潛之舊，詔以養母孟氏爲之妻，并以大水濼之側地四十里，契丹人凡七户皆賜之。特授貴德州節度副使。廷嗣嘗以穆宗所賜衣帶、寶玉、器幣價值鉅萬者進獻，及奏對稱旨，授寧遠軍節度使，恩賚甚厚。因奏乞醫巫閭山之近地，永爲别業。上嘉其内徙，命即賜之。詔奉先軍節度使崔匡道爲營墓地。以監周峪爲塋所，仍用居民三十户租賦贍給之。且以高陽舊塋，時有水害，因遷葬於新地，其諸近屬，仍隸故鄉。

廷嗣有三子。季曰延敬，内供奉班祇候，有德望，娶荆王女耶律氏，聯姻皇族，生子仲方，官至宥州刺史。仲方子援，仕道宗朝。〔一〕

參梁援墓誌

〔一〕本書卷九八另有補傳。

遼史補注卷八十四

列傳第十四

耶律沙　耶律抹只　蕭幹 討古　耶律善補　耶律海里

耶律沙，字安隱。其先嘗相遥輦氏。應曆間，累官南府宰相。〔一〕景宗即位，總領南面邊事。保寧間，宋攻河東，沙將兵救之，有功，加守太保。

乾亨初，宋復北侵，沙將兵由間道至白馬嶺，阻大澗遇敵。沙與諸將欲待後軍至而戰，冀王敵烈、監軍耶律抹只等以爲急擊之便，沙不能奪。敵烈等以先鋒渡澗，未半，爲宋人所擊，兵潰。敵烈及其子蛙哥、沙之子德里、令穩都敏、詳穩唐筈等五將俱没。〔二〕會北院大王耶律斜軫兵至，萬矢俱發，敵軍始退。

沙將趨太原，會漢駙馬都尉盧俊來奔，言太原已陷，遂勒兵還。宋乘鋭侵燕，沙與戰于高梁河，稍却；遇耶律休哥及斜軫等邀擊，敗宋軍。宋主宵遁，至涿州，微服乘驢車，間道而走。上以功釋前過。

是年，復從韓匡嗣伐宋，敗績，帝欲誅之，以皇后營救得免。睿智皇后稱制，召賜几杖，以優其老。復從伐宋，敗劉廷讓、李敬源之軍，賜賚優渥。統和六年卒。

〔一〕本史卷八景宗紀保寧八年九月，以南府宰相受命援北漢。又卷九景宗紀乾亨元年二月，以南府宰相爲都統，援漢。

〔二〕長編：「太平興國四年（乾亨元年）三月，郭進言：『契丹數萬騎入侵，大破之石嶺關南。』於是北漢援絶，北漢主復遣使間道齎蠟書走契丹告急，進捕得之，徇於城下，城中氣始奪矣。」

耶律抹只，〔一〕字留隱，仲父隋國王之後。初以皇族入侍。景宗即位，爲林牙，以幹給稱。保寧間，遷樞密副使。乾亨元年春，〔二〕宋攻河東，南府宰相耶律沙爲都統，將兵往援，抹只監其軍。及白馬嶺之敗，僅以身免。宋乘鋭攻燕，將奚兵詡休哥擊敗之。上以功釋前過。是年冬，〔三〕從都統韓匡嗣伐宋，戰于滿城，爲宋將所給，諸軍奔潰；獨抹只部伍不亂，徐整旗鼓而歸。璽書褒諭，改南海軍節度使。乾亨二年，拜樞密副使。

統和初，爲東京留守。宋將曹彬、米信等侵邊，抹只引兵至南京，先繕守禦備。及車駕臨幸，抹只與耶律休哥逆戰于涿之東，克之，遷開遠軍節度使。〔四〕故事，州民歲輸税，斗粟折錢五，抹只表請折錢六，部民便之。統和末卒。

〔一〕耶律抹只按本史卷一〇聖宗紀統和元年四月作耶律末只。

〔二〕「乾亨元年春」五字原缺，據本史卷九景宗紀乾亨元年二月及卷八三耶律休哥傳、卷八四耶律沙傳補。

〔三〕「是年冬」三字，原誤作「十一年」。據本史卷九景宗紀乾亨元年十月及卷八三耶律休哥傳、卷八四耶律沙傳改。

〔四〕按本史卷一二聖宗紀統和六年七月，「加東京留守兼侍中漆水郡王耶律抹只爲大同軍節度使。八月，大同軍節度使耶律抹只奏今歲霜旱乏食，乞增價折粟，以利貧民」。檢大同軍爲雲州，開遠軍繫雲内州。

蕭幹，小字項烈，〔一〕字婆典，北府宰相敵魯之子。性質直。

初，察割之亂，其黨胡古只與幹善，使人召之。幹曰：「吾豈能從逆臣！」縛其人送壽安王。賊平，上嘉其忠，拜羣牧都林牙。復以伐烏古功，遷北府宰相，改突呂不部節度使。乾亨初，宋伐河東，乘勝侵燕，詔斡拒之，戰于高梁河。耶律沙退走，斡與耶律休哥等併力戰敗之，上手敕慰勞。自是每征伐必參決軍事。加政事令。二年，宋兵圍瓦橋，夜襲我營，斡及耶律勻骨戰却之。

時皇后以父呼斡。〔二〕及后爲皇太后稱制，斡數條奏便宜，多見聽用。統和四年卒。〔三〕姪討古。

討古，字括寧，性忠簡。

應曆初，始入侍。會冀王敵烈、宣徽使海思謀反，討古與耶律阿列密告於上，上嘉其忠，詔尚朴謹公主。〔四〕保寧末，爲南京統軍使。

乾亨初，宋侵燕，討古與北院大王奚底拒之，不克，軍潰。討古等不敢復戰，退屯清河。帝聞其敗，遣使責之曰：「卿等不嚴偵候，用兵無法，遇敵即敗，奚以將爲！」討古懼。頃之，援兵至，討古奮力以敗宋軍。上釋其罪，降爲南京侍衛親軍都指揮使。四年卒。

〔一〕「項烈」，從殿本。百衲本作「項烈」，大典卷四八〇引作「瑱烈」。

〔二〕按本史卷七一睿智皇后傳，后父思温，斡與皇后爲叔姪行。

〔三〕按此僅著侄討古。或因兄翰已入本史卷一一三逆臣傳。

〔四〕朴謹公主不見本史卷六五公主表。續通志卷四一九云：「蓋皇族女。」

耶律善補，字瑶昇，孟父楚國王之後。純謹有才智。

景宗即位，授千牛衞大將軍，遷大同軍節度使。及伐宋，韓匡嗣與耶律沙將兵由東路進，善補以南京統軍使由西路進。善補聞匡嗣失利，斂兵還。乾亨末，與宋軍戰于滿城，爲伏兵所圍，斜軫救之獲免。以失備，大杖決之。

統和初，爲惕隱、南京留守。〔一〕會宋來侵，善補爲都元帥逆之，不敢戰，故嶺西州郡多陷，罷惕隱。〔二〕以其叔安端有匡輔世宗功，〔三〕上愍之，征善補爲南府宰相，遷南院大王。〔四〕

會再舉伐宋，欲攻魏府，召衆集議。將士以魏城無備，皆言可攻。善補曰：「攻固易，然城大叵量，若克其城，士卒貪俘掠，勢必不可遏。且傍多巨鎮，各出援兵，内有重敵，何以當之？」上乃止。

善補性懦，守静。凡征討，憚攻戰，急還，以故戰多不利。年七十四卒。

〔一〕按本史卷一〇聖宗紀統和元年二月，「南京統軍使耶律善補奏宋邊七十餘村來附，詔撫存之」。

〔二〕按本史卷一一聖宗紀統和四年八月，「惕隱瑶昇等以聞敵逃遁奪官」。

〔三〕按即耶律安摶，本史卷七七有傳，與偉王安端爲二人同名。

〔四〕本史卷一四聖宗紀統和二十二年十一月，「南院大王善補奏宋遣人遺王繼忠弓矢，密請求和。詔繼忠與使會，許和」。

耶律海里，字留隱，漢名景。〔一〕令穩拔里得之長子。〔二〕察割之亂，其母的魯與焉。遣人召海里，海里拒之。亂平，的魯以子故獲免。

海里儉素，不喜聲利，以射獵自娱。雖居閑，人敬之若貴官然。保寧初，拜彰國軍節度使，遷惕隱。秩滿，稱疾不仕。久之，復爲南院大王。〔三〕及曹彬、米信等來侵，海里有却敵功，賜資忠保義匡國功臣。

帝屢親征，海里在南院十餘年，鎮以寬静，户口增給，時議重之。封漆水郡王，遷上京

留守，〔四〕薨。詔以家貧給葬具。子寧，孫昌允，曾孫佶、特里德。〔五〕

論曰：當高梁、朔州之捷，偏裨之將如沙與抹只，既因休哥、斜軫類見其功，所謂失之東隅，收之桑榆。若蕭斡、海里拒察割之招，討古告海里之變，則不止有戰功而已。其視善補畏懦，豈不優哉。

〔一〕以上三字，據注〔四〕增補。景，耶律興公撰創建靜安寺碑銘作璟，參注〔五〕。

〔二〕拔里得，「拔」原誤「援」。據本史卷七六本傳及大典卷四八〇改。

〔三〕海里任南院大王，在勃古哲之後。

〔四〕按本史卷一三聖宗紀統和十二年正月，「以南院大王耶律景爲上京留守，封漆水郡王」。景即海里。

〔五〕以上十一字，據全遼文卷八耶律興公咸雍八年撰創建靜安寺碑銘補。興公即楊遵勗，本史卷一〇五有傳。節録碑文附後。

「太祖天皇帝，總百年之正統，開萬世之寶係。公族衍盛，枝葉芬茂。故南大王諱璟，即帝之皇孫也。故左金吾衛上將軍諱寧，即公之長子也。故檢校太師、左千牛衛上將軍、知涿州軍州事諱昌允，即金吾之子也。天邑之北，僅餘百里，則公之故地焉。嵐凝翠疊曰佛山，山之足，民屋聚居，若郡邑之大曰義州，今蘭陵郡夫人蕭氏主之，即太師公之妻也。太師毓慶戚閈，諱心□佛。遂卜此地，肇開勝藍。考終之期奄速。夫人抱未亡之永恨，緝已墜之遺功，發大勇猛之勝心，資不思議之神力。由是斲險爲坦，煙卑就寬。長木下而翠色移，貞瑳出而雲光破。風斤疊運，遠谷回音；雷杵高相，寒泉交響。金者冶，瓴者陶，壁者圬，材者斲，彩者繪，隅者塗，衆工銜動，百事偕作。起於清寧八年庚子歲，成於咸雍八年壬子歲，辰次一周，元功告畢。中其殿，則曼荼羅壇，洎過去七佛明□高僧之像存焉；雙其樓，則修冗路藏，洎聖賢諸傳章疏鈔記之部在焉。遠倂東土，則震隅設繪者藥師如來；近擬西方，則兑位表形者彌陀善逝。至於十方寶相，五佛粹容，皆極其端嚴，曲盡於妙□，凡法堂僧宇，厨室困房，洎厩庫客次，靡不備有。先是□夫人之長男輟供職於行朝，委都征於雜務，得佛牙一顆，大踰方寸，牙上得舍利七百餘粒。厝窆之日，衆數百人，不約而集，有祥雲蕔地，彌覆其上。遠近見者，咸讐異之，時咸雍五年九月九日也。明年十一月既望，□前後共三夜，光氣燭天，見者數千人。復就石龕之前，架一小殿，殿則三聖八像相阿羅漢之容，悉皆具焉。嗚呼！智者始謀，爲利斯永；善人作事，獲福自多。每至□暘谷欲暝，曦輪將墜，舍利之影，落覆邱塋，則太師公之遺墟，承蔭其下，苦非巧入心匠，神開智端，則撰事之長，孰能與於此？凡巨細之費，餘於二萬緡；□□之績，就於十二載。工徒之役，算日酬庸，驅籍一毫不取，皆賢夫人鬻匳飾減衣御之爲也。寺既成，必假衆以居之，遂延僧四十人，有講則復益。二□□□僧既居，必資食以給之，遂施地三千頃，粟一萬石，錢二千貫，人五十户，牛五十頭，馬四十匹，以爲供億之本。咸雍六年冬，事達黈聽，上用嘉之，敕賜曰靜安寺。獎勤意而賁山藍也。恭維夫人以慈□接物類，以冲淡却世紛。斷而後行，力致者皆爲軌法；仁以成性，身至則自是道場。遂能挺不退之至誠，集無上之良福。夫人二子，長曰佶，禮賓副使、銀青崇禄大夫、檢校右散騎常侍、同知利州事兼部内巡檢，次曰特里德。興公才非半石，識不照鄰，自服爲吏之勞，頗滯攻文之思。兹承勤請，未易固辭。摭實賫坊，既盡一時之勝概；□英珉篆，願垂千古之休聲。」（按靜安寺在大寧故城南十家兒村，遼咸雍間蘭陵郡蕭夫人建。碑字漫漶不可讀，寺址尚存，見熱河志。今大寧城南里許，有古寺基址，周圍數十畝，碑尚存，額書「大遼義州大横帳蘭陵夫人蕭氏創建靜安寺碑」。）

遼史補注卷八十五

列傳第十五

蕭撻凜，〔一〕字駝寧，思温之再從姪。父朮魯列，善相馬，應曆間爲馬羣侍中。撻凜幼敦厚，有才畧，通天文。保寧初，爲宿直官，累任藹劇。統和四年，宋楊繼業率兵由代州來侵，攻陷城邑。撻凜以諸軍副部署，從樞密使耶律斜軫敗之，擒繼業于朔州。六年秋，改南院都監，從駕南征，攻沙堆，力戰被創，太后嘗親臨視。明年，加右監門衛上將軍、檢校太師，遥授彰德軍節度使。〔二〕

十一年，與東京留守蕭恒德伐高麗，破之。高麗稱臣奉貢。十二年，夏人梗邊，皇太妃受命總烏古及永興宮分軍討之，〔三〕撻凜爲阻卜都詳穩。凡軍中號令，太妃並委撻凜。師還，以功加兼侍中，封蘭陵郡王。十五年，敵烈部人殺詳穩而叛，遁于西北荒，撻凜將輕騎逐之，因討阻卜之未服者，諸蕃歲貢方物充于國，自後往來若一家焉。上賜詩嘉獎，仍命林牙耶律昭作賦，以述其功。撻凜以諸部叛服不常，上表乞建三城以絶邊患，從之。俄召爲南京統軍使。〔四〕

二十年，復伐宋，擒其將王先知，〔五〕破其軍于遂城，下祁州，上手詔獎諭。進至澶淵，宋主軍于城隍間，未接戰，撻凜按視地形，取宋之羊觀、鹽堆、鳧雁，中伏弩卒。〔六〕明日，轊車至，太后哭之慟，輟朝五日。子慥古，南京統軍使。〔七〕

〔補〕慥古，又作掃古、播古、奧只，燕京統軍使撻里麼之子。撻里麼於統和中攻宋澶州，爲流矢所中，死城下。奧只以父戰功爲祇候郎君，遷林牙，契丹行宫都部署，又遷彰國節度使。奧只雖家門貴盛，而虚己接物，汲引諸名士，時論賢之。宋張昪來使，奧只以侍中爲館伴，從容言兩朝盟好，誓若山河，毋以小嫌遽傷大信，與昪談論移日，曲盡其懽。昪亦云：侍中，北朝儀表也。深敬異之。後授北府宰相、宣徽使，封鄭王。參契丹國志卷一五

〔一〕又作闥覽、撻蘭、撻里麽。

〔二〕按本史卷一〇聖宗紀統和二年二月，「國舅帳彰德軍節度使蕭闥覽來朝」。闥覽即撻凜，在統和七年之前曾任彰德軍節度，至此又遥授彰德節度。

〔三〕皇太妃應作王太妃。

〔四〕按長編、契丹國志卷七並稱「統軍順國王撻覽」。

〔五〕按本史卷一四聖宗紀統和二十年三月南伐。二十一年四月及卷八五耶律奴瓜傳，蕭撻凜獲宋將王繼忠於望都。先知即繼忠。

〔六〕按本史卷一四聖宗紀撻凜中伏弩卒，在統和二十二年十一月。按續通鑑考異真宗景德元年十一月云：「撻凜之死，真宗尚未渡河，乃云宋主軍城隍間，遼史誤也。東都事畧曹利用傳、長編引劉攽所撰寇準傳，誤與遼史同。長編云：『遼衆直抵澶淵北，直犯大陣，圍合三面，輕騎由西北隅突進。李繼隆等整軍成列以禦之，分伏勁弩，控扼要害。其統軍順國王撻蘭，有機勇，所將皆精鋭，方爲先鋒，異其旗幟，躬出督戰。虎軍頭張瓌守牀子弩，弩潛發，達蘭中額隕。其徒數十輩，競前與曳至寨，是夜達蘭死。敵大挫衄，退卻不敢動。但時遣輕騎來覘王師。』案：長編所載乃宋人夸詞，殊不足信。使當兩軍既接，宋師能射殺其先鋒，必當乘其軍亂，鼓行而前，即使未能全勝，亦必多所斬獲，何以射死者僅一人也。蓋達蘭實以按視地形，中伏弩而死。遼史爲得其實。」

〔七〕本史卷一七聖宗紀太平六年五月作東京統軍使。

王。

蕭觀音奴，字耶寧，奚王搭紇之孫。統和十二年，爲右祇候郎君班詳穩，遷奚六部大王。先是，俸秩外，給獐鹿百數，皆取於民，觀音奴奏罷之。及伐宋，與蕭撻凜爲先鋒，降祁州，下德清軍，上加優賞。同知南院事，卒。

耶律題子，〔一〕字勝隱，北府宰相兀里之孫。善射，工畫。保寧間，爲御盞郎君。九年，奉使于漢，具言兩國通好長久之計，其主繼元深加禮重。

統和二年，將兵與西邊詳穩耶律速撒討阤羅斤，〔二〕大破之。四年，宋將楊繼業陷山西城邑，題子從北院樞密使耶律斜軫擊之，敗賀令圖於定安，授西南面招討都監。宋兵守蔚州急，召外援，題子聞之，夜伏兵道傍。黎明，宋兵果來，過未半而擊之；城中軍出，斜軫復邀之。兩軍俱潰，奔飛狐，地隘不得進，殺傷甚衆。賀令圖復集敗卒來襲蔚州，題子逆戰，破之，應州守將自遁。進圍寰州，冒矢石登城，宋軍大潰。當斜軫擒繼業于朔州，題子功居多。

是年冬，復與蕭撻凜由東路擊宋，俘獲甚衆。後聞宋兵屯易州，率兵逆之，至易境而卒。

初，題子破令圖，宋將有因傷而仆，題子繪其狀以示宋人，咸嗟神妙。

〔一〕本史卷一一聖宗紀統和四年四月作迪子。

〔二〕按本史卷一〇聖宗紀統和二年十一月，「速撒等討阻卜，殺其酋長撻刺干」。此陀羅斤應即撻刺干。

耶律諧理，字烏古鄰，突舉部人。統和四年，宋將楊繼業來攻山西，〔一〕諧理從耶律斜軫擊之。常居先鋒，偵候有功。是歲，伐宋，宋人拒於滹沱河，諧理率精騎便道先濟，獲其將康保威，以功詔世預節度使選。

太平元年，稍遷本部節度使。六年，從蕭惠攻甘州，不克。會阻卜攻圍三剋軍，〔二〕諧理與都監耶律涅魯古往救，〔三〕至可敦城西南，遇敵，不能陣，中流矢卒。

〔一〕四年原誤「五年」。按本史卷一一聖宗紀繼業於四年三月出兵，七月被擒。據改。

〔二〕按本史卷四五百官志，有國舅帳剋，卷三三營衛志下有「統和十二年，以奚府二剋置二部（南剋部、北剋部）」。卷一一六國語解：「二剋，統軍官，猶云三帥也。」

〔三〕本史卷一七聖宗紀太平六年八月作監軍涅里姑。

耶律奴瓜，〔一〕字延寧，太祖異母弟南府宰相蘇之孫。有膂力，善調鷹隼。統和四年，宋楊繼業來侵，奴瓜爲黄皮室糺都監，擊敗之，盡復所陷城邑。軍還，加諸衛小將軍。及伐宋，有功，遷黄皮室詳穩。六年，再舉，將先鋒軍，敗宋游兵于定州，爲東京統軍使，加金紫崇禄大夫。從奚王和朔奴伐兀惹，以戰失利，削金紫崇禄階。十九年，拜南府宰相。二十一年，復伐宋，擒其將王繼忠于望都，俘殺甚衆，以功加同政事門下平章事。二十六年，爲遼興軍節度使，尋復爲南府宰相。開泰初，加尚父，卒。

〔一〕本史卷一一聖宗紀統和四年四月作「横帳郎君奴哥爲黄皮室都監」。

蕭柳，字徒門，淳欽皇后弟阿古只五世孫。〔一〕幼養于伯父排押之家，多知，能文，膂力絶人。

統和中，叔父恒德臨終，薦其才，詔入侍衛。十七年，南伐，宋將范庭召〔二〕列方陣而待。時皇弟隆慶爲先鋒，問諸將佐誰敢當者，柳曰：「若得駿馬，則願爲之先。」隆慶授以甲騎。柳攬轡，謂諸將曰：「陣若動，諸君急攻。」遂馳而前，敵少却。隆慶席勢攻之，南軍遂亂。柳中流矢，裹創而戰，衆皆披靡。時排押留守東京，奏柳爲四軍兵馬都指揮使。明年，爲北女直詳穩，政濟寬猛，部民畏愛。遷東路統軍使。秩滿，百姓願留復任，許之。從伐高麗，遇大蛇當路，前驅者請避；柳曰：「壯士安懼此！」拔劍斷蛇。師還，致仕。

柳好滑稽，雖君臣燕飲，詼諧無所忌，時人比之俳優。臨終，謂人曰：「吾少有致君志，不能直遂，故以諧進。冀萬有一補，俳優名何避！」頃之，被寢衣而坐，呼曰：「吾去矣！」言訖而逝。耶律觀音奴集柳所著詩千篇，目曰歲寒集。

〔一〕按自阿古只至排押共四世。排押爲柳伯父，排押有弟札剌，字虚輦，本史卷一〇六有傳。

〔二〕范庭召，長編、宋元通鑑並作范廷召。

高勳，字鼎臣，晉北平王信韜之子。〔一〕性通敏。仕晉爲閤門使。會同九年，與杜重威來降。太宗入汴，授四方館使。好結權貴，能服勤大臣，多推譽之。天禄間，爲樞密使，總漢軍事。五年，劉崇遣使來求封册，詔勳册崇爲大漢神武皇帝。應曆初，封趙王，出爲上京留守，尋移南京。會宋欲城益津，勳上書請假巡徼以擾之，〔二〕帝然其奏，宋遂不果城。〔三〕十七年，宋畧地益津關，勳擊敗之，〔四〕知南院樞密事。景宗即位，以定策功，進王秦。〔五〕保寧中，以南京郊内多隙地，請疏畦種稻，帝欲從之。林牙耶律昆宣言於朝曰：「高勳此奏，必有異志。果令種稻，引水爲畦，設以京叛，官軍何自而入？」帝疑之，不納。〔六〕尋遷南院樞密使。以毒藥餽駙馬都尉蕭啜里，事覺，流銅州。尋又謀害尚書令蕭思温，詔獄誅之，没其産，皆賜思温家。

〔一〕舊五代史卷一三二世襲列傳：高萬興兼彰武、保大兩鎮，封北平王。子允韜，後唐清泰二年卒於滑州節度使任内。陳大任避金章宗父允恭諱，改「允」爲「信」。

〔二〕按本史卷七穆宗紀勳上書在應曆十七年二月。

〔三〕本史卷四一地理志：「西京道懷安縣，高勳鎭燕，奏分歸化州文德縣置，初隸奉聖州，後來屬。」

〔四〕按本史卷六穆宗紀應曆十三年正月，「宋欲城益津關，命南京留守高勳以兵擾之」。又卷七穆宗紀應曆十七年二月，「高勳奏宋將城益津關，請以偏師擾之，上從之」。續通鑑考異太祖乾德五年（應曆十七年）二月云：「是年宋未嘗畧地。」續通志卷四一八注：「益津之役，宋史不載。」按益津關兩次有警，勳應兩次上報，即十三年與十七年兩次。

〔五〕按本史卷八景宗紀保寧元年三月，「南院樞密使高勳封秦王」。則勳此時已是樞密使。全遼文卷四王正應曆十五年撰重修范陽白帶山雲居寺碑云：「乙丑歲，天順皇帝御宇之十五載，丞相秦王統燕之四年。」天順皇帝即穆宗，乙丑爲應曆十五年。若高勳已爲南京留守四年，則進封秦王應在保寧之前，即穆宗時已是秦王。長編開寶三年正月（保寧二年）：「北漢主遣使持禮幣賀契丹主，樞密使高勳言於契丹主曰：『我與晉陽，父子之國也，歲嘗遣使來覲，非其大臣，即其子弟，先君以一怒而盡拘其使，甚無謂也。今嗣主新立，左右皆非舊人，國有憂患，寧不我怨？宜以此時，盡歸其使。』契丹主曰：『善。』乃悉索北漢使者前後凡十六人，厚其禮而歸之。即命李弼爲樞密使。劉繼文爲保義節度使，詔北漢主委任之。」

〔六〕洛陽縉紳舊聞記卷一：「高勳陷北，契丹用爲幽州節度使，母在京洛陽福善里，太祖嘗厚賜慰安之，高後欲歸，不知其終。」

奚和朔奴，字籌寧，奚可汗之裔。保寧中，爲奚六部長。統和初，皇太后稱制，以耶律休哥領南邊事，和朔奴爲南面行軍副部署。四年，宋曹彬、米信等來侵，和朔奴與休哥破宋兵于燕南，手詔褒美。軍還，怙權撾無罪人李浩至死，上以其功釋之。六年冬，南征，〔一〕將本部軍由別道進擊敵軍於狼山，俘獲甚衆。八年，上表曰：「臣竊見太宗之時，奚六部二宰相、二常衮，誥命大常衮班在酋長左右，副常衮總知酋長五房族屬，二宰相匡輔酋長，建明善事。今宰相職如故，二常衮別無所掌，乞依舊制。」從之。

十三年秋，遷都部署，伐兀惹。駐于鐵驪，秣馬數月，進至兀惹城。利其俘掠，請降不許，令急攻之。城中大恐，皆殊死戰。和朔奴知不能克，從副部署蕭恒德議，掠地東南，循高麗北界而還。以地遠糧絶，士馬死傷，詔降封爵，〔二〕卒。子烏也，郎君班詳穩。

〔一〕「六年」二字原脱。撾無罪人李浩至死，有司援用八議議貴之條釋之，爲六年二月事，南征奏捷爲六年十月事，原連叙在四年下。據補。

〔二〕按本史卷一一聖宗紀統和四年四月稱「奚王籌寧」。卷一三聖宗紀統和十三年秋七月，遣奚王和朔奴等討兀惹。十四年四月，「奚王和朔奴、東京留守蕭恒德等五人以討兀惹不克，削官」。此傳即因削降，未稱「奚王」。

蕭塔列葛，〔一〕字雄隱，五院部人。八世祖只魯，遥輦氏時嘗爲虞人。唐安禄山來攻，只魯戰于黑山之陽，敗之。以功爲北府宰相，世預其選。

塔列葛仕開泰間，累遷西南面招討使。〔二〕重熙十一年，使西夏，諭伐宋事，約元昊出別道以會。十二年，改右夷離畢、同知南京留守，轉左夷離畢，俄授東京留守，以世選爲北府宰相，〔三〕卒。

〔一〕蕭塔列葛，目録、紀並作塔烈葛。

〔二〕按本史卷一九興宗紀重熙十二年八月，「以前西北路招討使蕭塔烈葛爲右夷離畢」。官職歧互，或有脱誤。

〔三〕按本史卷二〇興宗紀重熙二十一年十二月,「以北府宰相塔烈葛爲南京統軍使」。

耶律撒合,字率懶,乙室部人,南府宰相歐禮斯子。天禄間始仕。應曆中,拜乙室大王,兼知兵馬事。

乾亨初,宋來侵,詔以本部兵守南京,與北院大王奚底、統軍蕭討古等逆戰,奚底等敗走,獨撒合全軍還。上諭之曰:「拒敵當如此。卿勉之,無憂不富貴。」加守太保。統和間卒。

論曰:遼在統和間,數舉兵伐宋,諸將如耶律諧理、奴瓜、蕭柳等俱有降城擒將之功。最後,以蕭撻凜爲統軍,直抵澶淵。將與宋戰,撻凜中弩,我兵失倚,和議始定。或者天厭其亂,使南北之民休息者耶!

〔補〕耿延毅,祖崇美,顯于太宗朝,卷七六有補傳。父紹紀,美姿容,有機謀。左武衛上將軍、涿州刺史，累贈太尉、左羽林統軍，〔一〕母爲燕京留守、尚父秦王韓匡嗣季女，累贈陳國太夫人耶律氏，即大丞相晉國王韓德讓贈太傅謚文忠之姊。延毅即齊天章德皇后之姨兄也。

延毅性沉默，有武畧，出三代之將門。生禀父風，好事不倦。年十七，以廕補西頭供奉官，轉充御院通進。統和十五年，朝廷準備南侵，乃改授西南面招安使。〔二〕舊以飛狐爲理所，其副居靈丘。延毅以并、代、中山之界，寔曰敵庭，莫不威信卒夫，謹嚴烽候，夙夜不惰，周歷四載，乃致南師無力北顧。十九年，聖宗奉承天皇太后統兵南下，冬十一月，師次冀，值大雨水，〔三〕乃班師。并、代、中山戍卒，乘隙盗我邊民。延毅率麾下，伏草依岩，卷旗卧鼓，身先勇士，銜枚進擊，斬敵首千餘級，清境以聞，聖宗壯之。超授右驍衛將軍，賜白金螭頭飲器雜衣物，賞其功也。二十三年，受代，來朝燕京，尋除控鶴都指揮使，進位左領軍衛大將軍，出守歸化，古定襄也。秩滿，改帥長寧軍，移鎮昭德軍，〔四〕皆有政績。入授永興宫、崇德宫都部署，〔五〕兼帥武平軍，轉户部使加太尉。尋以風痃，不隨行在，乃求醫于中京貴德坊，開泰八年十二月〔六〕卒，年五十二。聖宗特賜白金二十斤，布帛三百段，錢二十萬，衣三襲，充賻賵焉。開泰九年二月，葬于章武軍霸城縣八角山前原祖塋，即柳城西北是也。娶舅武定帥贈侍中女，封漆水郡夫人，早卒。侍中元配梁國太夫人曰：

「吾甥婿也，勿他娶。」遂以侄繼之，襲封漆水郡夫人，夫人即大横帳惕隱漆水郡王制心之女。子知新，〔七〕小字謝奴。

參耿延毅墓誌銘

〔一〕全遼文卷四劉繼文墓誌：「（景宗）兼以昭義軍節度、檢校太傅耿紹紀長女妻之。」

〔二〕按本史卷一四聖宗紀統和十六年五月丁卯，「祠木葉山，告來歲南伐」；十七年秋七月，「以伐宋詔諭諸道」，九月「庚辰朔，幸南京，己亥南伐」；冬十月「次瀛州，與宋軍戰，擒其將康昭裔、宋順」。十五年，授延毅西南面招安使，應即爲南侵而安排者。

〔三〕墓誌原作「方大雨水」，本史卷一四聖宗紀作「冬十月，以泥淖班師」。

〔四〕按本史卷一六聖宗紀太平二年秋七月，「以耿延毅爲昭德軍節度使」。延毅於開泰八年薨逝，何得在太平二年授官。太平應是開泰舛誤。

〔五〕全遼文卷五開泰元年耿延毅妻耶律氏墓誌銘題「皇朝永興宫漢兒渤海都部署、金紫崇禄大夫、檢校太保，兼御史大夫、上柱國、鉅鹿縣開國男、食邑三百户耿公夫人漆水郡夫人墓誌銘」。全遼文卷六開泰二年白川州佛頂尊勝陀羅尼幢記所列銜名有：「長寧軍節度管内觀察處置等使、金紫崇禄大夫、檢校太傅、使持節白川州諸軍事、白川州刺史兼御史大夫、上柱國、鉅鹿縣開國子、食邑五百户耿延毅。」白川州軍名長慶。墓誌云「改帥長寧軍」即指此「長寧軍節度管内觀察處置等使，使持節白川州諸軍事、白川州刺史」而言。

朝官由檢校太保改檢校太傅，爵由鉅鹿縣開國男升開國子，食邑由三百户增至五百户。

按耶律氏誌及幢記，延毅以永興宮漢兒渤海都部署，改帥長寧軍即白川州刺史；開泰二年移鎮昭德軍即瀋州；又入授永興宮崇德宮都部署。

〔六〕墓誌作「十二月七日，疾作，薨於正寢」。

〔七〕知新，小字謝奴，見全遼文卷六耿延毅墓誌銘。太平六年十一月十四日卒，年十五。見卷六耿知新墓誌銘。

〔補〕韓橁，字正聲，小字三哥。曾祖知古，開國功臣。祖匡美。父瑜，〔一〕母蕭氏，生九子，八子皆不育，惟橁獨存。橁體貌魁碩，宇量淵弘，尤工騎射，曉兵法。

初授西頭供奉官，遷御院通進。統和八年，持節封李繼遷爲夏國王，使還，改頒給庫使。二十二年澶淵結盟，明年冬，充賀宋正旦副使，〔二〕達於汴都。使迴，授引進使，轉客省使。旋以高麗康兆弑其君，聖宗親征，授左第一驍騎部署。軍還，加左監門衛大將軍，知歸化州軍事。地鄰樓煩、白霫，俗多獷狠，民苦侵漁，橁涖任稱治。秩滿，除章愍宫都部署，出充燕京留守衙内馬步軍都指揮使，改易州兵馬都監。轉弘義宫都部署，拜侍衛親軍步軍指揮使，利州觀察使，領禁旅也。尋以罪受笞，念在勳舊，未奪在身官告。明年，奉使沙州，册主帥曹恭順爲燉煌王，〔三〕路岐萬里，砂磧百程，過可敦之界，深入達妬。行囊告空，糗糧不繼，詔賜食羊三百口，援兵百人，都護行李，直度大荒。使歸，携土貢入朝，聖宗賜白金二百兩，毳布八十段，帛百疋。尋授乾、顯、宜、錦、建、霸、白川七州都巡檢。再任章愍宫都部署，依前左監門衛大將軍。

太平五年，使高麗，賀王詢誕辰。〔四〕當年冬，授易州觀察使、知易州軍州事、兼沿邊安撫屯田使，充兵馬鈐轄。未幾，授長寧軍節度、白川州管内觀察處置使。八年秋，渤海遺族大延琳據襄平，屯肅慎，假以押領控鶴、義勇、護聖、虎翼四軍，充攻城副部署。事平，就拜永清軍節度，易、博、冀等州觀察處置使，管押義勇軍，駐洎于遼東，詔賜銀盆百兩，細衣一副，移鎮瀋州。因地方不靖，時遇剽掠，乃指畫方畧，奮發雄圖，扼束要衝，築壘一十七所，宿兵捍衛，境内安寧。

重熙元年以昭德軍節度使復使宋賀生辰，〔五〕使迴，遷宣徽北院使、歸義軍節度、沙州管内觀察處置使。在任二歲，進位南院使，加檢校太尉。五年，奉詔葺修南京宫掖、府署，積勞成疾，當年九月〔六〕以疾卒于官。朝廷賻贈之外，賜錢五十萬，俾襄其事，非常例也。

詔贈官旌表，葬於柳城白崖山之朝陽。

椅凡三娶，先夫人生二女。長早亡，次適左軍將軍蕭乞得。繼室蕭氏生三女。一適護衛將軍蕭朱，一適大同軍節度、特進、檢校太師張筠之孫左班殿直張玫，一適通事班祇候康德潤。今夫人張氏，承天皇太后賜婚，左監門衛大將軍知檀州軍州事崇一之女，三子：齊家奴，居家，受浮屠之法；貽孫，左丞制閤門祇候；〔七〕貽訓，右班殿直閤門祇候。〔八〕

參墓誌、紀、長編

〔一〕本書卷七四有補傳。

〔二〕按本史卷一四聖宗紀統和二十三年十一月，「上遣太保合住、頒給使韓椅（原誤「簡」）使宋賀正旦」。長編：景德二年（統和二十三年）十二月，「契丹遣使左衛大將軍耶律昌主、副使右金吾衛將軍韓椅奉書禮來賀來年正旦」。

〔三〕按本史卷一六聖宗紀開泰八年正月，「封沙州節度使曹順爲燉煌郡王」。卷一二聖宗紀統和六年六月作恭順，與此同。蓋原名賢順，見長編、通考、宋史。避景宗賢改恭順；陳大任避金章宗父允恭，去「恭」字作曹順。

〔四〕按高麗史卷五：「顯宗十六年（太平五年）秋七月辛巳朔，契丹遣監門衛大將軍韓椅來賀生辰。」

〔五〕長編：「明道二年（重熙二年）正月，契丹遣右金吾衛上將軍耶律霸，昭德節度使韓椅來賀長寧節。」

〔六〕全遼文卷六韓椅墓誌銘作「九月二十五日，椅告薨于宣徽衙之正室。明年二月十七日，葬公于柳城白崖山之朝陽」。

〔七〕長編嘉祐六年（清寧七年）四月，「契丹國母遣林牙、左威衛上將軍蕭扆，四方館使、寧州防禦使韓貽孫來賀乾元節」。

〔八〕陳襄使遼語録：「治平四年（咸雍三年）六月十八日，有右班殿直、閤門祗候韓貽訓賜臣等酒果。」

〔補〕耶律延寧，亦作延𩕏、咸寧、隈洼。〔一〕曾祖臯離骨，亦作涅離骨德、牙里果，太祖庶出子。〔二〕有補傳。祖肯午不，父薩割，並以忠勇聞。延寧爲薩割次子，姿貌雄偉。景宗以薩割忠藎，引延寧於近侍。保寧八年，以太僕卿使宋，齎御衣、玉帶、名馬、散馬、白鶻〔三〕等往賀長春節，〔四〕使還，以功授保義功臣、崇禄大夫、檢校太保、行左金吾衛大將軍兼御史大夫、上柱國、漆水縣開國子，食邑五百户。延寧益自奮勉，竭誠奉公。景宗崩逝，請從死。聖宗嘉其忠，特超授保義奉節功臣、羽厥里節度使，特進、檢校太尉、同政事門下平章事，上柱國、漆水縣開國伯、食邑七百户。威鎮極北之疆境，〔五〕統和三年十二月以瘡疾薨於羽厥里任所，年三十九，以四年十一月，〔六〕歸葬於柳城白崖山。

延寧娶頻畢令公〔七〕長女，子和哥、寺奴、賽保、捏骨里。女喜哥、演你已。〔八〕

參紀、表、墓誌、長編

〔一〕本史卷一〇聖宗紀統和二年二月作隈洼，長編作延寧，宋會要作延顭，宋史作咸寧，此從墓誌及長編。

〔二〕新五代史作赫邈，通鑑作骨都舍利。本書卷七二有補傳。

〔三〕白鶻即海東青。北風揚沙録：「海東青者出五國，五國之東接大海，自海東而來者謂之海東青。小而俊健，爪白者尤以爲異。」本史卷九六蕭樂音奴傳：「監障海東青鶻，獲白花者十三，賜榾柮犀並玉吐鶻，拜五蕃部節度使。」

〔四〕並見宋史、宋會要、長編。

〔五〕本史卷一〇聖宗紀：「統和元年正月，以烏隈烏古里部節度使耶律章瓦同政事門下平章事。二年二月，五國、烏隈于厥節度使耶律隈洼以所轄諸部難治，乞賜詔給劍，便宜行事，從之。」于厥即羽厥里，又作嫗厥律。隈洼，卷六九部族表作隈洼，即延寧。遼代北方疆域，西自嗢娘改，（今烏梁海），東盡五國吉里迷烏底改（今庫頁島烏地河烏地灣迤北）。羽厥牧地，即在今黑龍江源克魯倫河兩岸。

〔六〕全遼文卷五耶律延寧墓誌作：「統和三年十二月三十日於羽厥里瘖疾而薨。四年十一月十八日葬於白崖山中」。

〔七〕頻畢即品部，參見本史卷三五兵衛志。

〔八〕墓誌前題：「大契丹國故保義奉節功臣、羽厥里節度使、特進、檢校太尉、同政事門下平章事、上柱國、漆水縣開國伯、食邑七百户耶律墓誌銘并序。」

〔補〕王説，字夢徵，先世太原人。祖父紹，因逢太祖攻取天下，迴戈歸盟。太祖一見器之，授守吏部尚書門下侍郎，次授純和守正佐理功臣、宣徽使、特進、檢校太傅、開國侯。食邑一千户。

父崇信，東頭供奉官，次遼西州刺史。

説於聖宗朝授西頭供奉官，次以洛苑使、檢校國子祭酒、加檢校太子賓客。次軍器庫使，次翰林茶酒使，次以都部署加金紫、檢校司空、上柱國。又授亳州防禦使、檢校司徒、知永州刺史事，授金紫。次上京副留守，政肅刑清，民殷俗阜，次奉先軍節度使、檢校太保、行顯州刺史、上柱國、瑯琊縣開國男，食邑三百户。駙馬雙旌、奉宣統制兵夫，展拓疆界。次積慶宫漢兒、渤海都部署、檢校太傅，治宫務。奉宣同監國政，權宣徽及五宫院事。又任燕京管内商税都點檢，自南北通和，授忠勤奉主功臣、寧江軍節度使、瑯琊郡開國侯、食邑一千户。奉宣爲板築都部署、宣差中京大内都部署。

弟希隆，東頭供奉官，相次轉至涿州刺史、上柱國、瑯琊縣開國男，食邑三百户。希祐，自右番殿直授西頭供奉官、儀鑾副使。希濤，授左番殿直。希顔，權閤門舍人。

説負責營建皇都，加授户部使。大内建成後，積勞於統和二十五年終於中京，年五十七。賻贈檢校太師。

右依王説墓誌拓本（誌文多脱剥，就其可識者輯録）

〔補〕馬保忠，營州人。疏眉目豐下，謹厚寡欲，斤斤自修，人賢其行。自力讀書，不謁州縣。節用以給親族，大穰則振其餘於鄉黨。太平間，授洗馬，改著作郎，殿中丞。興宗朝爲樞密使、尚父、守太師兼政事令，封燕國公。時朝政不綱，溺志浮屠，僧至有正拜三公、三師者，官爵非人，妄有除授。保忠嘗從容進諫曰：「罰當罪，賞當功，有國之令典也。積薪之言，汲黯歎之；斜封之濫，至唐而極。國家起自朔北，奄有幽、燕，量才授官，人始稱職。今臣下豢養承平，無勳可陟，宜且序進之。」帝怫然怒。〔一〕又嘗上言：「彊天下者儒道，弱天下者吏道。今之授官，大率吏而不儒。崇儒道，則鄉黨之行修；修德行，則冠冕之緒崇。自今其有非聖帝明王，孔、孟聖賢之教者，望下明詔，痛禁絶之。」其篤意風教如此。後數年卒，賜謚曰剛簡。子世弘。〔二〕

參契丹國志卷八、卷一九

〔一〕續通鑑慶曆元年（遼重熙十年）十月云：「遼主好微行。數變服入酒肆、佛寺、道觀，王綱、姚景熙、馮立等皆因遇於微行，後至顯官。樞密使馬保忠嘗言臣下無勳勞，宜以序進，遼主怫然曰：『君不得專耶！』」契丹國志卷一九：「論曰：官不當，則人多覬覦；源不清，則下皆奔競。契丹自重熙之時，私謁肆行，除授無法，膜拜之徒，亦授以公孤之官，其濫極矣。保忠雖空臆無諱，然言諄聽藐，未如之何哉。」

〔二〕本史卷一六聖宗紀：「太平四年四月，以右丞相馬保忠之子世弘使嶺表，至平地松林爲盜所殺，特贈昭信軍節度使。」

〔補〕王鄰，字德潤，太原人。祖，任儒州刺史。父繼温不仕，叔父授銀青崇禄大夫、檢校尚書、左僕射。

鄰於景宗乾亨二年，授東班少府、銀青崇禄大夫兼監察御史、武騎尉。迨聖宗統和三年，授銀青崇禄大夫、使持節降聖州諸軍事，行降聖州刺史，兼監察御史、武騎尉。統和十四年，授銀青崇禄大夫、檢校國子祭酒、使持節巖州諸軍事、巖州刺史兼監察御史、武騎尉。統和十八年，改授蔚州錢帛都監。統和二十一年，授上京都商税院都監。同年，以疾卒於任所，年六十二。

鄰兄弟五人，長兄顒，不仕。三弟操，武定軍山河指揮使。四弟政，右番殿直、西頭供奉官、銀青崇禄大夫、檢校國子祭酒、行閤門通事舍人、兼監察御史、武騎尉。五弟俊，啟聖軍衙内都指揮使。〔一〕

參王鄰墓誌銘

〔一〕據全遼文卷五王鄰墓誌銘，鄰有子侄十三人：守密，供奉班祇候；守琢，興國軍衙内都指揮使；守元，供奉班祇候。誌文未標注誰出。

遼史補注卷八十六

列傳第十六

耶律合住　劉景　劉六符　耶律褭履　牛温舒
杜防　蕭和尚　特末　耶律合里只　耶律頗的

耶律合住，小字粘衮，漢名琮，字伯玉。〔一〕太祖弟迭剌〔二〕之孫。幼不好弄，臨事明敏，善談論。

初以近族入侍，每從征伐有功。保寧初，加右龍虎衛上將軍。以宋師屢梗南邊，拜涿州刺史，西南兵馬都監、招安、巡檢等使，賜推忠奉國功臣。〔三〕

合住久任邊防，雖有克獲功，然務鎮静，不妄生事以邀近功。鄰壤敬畏，屬部乂安。宋數遣人結歡，冀達和意，合住表聞其事，帝許議和。〔四〕安邊懷敵，多有力焉。拜左金吾衛上將軍。秩滿，遥攝鎮國軍節度使，〔五〕卒。

合住智而有文，曉暢戎政。鎮范陽時，嘗領數騎徑詣雄州北門，與郡將立馬陳兩國利害及周師侵邊本末。辭氣慷慨，左右壯之。自是，邊境數年無事。識者以謂合住一言，賢於數十萬兵。

〔一〕以上六字，據耶律琮神道碑（該神道碑載於全遼文卷四，但爲前半部殘文。另有全文，原意待全遼文增補時刊入）增補。粘衮爲契丹名字，加「小」字，以別於伯玉。

按本史卷八景宗紀保寧六年三月，「宋遣使請和，以涿州刺史耶律昌朮加侍中，與宋議和」。長編、統類、宋會要並稱契丹涿州刺史耶律琮。琮死於保寧十一年。遼史中另有一同名之耶律合住。本史卷一四聖宗紀統和二十三年十一月遣太保合住賀宋正旦，長編作「契丹遣左衛大將軍耶律昌主奉書禮來賀來年正旦」。主、朮、住同音，合、曷同音，昌、曷形似，昌主與昌朮，亦即曷主、合住。琮則爲字粘衮之合住之漢名。

〔二〕迭刺，本書卷七二有補傳。全遼文卷四耶律琮神道碑作匀睹衮。

〔三〕神道碑：「保寧癸酉（五年，九七三）夏六月，皇帝以公任内既送往事生，□□涿郡，符授推忠奉國功臣、昭武軍節度，利、□等州觀察處置等使，特進、檢校太傅兼涿州刺史、西南面招安巡檢使，契丹、奚、渤海、漢兒兵馬都部署、開國伯、食邑七百户，旋加左衛上將軍，俾賞□□□□巡檢涿郡也。仁政俱行，寬猛兼濟，戢彼干戈，用興民利。況涿郡也，地迫敵封，境連疆埸，盜賊公行，天癘時降，内姦外宄，出入難虞，邊人畏懼，斥候日警。」

〔四〕宋、遼議和，雙方均稱由對方主動，實則在南北人民壓力下，出於共同要求。合住以涿州刺史致宋雄州刺史孫全興書云：「琮濫受君恩，猥當邊任。臣無交於境外，言則非宜；事有利於國家，專之亦可。切思南北兩地，古今所同。曷嘗不世載歡盟，時通贄幣。往者晉氏後主，政出多門，惑彼强臣，忘我大義。干戈以之日用，生靈於是罹災。今兹兩朝，初無纖隙，若或交馳一介之使，顯布二君之心，用息疲民，重修舊好，長爲與國，不亦休哉。琮以甚微，敢干斯義。遠布通悟，洞垂鑒詳。」自是南北通好，此書並見宋會要、統類、長編等。

〔五〕神道碑第一行題「大契丹國推忠奉國佐運功臣、鎮國軍節度使，華、商等州觀察處置等使、特進、檢校太師贈兼政事令、使持節華州諸軍事、行華州刺史、上柱國、漆水郡開國公，食邑三千户，食實封三百户耶律公□□〔銘〕并序」。此銜又見於文内，應是琮最後封銜。

劉景，〔一〕字可大，河間人。四世祖怦，即朱滔之甥，唐右僕射、盧龍軍節度使。〔二〕父守敬，南京副留守。〔三〕

景資端厚，好學能文。燕王趙延壽闢爲幽都府文學。應曆初，遷右拾遺、知制誥，爲翰林學士。〔四〕九年，周人侵燕，留守蕭思温上急變，帝欲俟秋出師，景諫曰：「河北三關已陷于敵，今復侵燕，安可坐視！」上不聽。會父憂去。未幾，起復舊職。一日，召草赦；既成，留數月不出。〔五〕景奏曰：「唐制，赦書日行五百里，今稽期弗發，非也。」上亦不報。景宗即位，以景忠實，擢禮部侍郎，遷尚書、宣政殿學士。上方欲倚用，乃書其笏曰：「劉景可爲宰相。」頃之，爲南京副留守。時留守韓匡嗣因扈從北上，景與其子德讓共理京事。俄召爲户部使，歷武定、開遠二軍節度使。統和六年致仕，〔六〕加兼侍中。卒，年六十七。贈太子太師。〔七〕子慎行，孫一德、二玄、〔八〕三嘏、四端、五常、六符，皆具六符傳。

〔一〕劉景，又作劉京。參注〔四〕、〔六〕。

〔二〕新唐書卷二一二劉怦傳：「劉怦，幽州昌平人，少爲范陽裨將。朱滔時，積功至雄武軍使，廣墾田，節用度，以辦治稱，稍遷涿州刺史。及滔死，乃總軍事。俄詔爲節度副大使，彭城郡公，居鎮纔三月死，年五十九。」按舊唐書卷一四三劉怦傳：「怦，幽州昌平人也，即朱滔姑之子。及（朱滔）僭稱大冀王，僞署怦爲右僕射、范陽留守。」河間屬宋河北東路。契丹國志卷一八劉六符傳作「平州人」，亦不合。朱滔，朱原誤「木」，據舊唐書卷一四三，新唐書卷二一二本傳改。

〔三〕金史卷七八劉彦宗傳：「劉彦宗字魯開，大興宛平人。遠祖怦，唐盧龍節度使。石晉以幽、薊入遼，劉氏六世仕遼，相繼爲宰相，父霄至中京留守。彦宗擢進士乙科。」劉霄爲咸雍十年狀元。見遺山集卷二九顯武將軍吴君阡表。

〔四〕按全遼文卷四應曆八年所撰趙德鈞妻贈秦國夫人种氏墓誌銘題：「門吏翰林學士、朝散大夫、守尚書、兵部員外郎，知制誥、柱國、賜紫金魚袋劉京撰。」

〔五〕按本史卷六穆宗紀：「應曆十一年三月丙辰，蕭思温奏老人星見，乞行赦宥。六月甲午，赦。」

〔六〕本史卷一二聖宗紀統和六年二月，「大同軍節度使、同平章政事劉京致仕」。卷四一地理志五：「雲内州開遠軍，遼初置代北雲朔招討司，改雲内州，清寧初升。」則聖宗時未有開遠軍之名，紀作大同軍，是。

〔七〕有劉京集四十卷，見宋史卷二〇八藝文志。

〔八〕倚晴閣雜抄：「燕京歸義寺有清寧七年彌陁邑特建起院碑，邑衆有上京留守開府儀同三司守太尉兼中書令豳國公劉二玄。」本史卷一四聖宗紀統和二十七年「御前引試劉二宜等三人」。二宜疑是二玄。全遼文卷八秦晉國妃墓誌銘：「故忠亮竭節功臣、宣力佐國功臣、守太尉兼中書令、魯國公、贈太保謚忠正劉二玄，即後有詔親奉左右者也。」

劉六符，父慎行，〔一〕由膳部員外郎累遷至北府宰相、監修國史。時上多即宴飲行誅賞，慎行諫曰：「以喜怒加威福，恐未當。」帝悟，諭政府「自今宴飲有刑賞事，翌日稟行」。爲都統，伐高麗，以失軍期下吏，議貴〔二〕乃免，出爲彰武軍節度使。賜保節功臣。子六人：一德、二玄、三堨、四端、五常、六符。德早世。玄終上京留守。常歷三司使、武定軍節度使。堨、端、符皆第進士。堨、端俱尚主，爲駙馬都尉。三堨獻聖宗一矢斃雙鹿賦，上嘉其贍麗。與公主不諧，奔宋；歸，殺之。〔三〕四端以衛尉少卿使宋賀生辰，方宴，大張女樂，竟席不顧，人憚其嚴。還，拜樞密直學士。〔四〕五常亦以東上閤門使使宋爲賀正旦副使。〔五〕

六符有志操，能文。重熙初，遷政事舍人，擢翰林學士。十一年，與宣徽使蕭特末使宋索十縣地；還，爲漢人行宮副部署。會宋遣使增歲幣以易十縣，復與耶律仁先使宋，定「進貢」名，宋難之。六符曰：「本朝兵强將勇，海内共知，人人願從事于宋。若恣其俘獲以飽所欲，與『進貢』字孰多？況大兵駐燕，萬一南進，何以禦之！顧小節，忘大患，悔將何及！」宋乃從之，歲幣稱「貢」。六符還，加同中書門下平章事。〔六〕及宋幣至，命六符爲三司使以受之。

六符與參知政事杜防有隙，〔七〕防以六符嘗受宋賂，白其事，出爲長寧軍節度使，俄召爲三司使。

道宗即位，將行大册禮，北院樞密使蕭革曰：「行大禮備儀物，必擇廣地，莫若黄川。」六符曰：「不然。禮儀國之大體，帝王之樂不奏于野。今中京四方之極，朝覲各得其所，宜中京行之。」上從其議。〔八〕尋以疾卒。

子堯，右班殿直。〔九〕

〔一〕慎行，名晟，本紀作晟，本史卷一一五高麗外記作慎行。宋會要蕃夷二大中祥符三年（統和二十八年）：「召劉晟代知政事。」長編真宗大中祥符三年五月亦記此事未著代字。本史卷一五聖宗記統和二十九年三月，「以前三司使劉慎行爲參知政事兼知南院樞密使事」。開泰元年十二月劉晨進言被採納，未著職銜，則劉晟此處作劉晨。盤山志稱獨樂寺有翰林學士承旨劉成碑，成疑即劉晟。晟名屢見而不一致，可能晟因得罪而以字行，在實録中即有不同，又金人諱晟，亦或金修遼史時改易。晨則音近借用。

〔二〕議貴爲唐律八議之一，遼沿唐制，亦有八議八縱之法。

〔三〕三嘏嘗於重熙九年（宋康定元年）四月使宋賀生辰，見長編。歐陽脩奏議集卷一一有慶曆四年論劉三嘏事狀：「臣伏見契丹宣徽使絜其愛妾兒女等七口，向化南歸，見在廣信軍聽候朝旨。竊慮朝廷只依常式，投來人等依例約回不納。國家大患，無如契丹，自四、五十年來，智士謀臣，晝思夜算，未能爲朝廷出一奇策，坐而制之。今天與吾時，使其上下乖離，而親貴臣忽來歸我，此乃陛下威德所加，祖宗社稷之福。三嘏是契丹貴臣，秉節鉞，兼宣徽，可謂至親且貴矣，一旦君臣離心，走而歸我，是彼國中大醜之事，必須掩諱，不欲人聞，必不敢明言求之於我。」是修曾請留之也。儒林公議卷下：「慶曆四年秋，三嘏攜孽妾偕一子投廣信軍。自言公主凶狠，必欲殺其妾與子，故歸朝廷。復爲詩以自陳云：『雖慚涔勺赴滄溟，仰訴丹衷不爲名。寅分星辰將降禍，兑方疆寓即交兵。春秋大義惟觀釁，王者雄師但有征。救得燕民歸舊主，免於戎虜自稱兄。』朝廷以誓約既久，三嘏虜壻位顯，恐納之生釁。乃遣還三嘏，復由西山路入定州境。定帥遣人搜索，拘送虜界，比三嘏至幽州，其妻已先在矣，乃殺其妾與子，械三嘏送虜主帳前，以其昆弟皆方委任，遂貸三嘏死，使人監錮之。」續通鑑考異仁宗慶曆四年十月：「洪稚存曰：『儒林公議傳聞之誤耳。長編以爲三嘏惡其妻淫亂故逃，此敵國詆毁之詞。遼史云三嘏與公主不諧奔宋，歸，殺之，當得其實。』」范太史集卷四○郭逵墓誌銘：「北人有降者，衆謂宜納之。公曰：『此得之何益。彼或欲交質於我，何以拒之。頃契丹駙馬劉三賈來歸，仍上平燕策，朝廷恐以小害大，尚且拒之。此一番奴欲致我曲耳。亟遣之。』」宋史卷三一○杜衍傳：「契丹壻劉三嘏避罪來歸，輔臣議厚館之，以詰契丹陰事，諫官歐陽脩亦請留三嘏。帝以問衍，衍曰：『中國主忠信，若自違誓約，納叛亡，則不直在我。且三嘏爲契丹近親，而逋逃來歸，其謀身若此，尚足與謀國乎？納之何益，不如還之。』乃還三嘏。」

〔四〕本史卷一七聖宗紀太平五年九月，以劉四端充賀宋主生辰副使。契丹國志卷一九：「漢官除授職名：劉四端，禮部尚書、參知政事、簽書樞密院事。」

〔五〕以上十七字，據長編增補。長編：景祐元年（重熙三年）十二月契丹遣東上閤門使劉五常爲賀宋正旦副使。

〔六〕契丹國志卷一八劉六符傳：「年十五，究通經史，兼綜百家之言。長而喜功名，慷慨有大志。歷事聖宗朝，爲著作郎、中允，又爲詹事、國子祭酒。興宗時，爲翰林學士、右諫議大夫、知制誥、同修國史。契丹聚兵幽、薊，來求關南，時宋慶曆二年也。先是西兵久不決，六符以宋朝爲怯。又李士彬、劉平之兵屢敗，宋朝旰食，積苦兵閒，因説其主聚兵幽、涿，聲言南征，而六符及蕭英先以書來求關南十縣。其書皆六符所撰也。書至宋朝，富弼爲回謝使，弼至没打河，六符館之，謂弼曰：『北朝皇帝堅欲割地，如何？』弼曰：『北朝若欲割地，必志在敗盟，南朝決不從，有横戈相待耳。』六符曰：『南朝若堅執，則事安得濟？』弼曰：『南朝不發兵，而遣使好辭，更議嫁女益幣，豈堅執乎？』六符引弼入見，往復辯議，興宗大感悟，乃從弼所請。是年八月，宋朝再遣富弼賫國書、誓書至契丹清泉淀金氈館，許增以歲幣二十萬。時契丹固惜盟好，惟六符畫策，揚聲聚兵幽、涿，以動宋朝，宋方困西夏之擾，名臣猛將相繼敗衄，吕夷簡畏之。契丹既得歲幣五十萬，勒碑紀功，擢六符樞密使、禮部侍郎、同修國史，後遷至中書政事令。子孫顯貴不絶，爲節度、觀察(使)者十數人。

論曰：臣於慶曆年間劉六符求關南一事，每爲之三嘆焉。契丹之禍，始於石晉割幽、燕，而石晉卒有少帝之辱，蔓延於我朝。而我朝澶淵之好，慶曆之盟，極而至於宣和之戰，禍猶未歇也。何則？天下視燕爲北門，失幽、薊則天下常不安；幽、燕視五關爲喉襟，無五關則幽、薊不可守。

晉割幽、薊（本傳三見幽、薊，承恩堂本薊並作冀，不合），併五關而棄之，此石晉不得不敗，澶淵不得不盟，慶曆之邀脅亦不得不爲慶曆也。至於宣和則極矣。六符之來，世以智計歸之，而孰知産禍之由，已有所自來哉！」

全遼文卷八咸雍八年撰耶律仁先墓誌銘稱六符副仁先使宋曰：「故太尉劉宋公爲之副。」老學庵筆記卷七：「遼人劉六符，所謂劉燕公者，建議於其國，謂：『燕、薊、雲、朔，本皆中國地，不樂屬我。非有以大收其心，必不能久。』虜主宗真問曰：『如何可收其心？』曰：『斂於民者十減其四五，則民惟恐不爲北朝人矣。』虜主曰：『如國用何？』曰：『臣願使南朝，求割關南地，而增戍閱兵以脅之。南朝重於割地，必求增歲幣。我託不得已受之。俟得幣，則以其數對減民賦可也。』宗真大以爲然，卒用其策得增幣。而他大臣背約，纔以幣之十二減賦，民固已喜。及洪基嗣立，六符爲相，復請用元議。洪基亦仁厚，遂盡用銀絹二十萬之數，減燕、雲租賦。故其後虜政雖亂，而人心不離，豈可謂虜無人哉！仁宗皇帝慶曆中嘗賜遼使劉六符飛白書八字，曰：『南北兩朝，永通和好。』會六符知貢舉，乃以『兩朝永通和好』爲賦題，而以『南北兩朝永通和好』爲韻，云：『出南朝皇帝御飛白書。』六符蓋爲虜畫策增歲賂者，然其尊戴中國尚爾如此，則盟好中絶，誠可惜也！」

按六符動議索關南地事，可備一説，其爲利用宋人喪師於夏之時機，本尚有用兵之議，蕭惠主之，從以張儉諫，遂止僅遣使。

元郝經陵川文集卷三五房山先生墓誌銘：「漢中山靖王之後，唐盧龍節度使伻有幽州，傳姓授節數世，入契丹爲王公數十人，如劉六符等，尤其貴顯者也。終始契丹二百餘年。入金源氏，爲燕四大族，號劉、韓、馬、趙氏。」孔平仲談苑卷一：「張安道言：嘗使北虜，方燕，戎主在廷下打毬，安道見其纓紱諸物，鮮明有異，知其爲虜主也，不敢顯言，但再三咨其藝之精爾。接伴劉六符意覺安道知之，色甚怍。」後山談叢卷一：「契丹劉六符貴用事，建議割地，及客館，怒謂（富）韓公曰：『公爲主言，諸臣利於用兵，不爲國計，六符豈欲間兩國耶？』公曰：『君寧出此，顧餘人爲之耳。如宋不過弼數輩不欲戰爾，其以戰説者何限。』六符既喜且懼，然終以此得罪也。」日知録卷二六遼史原注：「（劉）六符傳，似本其家誌狀，與其祖景同爲一傳，而有重文。」臨川集卷九〇魯國公贈太尉中書令王公（德用）行狀：「契丹使劉六符過澶州，喜曰：『六符聞公久矣，遇於此，豈非幸也。今此州歲大熟，豈非公仁政之效也！』」全遼文卷一〇了洙撰悟空大德髮塔銘：「興宗、道宗朝宰相守太尉兼侍中劉公，諱六符，室燕國太夫人李氏。第三之女曰五拂，美而且貞，既成人，適司勳郎中高公□齊。」

〔七〕全遼文卷九賈師訓墓誌銘：「年十四，舉進士，由鄉解抵京師。丞相杜中令，駙馬侍中劉公召試之。文成，更相稱愛，將議聞上，以事齟齬，遂寢。」

〔八〕燕北録：「清寧四年，戊戌歲十月二十三日，戎主一行起離鞾甸，往西北約二百七十餘里，地名永興甸，行柴册之禮。」可見仍在廣地進行，未從其議。

〔九〕末行六字，據下述石刻增。一九六五年赤峯市郊石佛山發現遼大康七年石刻：「故章武軍節度使孫、貢物使男、右班殿直、銀青崇禄大夫、授國子祭酒、飛騎尉常（侍）臣堯、妻故郡王女孫茹氏大康七年六月十三日午時建。」文中「孫」係對劉景言，「男」對六符言。

耶律褭履，字海鄰，漢名防，〔一〕六院夷離堇蒲古只之後。風神爽秀，工于畫。

重熙間，累遷同知點檢司事。駙馬都尉蕭胡覩爲夏人所執，奉詔索之，三返以歸，轉永興宮使、右祇候郎君班詳穩。〔二〕褭履將娶秦晉長公主孫，其母與公主婢有隙，謂褭履曰：「能去婢，乃許爾婚。」褭履以計殺之，婚成。事覺，有司以大辟論。褭履善畫，寫聖宗真以獻，得減，〔三〕坐長流邊戍。復以寫真，召拜同知南院宣徽事。使宋賀正，寫宋主容以歸。〔四〕

清寧間，復使宋。宋主賜宴，瓶花隔面，未得其真。陛辭，僅一視，及境，以像示餞者，駭其神妙。聞重元亂，不即勤王。賊平入賀，帝責讓之。宴酣，顧褭履曰：「重元事成，卿必得爲上客！」褭履大慚。咸雍中，加太子太師，卒。

〔一〕以上三字原缺，參注〔四〕增補。褭履亦作褭里，參注〔二〕。

〔二〕本史卷二〇興宗紀：「重熙十七年二月，夏國王李元昊薨，其子諒祚遣使來告，即遣永興宮使耶律褭里、右護衞太保耶律興老（等）慰奠。」

〔三〕此應屬於八議中議能，得減罪處分。

〔四〕長編：「仁宗慶曆七年十二月，契丹遣左千牛衞上將軍耶律防，右諫議大夫知制誥韓迥來賀正旦。」檢防於此行外，尚於至和二年使宋賀生辰，嘉祐二年（清寧三年）求宋仁宗像。宋史卷二九四王洙傳：「嘗使契丹，至韡淀。契丹令劉六符來伴宴，且言耶律防善畫，向持禮南朝，寫聖容以歸，欲持至館中。洙曰：此非瞻拜之地也。」據長編王洙使遼，在皇祐三年（重熙二十年），則防所畫宋帝像，當在皇祐三年前，即宋慶曆七年（重熙十六年）事也。防殆褭履之漢名。續通鑑考異至和元年（重熙二十三年）九月，引褭履事於耶律防事後，謂「是竊寫非一次矣！」但未言褭里即防也。宋元通鑑卷二六：「（仁宗）以文彥博、富弼同平章事，會契丹使者耶律防至，王德用與射於玉津園。防曰：『天子以公典樞密，而用富公爲相，皆得人矣。』」

牛温舒，范陽人。剛正，尚節義，有遠器。

咸雍中，擢進士第，滯小官。大安初，累遷户部使，轉給事中、知三司使事。國、民兼足，上以爲能，加户部侍郎，改三司使。壽隆中，拜參知政事，兼同知樞密院事，攝中京留守。部民詣闕請真拜，從之。召爲三司使。乾統初，復參知政事，知南院樞密使事。〔一〕五年，夏爲宋所攻，來請和解。温舒與蕭得里底使宋。〔二〕方大燕，優人爲道士裝，索土泥藥爐。優曰：「土少不能和。」温舒遽起，以手借土懷之。宋主問其故，温舒對曰：「臣奉天子威命來和，若不從，則當卷土收去。」宋人大驚，遂許夏和。〔三〕還，加中書令，卒。

〔一〕按本史卷二七天祚帝紀在乾統二年十月。

〔二〕按本史卷二七天祚帝紀此事在乾統六年正月。

〔三〕續通鑑考異崇寧五年（乾統六年）二月：「按此時遼人爲夏請地，非宋請地於遼也。所云土少不能和及卷土收去之語，俱非當日情事，疑傳聞之譌。」正因遼爲夏請地，故有「土少不能和」及「卷土收去」之語。

杜防，涿州歸義縣人。開泰五年，擢進士甲科，累遷起居郎、知制誥，人以爲有宰相器。太平中，遷政事舍人，拜樞密副使。〔一〕

重熙九年，夏人侵宋。宋遣郭稹來告，請與夏和，上命防使夏解之。〔二〕如約罷兵，各歸侵地，拜參知政事。韓紹芳、劉六符忌之，防待之誠。十二年，紹芳等罷，愈見信任。十三年，拜南府宰相。〔三〕十五年，防生子，帝幸其第，賜名王門奴。〔四〕以進奏有誤，出爲武定軍節度使。十七年，復召爲南府宰相。〔五〕二十一年秋，祭仁德皇后，詔儒臣賦詩，防爲冠，賜金帶。

道宗諒陰，爲大行皇帝山陵使。清寧二年，上諭防曰：「朕以卿年老嗜酒，不欲煩以劇務。朝廷之事，總綱而已。」頃之，拜右丞相，加尚父，卒。上歎悼不已，賵贈加等，官給葬具，贈中書令，謚曰元肅。子公謂，〔六〕終南府宰相。

〔一〕太平七年以政事舍人爲賀宋乾元節副使與林牙昭德軍節度使蕭蘊使宋。見長編仁宗天聖五年四月。宋以程琳爲館伴，「蘊出位圖指曰：『中國使者至契丹，坐殿上，位高；今契丹至中國，位下，請升之。』琳曰：『此真宗皇帝所定，不可易。』防又曰：『大國之卿當小國之卿，可乎？』琳又曰：『南、北朝安有大小之異？』防不能對，上命與宰相議，或曰：『此細事，不足爭。』將許之。琳曰：『許其小，必啟其大。』固爭不可，蘊乃止。」參見記纂淵海及宋史卷二八八程琳傳。

〔二〕按本史卷一八興宗紀：「重熙九年七月，宋遣郭禛（禛，長編作稹）以伐夏來報，遣樞密使杜防報聘。」是先奉命如夏調解，繼又如宋報聘。

〔三〕「十三年」原誤「十二年」。按本史卷一九興宗紀，防爲南府宰相在重熙十三年二月，據改。

〔四〕「十五年」三字原脱。按本史卷六八遊幸表防生子，帝幸其第在十五年八月，據增。

〔五〕「十七年」原誤「十四年」。按本史卷二〇興宗紀，復爲南府宰相在十七年四月，據改。後山談叢卷二：「杜防，契丹名相也，謂和親爲便民，戒契丹世世相受，謹守其約，又虞中國之敗約也，凡十年一遣使，以事動中國，而堅其約。」

〔六〕長編大康二年（宋熙寧九年）：「遼國母遣崇義軍節度使耶律測，太常少卿、乾文閣待制、史館修撰杜君謂來賀同天節。」君謂疑即公謂或其弟兄。又本史卷二四道宗紀大安元年正月，以樞密直學士杜公謂參知政事。

蕭和尚，字洪寧，國舅大父房之後。忠直，多智畧。開泰初，補御盞郎君，尋爲内史、太醫等局都林牙。使宋賀正，〔一〕將宴，典儀者告，班節度使下。和尚曰：「班次如此，是不以大國之使相禮。且以錦服爲貺，如待蕃部。若果如是，吾不預宴。」宋臣不能對，易以紫服，位視執政，使禮始定。八年秋，爲唐古部節度使，卒。弟特末。子革。〔二〕

〔一〕按本史卷一五聖宗紀：「開泰元年七月，以蕭涅衮、齊泰爲賀宋正旦使副。」長編宋真宗大中祥符五年十二月作「廣德軍節度使蕭衮、副使左衛大將軍齊泰來賀明年正旦」。

〔二〕「子革」二字新增。革附重元，本史卷一一三有傳。

特末，字何寧，漢名英。〔一〕爲人機辨任氣。太平中，累遷安東軍節度使，有能稱。十一年，召爲左祗候郎君班詳穩。未幾，遷左夷離畢。重熙十年，累遷北院宣徽使。明年，與劉六符使宋，〔二〕索十縣故地，宋請增銀、絹十萬兩、疋以易之。歸，稱旨，加同政事門下平章事。詔城西南渾底甸。還，復爲北院宣徽使，卒。

〔一〕以上三字據注〔二〕增補。

〔二〕「明年與」三字原脱。按本史卷一九興宗紀重熙十年十二月，「謀取宋舊割關南十縣地，遂遣蕭英、劉六符使宋」。十一年正月，「遣南院宣徽使蕭特末、翰林學士劉六符使宋，取晉陽及瓦橋以南十縣地。」英爲特末漢名，並見長編、契丹國志卷八及富弼奉使録。先後記定議遣使及成行，據補。又北院宣徽使，紀作南院宣徽使。

耶律合里只，字特滿，六院夷離菫蒲古只之後。

重熙中，累遷西南面招討都監。充宋國生辰使，館于白溝驛。宋宴勞，優者嘲蕭惠河西之敗。合里只曰：「勝負兵家常事。我嗣聖皇帝俘石重貴，至今興中有石家寨。〔一〕惠之一敗，何足較哉？」宋人慚服。帝聞之曰：「優伶失辭，何可傷兩國交好！」鞭二百，免官。

清寧初，起爲懷化軍節度使。七年，入爲北院大王，〔二〕封豳國公。歷遼興軍節度使、東北路詳穩，加兼侍中。〔三〕致仕，卒。

合里只明達勤恪，懷柔有道。置諸賓館及西邊營田，〔四〕皆自合里只發之。

〔一〕本史卷三九地理志：「建州，漢乾祐元年（遼天祿二年，九四八），故石晉太后詣世宗，求於漢城側耕墾自贍。許於建州南四十里給地五十頃，營構房室，創立宗廟。」契丹國志卷四亦記晉太后謁世宗，求於漢兒城側賜地種牧，並賜地五十餘頃。

〔二〕按本史卷二一道宗紀：「清寧七年十二月，以知黃龍府事耶律阿里只爲南院大王。」「六年六月，以隋王仁先爲北院大王。」故合里只似以爲南院大王爲是。

〔三〕本史卷二二道宗紀：「咸雍七年七月，以東北路詳穩合里只爲南院大王。」卷二三道宗紀：「咸雍九年十一月，南院大王合理只致仕。」

〔四〕通考卷七田賦七：「屯田因兵屯得名，則固以兵耕；營田募民耕之，而分里築室以居其人，略如鼂錯田塞之制，故以營名，其實用民而非兵。」

耶律頗的，字撒版，季父房奴瓜〔一〕之孫。孤介寡合。重熙初，補牌印郎君。清寧初，稍遷知易州。去官，部民請留，許之。〔二〕

咸雍八年，改彰國軍節度使。上獵大牢古山，頗的謁于行宮。帝問邊事，對曰：「自應州南境至天池，皆我耕牧之地。清寧間，邊將不謹，爲宋所侵，烽堠内移，似非所宜。」道宗然之。拜北面林牙。後遣人使宋，得其侵地，命頗的往定疆界。還，拜南院宣徽使。〔三〕

大康四年，遷忠順軍節度使，尋爲南院大王，〔四〕改同知南京留守事，召拜南府宰相，賜貞良功臣，封吳國公，爲北院樞密使。廉謹奉公，知無不爲。大安中致仕，〔五〕卒。子霞抹，北院樞密副使。

論曰：耶律合住安邊講好，養兵息民，其慮深遠矣。六符啓釁邀功，豈國家之利哉？牛、杜、頗的、合里只輩銜命出使，幸不辱命。褭里殺人婢以求婚，身負罪釁，晝其主容，以冀免死，亦可醜也。

〔一〕本史卷八五有傳。

〔二〕按本史卷二一道宗紀：「清寧四年正月，知易州事耶律頗得秩滿，部民乞留，許之。」

〔三〕龍川畧志卷四：「宰相王安石謂：『咫尺地不足惜，朝廷方置河北諸將，後取之不難。』」欒城集卷三七乞責降韓縝第七狀：「去歲虜使入朝，見縝在位，使副相顧，反脣微笑，此何意也？虜誠見縝無狀，舉祖宗七百里之地無故與之，今其爲政，我之利也，故喜而竊笑耳。北虜地界之謀出於耶律用正，今以爲相，虜以闢國七百里而相用正，理固當爾；而朝廷以蹙國七百里而相縝，臣愚所未喻也。臣聞之河東父老云：韓琦爲太原，移文争之，卒得其要約：自厮邏臺以南爲漢界。及韓縝定地界，皆割與之，主户約一千五百餘户，客户三四倍之。驅迫内徙，墳墓廬舍及所種田苗皆委之而南，老幼慟哭，所不忍聞，遂以天池嶺爲界。天池北距厮邏臺尚二十五六里，異時虜欲祈福，修天池廟，必牒安撫司而後敢入，以明廟之屬漢也。今亦爲虜有。高政者，土豪也，蕃漢目之爲高大王。而天池廟神亦曰高大王廟。方割屬虜時，政拊膺大慟，謂其徒曰：『我兄嫂今日陷蕃。』百姓數千人皆大哭。縝爲侍從，仗節出使而賣國黨寇，曾不如一弓手節級。政數年前爲大皇平巡檢，年七十餘，每見人論縝與燕復之姦，即欲食其肉。復，火山軍三界首唐隆鎮一商人也，邊人疑其細作。而縝與之交私狎暱，無所不至，至呼爲燕二，亦謂之二哥，割地之謀皆出於復。使縝稍有臣子忠孝不負本朝之心，則七百里之地，必不至陷於寇讎之境也。中國從來控扼卓望形勢之地，如五蕃嶺、六蕃嶺、七蕃嶺、黄嵬山之類，今皆爲虜巢，下視忻、代，人馬可數，異時用精兵數十萬人未易復取，而用兵之策誰敢復議？以此知縝賣國之罪，百世不磨。若祖宗有靈，必不赦縝。」又同卷訖黜降韓縝狀：「訪聞河東當日割地與虜，邊民數千家墳墓、田業皆入異城，驅迫内徙，哭聲振天，至今父老痛入骨髓，而沿邊險要，舉以資敵，此乃萬世之深患。」索隱卷八云：「此二疏並足以爲此傳對證，疏中所謂耶律用正，即耶律頗德也。」此次最後依黄嵬山爲界，蕭禧乃去。宋以韓縝前往，畫筆與之。邵氏聞見前録卷四記契丹争河東地界，帝遣中使賜富鄭公、韓魏公、文潞公、曾魯公手詔，徵詢故老意見，惟韓琦、富弼、文彦博等答詔，「皆主不與之論，皆乞選將帥、利甲兵以待敵。時王荆公再入相，曰：『將欲取之，必固與之也。』以筆畫其地圖，命天章閣待制韓公縝奉使，舉與之，蓋東西棄地五百餘里云。」

〔四〕按本史卷二四道宗紀：「大康六年三月，封忠順軍節度使耶律頗德南院大王。」

〔五〕按本史卷二五道宗紀：「大安四年六月，北院樞密使耶律頗德致仕。」

遼史補注卷八十七

列傳第十七

蕭孝穆 撒八 孝先 孝友 蕭蒲奴 耶律蒲古 夏行美

蕭孝穆，小字胡獨堇，淳欽皇后弟阿古只五世孫。〔一〕父陶瑰，爲國舅詳穩。〔二〕

孝穆廉謹有禮法。〔三〕統和二十八年，累遷西北路招討都監。開泰元年，遥授建雄軍節度使，加檢校太保。是年朮烈等變，孝穆擊走之。冬，進軍可敦城。阻卜結五羣牧長查剌、阿覩等，謀中外相應，孝穆悉誅之，乃嚴備禦以待，餘黨遂潰。以功遷九水諸部安撫使。〔四〕尋拜北府宰相，賜忠穆熙霸功臣，檢校太師，同政事門下平章事。八年，還京師。

太平二年，知樞密院事，充漢人行宫都部署。三年，封燕王、南京留守、兵馬都總管。〔五〕九年，大延琳以東京叛，孝穆爲都統討之，戰于蒲水。中軍稍却，副部署蕭匹敵、都監蕭蒲奴以兩翼夾擊，賊潰，追敗之于手山北。延琳走入城，深溝自衛。孝穆圍之，築重城，起樓櫓，使内外不相通，城中撤屋以爨。其將楊詳世等擒延琳以降，遼東悉平。〔六〕

改東京留守，賜佐國功臣。爲政務寬簡，撫納流徙，其民安之。

興宗即位，徙王秦，尋復爲南京留守。〔七〕重熙六年，進封吴國王，拜北院樞密使。〔八〕八年，表請籍天下户口以均徭役，又陳諸部及舍利軍利害。從之。由是政賦稍平，衆悦。九年，徙王楚。時天下無事，户口蕃息，上富于春秋，每言及周取十縣，慨然有南伐之志。羣臣多順旨。孝穆諫曰：「昔太祖南伐，終以無功。嗣聖皇帝仆唐立晉，後以重貴叛，長驅入汴，鑾馭始旋，反來侵軼。自後連兵二十餘年，僅得和好，蒸民樂業，南北相通。今國家比之曩日，雖曰富强，然勳臣、宿將往往物故。且宋人無罪，陛下不宜棄先帝盟約。」時上意已決，書奏不報。以年老乞骸骨，不許。十二年，復爲北院樞密使，〔九〕更王齊，薨。追贈大丞相、晉國王，〔一〇〕謚曰貞。

孝穆雖椒房親，位高益畏。太后有賜，輒辭不受。妻子無驕色。與人交，始終如一。所薦拔皆忠直士。嘗語人曰：「樞密選賢而用，何事不濟？若自親煩碎，則大事凝滯矣。」自蕭合卓以吏才進，其後轉效，不知大體。歎曰：「不能移風易俗，偷安爵位，臣子之道若是乎。」時稱爲「國寶臣」，目所著文曰寶老集。二子阿剌、〔一一〕撒八，弟孝先、孝忠、孝友，各有傳。

〔一〕契丹國志卷一五孝穆傳：「番名陳六，法天皇后兄也。初，后選入宮爲聖宗夫人，授大將軍；后封元妃，遷北宰相，封燕王。」自阿古只至孝穆凡五代，陳六即陳留，孝友小字。非孝穆番名。

〔二〕陶瑰，本史卷一一聖宗紀統和四年十一月作桃畏，卷一二聖宗紀統和六年十一月作桃委。漢名和，見全遼文卷九蕭德温墓誌銘。墓誌云：「公諱德温……故贈晉國王諱和，秦國太妃耶律氏，曾王父母也。」又名諧里，見全遼文卷七耶律元妻晉國夫人蕭氏墓誌銘。墓誌云：「夫人姓蕭氏，父諱諧里，贈魏王。母齊國太妃。太妃有五子：長諱孝穆，次諱孝先，次諱孝誠，次諱孝友，次諱孝惠。」孝忠又名孝惠，卷八一有傳。孝誠番名高九，蘭陵郡王，與尚聖宗女三河公主十哥者同名。本史卷六五公主表：「十哥，下嫁奚王蕭高九。」

〔三〕契丹國志卷一五：「孝穆機悟有才藝，馳馬立射五的，時人莫能及。」

〔四〕按本史卷一五聖宗紀開泰二年十二月作「西北路招討使」，三年四月作「西北路招討都監」，官名各異。

〔五〕按本史卷一七聖宗紀太平八年二月，「燕京留守蕭孝穆乞于拒馬河接宋境上置戍長巡察，詔從之」。

〔六〕契丹國志卷一五：「聖宗在位，喜其忠謹，與參軍國大謀。時渤海反於東京，有衆數萬，命孝穆爲行營兵馬都統討之。大酋宿石貞栅於金閶山上，險峻不可攻，孝穆爲宣揚恩意，開其自新，凡所招降七萬餘户而還，以功授東遼王。」

本史卷一七聖宗紀太平十年三月：「詳穩蕭匹敵至自遼東，言都統蕭孝穆去城四面各五里許，築城堡以圍之。」十一月：「南京留守蕭孝穆以東征將士凱還，戎服見上，上大加宴勞。翌日，以孝穆爲東平王，東京留守。」契丹國志所稱「東遼王」，應是東平王傳訛。契丹國志所記宿石真即大延琳。

〔七〕契丹國志卷一五：「聖宗疾亟，急詔赴闕，聖宗崩，以輔立功封晉王，又納女爲興宗后，授樞密使、楚國王。」本史卷一八興宗紀景福元年七月，「詔寫南府宰相蕭孝穆像于御容殿」。北京廣渠門外出土燕京留守秦王畫像發願記事碑（見全遼文卷七）題：「燕京留守、兵馬大元帥、守太師兼政事令秦王製文。」碑文畧云：「維重熙三年，年五十四，病染沉疴，身傾十分。爰有二子：長曰知足，次曰無曲。捨財畫像，發願筵僧，於時秦王，其疾頓痊，復安如舊。寫容於寺，叙事在碑，東禪林。」據碑重熙三年燕京留守，知爲蕭孝穆，秦王及二子之名亦合。是年五十四歲，則知生於乾亨三年（九八一），下文重熙十二年（一〇四三）薨，終年六十三歲。

〔八〕本史卷一八興宗紀重熙六年六月，「上酒酣賦詩，吴國王蕭孝穆等皆屬和」。

〔九〕十二年，原作「十一年」。按本史卷一九興宗紀，孝穆復爲此官在十二年六月，據改。又紀本年十月己亥薨。

〔一〇〕全遼文卷九蕭德温墓誌銘：「祖（祖，疑當作故）推誠協謀致理同德佐國功臣，樞密使、開府儀同三司、守太師兼政事令，齊國王、食邑四萬户、食實封五千户，贈大丞相諱孝穆，遼國太妃耶律氏，王父母也。」

〔一二〕全遼文卷七重熙三年畫像發願記事碑：「長（子）曰知足。」歐陽文忠公事迹：「至和二年（清寧元年）先公奉使契丹，契丹使其貴臣……北宰相蕭知足……來押宴……北宰相，蕃官最高者。」知足即阿剌漢名。

撒八，字周隱。漢名順，又名無曲。〔一〕七歲，以戚屬加左右千牛衛大將軍。〔二〕重熙初，補祇候郎君。

性廉介，風姿爽朗，善毬馬、馳射。帝每燕飲，喜諧謔。撒八雖承寵顧，常以禮自持，時人稱之。以柴册禮恩，加檢校太傅、永興宮使，總領左右護衛，同知點檢司事。尚魏國公主，拜駙馬都尉，爲北院宣徽使，仍總知朝廷禮儀。重熙末，出爲西北路招討使、武寧郡王。居官以治稱。

清寧初薨，年三十九，追封齊王。

〔一〕以上七字新增，參注〔二〕。

〔二〕按本史卷一六聖宗紀：「太平四年六月，以燕王蕭孝穆子順爲千牛衛將軍。」卷一八興宗紀：「重熙五年四月，幸后弟蕭無曲第，曲水泛觴賦詩。」順、無曲即撒八漢名。全遼文卷七畫像發願記事碑亦稱孝穆次子無曲。

孝先，字延寧，小字海里。〔一〕統和十八年，補祗候郎君。尚南陽公主，拜駙馬都尉。開泰五年，爲國舅詳穩。將兵城東鄙。還，爲南京統軍使。太平三年，爲漢人行宮都部署，尋加太子太傅。五年，遷上京留守。以母老求侍，復爲國舅詳穩。改東京留守。會大延琳反，被圍數月，穴地而出。延琳平，留守上京。十一年，帝不豫，欽哀召孝先總禁衛事。

興宗諒陰，欽哀弒仁德皇后，孝先與蕭浞卜、蕭匹敵等謀居多。〔二〕及欽哀攝政，遥授天平軍節度使，加守司徒，兼政事令。重熙初，封楚王，爲北院樞密使。孝先以椒房親，爲太后所重。在樞府，好惡自恣，權傾人主，朝多側目。〔三〕二年，太后與孝先謀廢立事，帝知之，勒衛兵出宮，召孝先至，諭以廢太后意。孝先震懾不能對。遷太后于慶州。〔四〕孝先恒鬱鬱不樂。四年，徙王晉。後爲南京留守，〔五〕卒，謚忠肅。

〔一〕契丹國志卷一三作解里。並作解里尚平陽公主，陳六尚南陽公主，與此歧。

〔二〕按此處似有錯簡。蕭浞卜即蕭鋤不里，與蕭匹敵以黨仁德已於景福元年爲欽哀所殺，仁德被殺於後一年即重熙元年，浞卜、匹敵何能預其謀？應作：「欽哀弒仁德皇后及殺蕭浞卜、蕭匹敵等，孝先謀居多。」

〔三〕按本史卷一八興宗紀：「重熙二年十二月，以北府宰相蕭孝先爲樞密使。」

〔四〕三年，原作「二年」，按本史卷一八興宗紀，皇太后還政於帝，躬守慶陵，在三年五月，據改。

〔五〕全遼文卷七耶律元妻晉國夫人蕭氏墓誌銘：「次諱孝先，兵馬都總管，燕京留守，晉王。」與此合。

孝友，字撻不衍，小字陳留。〔一〕開泰初，以戚屬爲小將軍。太平元年，以大册，加左武衛大將軍、檢校太保，賜名孝友。

重熙元年，累遷西北路招討使，封蘭陵郡王。八年，進王陳。先是，蕭惠爲招討使，專以威制西羌，諸夷多叛。孝友下車，厚加綏撫，每入貢，輒增其賜物，羌人以安。久之，寖成姑息，諸夷桀驁之風遂熾，議者譏其過中。

十年，加政事令，賜效節宣庸定遠功臣，更王吳。後以葬兄孝穆、孝忠，〔二〕還京師，拜南院樞密使，加賜翊聖協穆保義功臣，進王趙，拜中書令。〔三〕丁母憂，起復北府宰相，〔四〕

出知東京留守。會伐夏，孝友與樞密使蕭惠失利河南，〔五〕帝欲誅之，太后救免。復爲東京留守，〔六〕徙王燕，改上京留守，更王秦。

清寧初，加尚父。〔七〕頃之，復留守東京。明年，復爲北府宰相。帝親製誥詞以褒寵之。以柴册恩，〔八〕遥授洛京留守，益賜純德功臣，致仕，進封豐國王。

坐子胡覩首與重元亂，〔九〕伏誅，年七十三。胡覩在逆臣傳。

〔一〕陳留，按本史卷二二道宗紀清寧九年七月，契丹國志卷一三並作陳六。

〔二〕按本史卷一九興宗紀：「重熙十二年七月，北院樞密使蕭孝忠薨，十月，北院樞密使蕭孝穆薨。」

〔三〕按本史卷四七百官志三：「中書省。初名政事省。重熙十三年改中書省。」

〔四〕按本史卷一九興宗紀重熙十五年十一月，「以南院樞密使蕭孝友爲北府宰相」。

〔五〕按本史卷二〇興宗紀：「重熙十八年六月，以韓國王蕭惠爲河南道行軍都統，趙王蕭孝友、漢王貼不副之。」

〔六〕按本史卷二〇興宗紀：「重熙十九年十二月，北府宰相、趙王蕭孝友出爲東京留守。」卷二一道宗紀：「清寧元年九月，以上京留守宿國王陳留爲南京留守。二年十二月，以東京留守宿國王陳留（爲）北府宰相。」

〔七〕歐陽文忠公事迹記歐陽脩於清寧元年奉使契丹，尚父中書令晉王蕭孝友來押宴。又云：「晉王是皇太后弟。」

〔八〕按本史卷二一道宗紀清寧四年十一月行柴册禮。

〔九〕按本史卷二二道宗紀：「清寧九年七月，皇太叔重元及陳國王陳六，同知北院樞密使事蕭胡覩等凡四百人犯行宫。」

蕭蒲奴，字留隱，奚王楚不寧之後。幼孤貧，傭于醫家牧牛。傷人稼，數遭笞辱。醫者嘗見蒲奴熟寐，有蛇繞身，異之。教以讀書，聰敏嗜學。不數年，涉獵經史，習騎射。既冠，意氣豪邁。

開泰間，選充護衛，稍進用。俄坐罪黥流烏古部。久之，召還，累任劇，遷奚六部大王，治有聲。

太平九年，大延琳據東京叛，蒲奴爲都監，將右翼軍，遇賊戰蒲水。中軍少却，蒲奴與左翼軍夾攻之。先據高麗、女直要衝，使不得求援，又敗賊于手山。延琳走入城。蒲奴不介馬而馳，追殺餘賊。已而大軍圍東京，蒲奴討諸叛邑，平吼山賊，延琳堅守不敢出。既被擒，蒲奴以功加兼侍中。

重熙六年，改北阻卜副部署，再授奚六部大王。十五年，爲西南面招討使，西征夏國。蒲奴以兵二千據河橋，聚巨艦數十艘，仍作大鉤，人莫測。戰之日，布舟于河，綿亘三十餘里。遣人伺上流，有浮物輒取之。大軍既失利，蒲奴未知，適有大木順流而下，勢將壞浮梁，斷歸路，操舟者争鉤致之，橋得不壞。

明年，復西征，懸兵深入，大掠而還，復爲奚六部大王。致仕，卒。

耶律蒲古，字提隱，太祖弟蘇〔一〕之四世孫。以武勇稱。統和初，爲涿州刺史，從伐高麗有功。開泰末，爲上京内客省副使。

太平二年，城鴨渌江，蒲古守之，在鎮有治績。五年，改廣德軍節度使，尋遷東京統軍使。莅政嚴肅，諸部慴服。九年，大延琳叛，以書結保州。夏行美執其人送蒲古，蒲古入據保州，延琳氣沮。以功拜惕隱。

十一年，爲子鐵驪所弑。

〔一〕蘇，本史卷一太祖紀太祖三年三月作皇弟舍利素，見本書卷七二補傳。

夏行美，渤海人。太平九年，大延琳叛，時行美總渤海軍于保州。延琳使人説欲與俱叛，行美執送統軍耶律蒲古，又誘賊黨百人殺之。延琳謀沮，乃嬰城自守，數月而破。以功加同政事門下平章事，〔一〕錫賚甚厚。明年，擢忠順軍節度使。

重熙十七年，遷副部署，從點檢耶律義先討蒲奴里，獲其酋陶得里以歸。致仕，卒。上思其功，遣使祭于家。

論曰：不有君子，其能國乎？方其擒延琳，定遼東，一時諸將之功偉矣。宜其撫劍抵掌，賈餘勇以威天下也。蕭孝穆之諫南侵，其意防何其弘遠歟，是豈瞋目語難者所能知哉！至論移風俗爲治之本，親煩碎爲失大臣體，又何其深切著明也。爲「國寶臣」，宜矣。孝先預弒仁德之謀，猶依城社以逃熏灌，爲國巨蠹，雖功何議焉。

〔一〕按本史卷一七聖宗紀太平九年十一月：「超授保州戍將夏行美平章事。」延琳城破被擒，在十年八月。

遼史補注卷八十八

列傳第十八

蕭敵烈 拔剌 耶律盆奴 蕭排押 恒德 匹敵 〔補〕耶律元寧 耶律資忠 耶律瑶質 耶律弘古 高正 耶律的琭 大康乂 〔補〕董匡信 庠

蕭敵烈，字涅魯衮，宰相撻烈四世孫。識度弘遠，爲鄉里推重。始爲牛羣敞史。帝聞其賢，召入侍，遷國舅詳穩。

統和二十八年，帝謂羣臣曰：「高麗康肇弒其君誦，立誦族兄詢而相之，大逆也。宜發兵問其罪。」羣臣皆曰可。敵烈諫曰：「國家連年征討，士卒抏敝。況陛下在諒陰；年穀不登，創痍未復。島夷小國，城壘完固。勝不爲武；萬一失利，恐貽後悔。不如遣一介之使，往問其故。彼若伏罪則已；不然，俟服除歲豐，舉兵未晚。」時令已下，言雖不行，識者韙之。

明年，同知左夷離畢事。改右夷離畢。開泰初，率兵巡西邊。時夷離堇部下闡撒狘撲里、失室、勃葛率部民遁，敵烈追擒之，令復業，遷國舅詳穩。〔一〕從樞密使耶律世良伐高麗。還，加同政事門下平章事，拜上京留守。〔二〕

敵烈爲人寬厚，達政體，廷臣皆謂有王佐才。漢人行宮都部署王繼忠薦其材可爲樞密使，帝疑其黨而止。爲中京留守，卒。族子忽古，〔三〕有傳。弟拔剌。

拔剌，字別勒隱。多智，善騎射。

開泰間，以兄爲右夷離畢，始補郎君，累遷奚六部禿里太尉。太平末，大延琳叛，拔剌將北、南院兵往討，遇于蒲水，南院兵少却。至手山，復與賊遇。拔剌乃易兩院旗幟，鼓勇力戰，破之。上聞，以手詔褒奬，賜内厩馬。

重熙中，遷四捷軍詳穩，謝事歸鄉里。數歲，起爲昭德軍節度使，尋改國舅詳穩，卒。

〔一〕按本史卷一五聖宗紀開泰三年六月，「合拔里、乙室二國舅爲一帳，以乙室夷離畢蕭敵烈爲詳穩以總之」。

〔二〕按本史卷一五聖宗紀開泰四年正月，「東征。東京留守善寧、平章涅里衮奏，已總大軍及女直諸部兵分道進討。四月，蕭敵烈等伐高麗還」。涅里衮即涅魯衮，蕭敵烈字。

〔三〕族子忽古，「族」字疑衍。本史卷九九有傳。

耶律盆奴，字胡獨堇，漢名乾寧，〔一〕惕隱涅魯古之孫。景宗時，爲烏古部詳穩，政尚嚴急，民苦之。有司以聞，詔曰：「盆奴任方面寄，以細故究問，恐損威望。」尋遷馬羣太保。統和十六年，隱實燕軍之不任事者，汰之。〔二〕二十八年，駕征高麗，盆奴爲先鋒。至銅州，高麗將康肇分兵爲三以抗我軍：一營于州西，據三水之會，肇居其中；一營近州之山；一附城而營。盆奴率耶律弘古擊破三水營，擒肇，〔三〕李玄蘊等軍望風潰。會大軍至，斬三萬餘級，追至開京，破敵於西嶺。高麗王詢聞邊城不守，遁去。盆奴入開京，焚其王宮，乃撫慰其民人。上嘉其功，遷北院大王，薨。

〔一〕以上四字新增，參注〔二〕。

〔二〕按本史卷一四聖宗紀統和二十三年十一月：「太后遣太師盆奴、政事舍人高正使宋賀正旦。」長編、宋會要並作太后遣保静軍節度使耶律乾寧與高正使宋賀正旦。

〔三〕高麗史卷一二七康兆傳：「顯宗元年五月，契丹主以兆弑君，欲發兵問罪。王聞之，以兆爲行營都統使，鉉雲及兵部侍郎張延祐副之。率兵三十萬軍於通州以備之。十一月，契丹主自將步騎四十萬，號義軍天兵，渡鴨渌江，圍興化鎮。兆引兵出通州城南，分軍爲三，隔水而陣。一營於州西，據三水之會，兆居其中；一營於近州之山；一附城而營。兆以劍車排陳，契丹兵入，則劍車合攻之，無不摧靡。契丹兵屢却，兆遂有輕敵之心，與人彈棊。契丹先鋒耶律盆奴率詳穩耶律敵魯擊破三水砦，鎮主告契丹兵至，兆不信，曰：『如口中之食，少則不可，宜使多入。』再告曰：『契丹兵已多入。』兆驚起曰：『信乎？』怳惚若見穆宗立於其後，叱之曰：『汝奴休矣！天伐詎可逃耶？』兆即脱鍪伞，長跪曰：『死罪，死罪。』言未訖，契丹兵已至。縛兆，裹以氈，載之而去。鉉雲亦被執。契丹主解兆縛，問曰：『汝爲我臣乎？』對曰：『我是高麗人，何更爲汝臣乎！』再問，對如初。又剮而問，對亦如初。問鉉雲，對曰：『兩眼已瞻新日月，一心何憶舊山川。』兆怒蹴鉉雲曰：『汝是高麗人，何有此言？』契丹遂誅兆。」高麗史康兆，即本史康肇，鉉雲即本史李玄藴。

蕭排押，字韓隱，國舅少父房之後。多智畧，能騎射。統和初，爲左皮室詳穩，討阻卜有功。四年，破宋將曹彬、米信兵于望都。凡軍事有疑，每預參決。尋總永興宮分糺及舍利、拽剌、二皮室等軍，〔一〕與樞密使耶律斜軫收復山西所陷城邑。是冬，攻宋，隸先鋒，圍滿城，率所部先登，拔之，改南京統軍使。尚衞國公主，〔二〕拜駙馬都尉，加同政事門下平章事。

十三年，歷北、南院宣徽使。條上時政得失，及賦役法，上嘉納焉。十五年，加政事令，遷東京留守。二十二年，復攻宋，將渤海軍，下德清軍。後蕭撻凜卒，專任南面事。宋和議成，爲北府宰相。

聖宗征高麗，將兵由北道進，至開京西嶺，破敵兵，斬數千級。高麗王詢懼，奔平州。排押入開京，大掠而還。帝嘉之，封蘭陵郡王。開泰二年，以宰相知西南面招討使。五年，進王東平。

排押爲政寬裕而善斷，諸部畏愛，民以殷富，時議多之。七年，再伐高麗，至開京，敵奔潰，縱兵俘掠而還。渡茶、陀二河，敵夾射，排押委甲仗走，坐是免官。

太平三年，復王豳，薨。弟恒德。

〔一〕按本史卷一一聖宗紀統和四年五月，「詔遣詳穩排亞率弘義宮兵及南、北皮室、郎君、拽剌四軍赴應、朔二州界，與惕隱瑤昇、招討韓德威等同禦宋兵在山西之未退者」。

〔二〕本史卷六五公主表：「景宗第二女長壽，衛國公主，下嫁宰相蕭排押。」全遼文卷八秦晉國妃墓誌銘：「妃姓蕭氏，其先蘭陵人，故樞密使、北宰相、駙馬都尉諱曷寧，魏國公主小字長壽奴，考妣也。公主即景宗皇帝之幼女，聖宗皇帝之愛妹也。」曷寧即韓隱歧譯。按李信報告所稱景宗子女年齡核算，長壽與隆裕生年互舛，即隆裕長於延壽，延壽長於長壽，故此稱景宗幼女，參本書卷六五公主表注〔一七〕。

統和二十六年，路振使遼所撰乘軺録，記契丹主「遣使置宴於副留守之第，以駙馬都尉蘭陵郡王蕭寧侑宴」。寧爲曷寧之省。

恒德，字遜寧。有膽畧而善謀。

統和元年，尚越國公主，拜駙馬都尉，〔一〕遷南面林牙。從宣徽使耶律阿没里征高麗還，改北面林牙。會宋將曹彬、米信侵燕，耶律休哥與恒德議軍事，多見信用，爲東京留守。

六年，上攻宋，圍沙堆，恒德獨當一面。城上矢石如雨，恒德意氣自若，督將士奪其陴。城陷，中流矢，太后親臨視，賜藥。攻長城口，復先登，太后益多其功。時高麗未附，恒德受詔，率兵拔其邊城。王治懼，上表請降。〔二〕

十二年八月，賜啓聖竭力功臣。明年，〔三〕從都部署和朔奴討兀惹，未戰，兀惹請降。恒德利其俘獲，不許。兀惹死戰，城不能拔。和朔奴議欲引退，恒德曰：「以彼倔强，吾奉詔來討，無功而還，諸部謂我何！若深入多獲，猶勝徒返。」和朔奴不得已，進擊東南諸部，至高麗北鄙。比還，道遠糧絶，士馬死傷者衆，坐是削功臣號。〔四〕

十四年，爲行軍都部署，伐蒲盧毛朶部。還，公主疾，太后〔五〕遣宮人賢釋侍之，恒德私焉。公主恚而薨，〔六〕太后怒，賜死。〔七〕後追封蘭陵郡王。子匹敵。

〔一〕本史卷六五公主表：「景宗第三女延壽，越國公主，下嫁蕭恒德。」卷一〇聖宗紀統和元年二月，「以皇女延壽（原誤長壽）公主下嫁國舅宰相蕭婆項之子吴留」。吴留即恒德。

〔二〕高麗史卷三：成宗十二年（統和十一年，九九三）五月、八月，女真連報契丹來侵，閏十月，契丹蕭遜寧攻破蓬山郡，遣徐熙請和，遜寧罷兵。又卷九四徐熙傳云：「成宗十二年，契丹來侵。熙爲中軍使，與侍中朴良柔、門下侍郎崔亮軍於北界備之。成宗欲自將禦之，幸西京，進次安北府。契丹東京留守蕭遜寧攻破蓬山郡，獲我先鋒軍使、給事中尹庶顔等。成宗聞之，不得進，乃還。熙引兵欲救蓬山，遜寧聲言大朝既已奄有高勾麗舊地，今爾國侵奪疆界，是以來討。又移書云：『大朝統一四方，其未歸附，期於掃盪，速致降款，毋涉淹留。』熙見書，還奏有可和之狀。成宗遣監察司憲借禮賓少卿李蒙戩如契丹營請和。遜寧又移書云：『八十萬兵至矣，若不出江而降，當須殄滅。君臣宜速降軍前。』蒙戩至營，問所以來侵之意。遜寧曰：『汝國不恤民事，是用恭行天罰，若欲求和，宜速來降。』蒙戩還，成宗會羣臣議之。或言車駕還京，令重臣率軍乞降；或言割西京以北與之，自黄州至岊嶺，畫爲封疆。成宗將從割地之議，開西京倉米，任百姓所取，餘者尚多。成宗恐爲敵所資，令投大同江。熙奏曰：『食足則城可守，戰可勝也。兵之勝負，不在强弱，但能觀釁而動耳。何可遽令棄之乎。況食者民之命也，寧爲敵所資，虛棄江中，又恐不合天意。』成宗然而止之。熙又奏曰：『自契丹東京至我安北府數百里之地，皆爲生女真所據，光宗取之，築嘉州、松城等城。今契丹之來，其志不過取北二城，其聲言取高勾麗舊地者，實恐我也。今見其兵勢大盛，遽割西京以北與之，非計也。且三角山以北，亦高勾麗舊地。彼以谿壑之欲，責之無厭，可盡與乎？況割地與敵，萬世之耻也。願駕還都城，使臣等一與之戰；然後議之未晚也。』前民官御事李知白奏曰：『聖祖創業垂統，洎於今日，無一忠臣，遽欲以土地輕與敵國，可不痛哉！古人有詩云：千里山河輕孺子，兩朝冠劍恨譙周。蓋謂譙周爲蜀大臣，勸後主納土於魏，爲千古所笑也。請以金銀寶器賂遜寧，以觀其意。且與其輕割土地，棄之敵國，曷若復行先王燃燈八關仙郎等事，不爲他方異法以保國家致太平乎。若以爲然則當先告神明，然後戰之與和，惟上裁之。』時成宗樂慕華風，國人不喜，故知白及之。遜寧以蒙戩既還，久無回報，遂攻安戎鎮。中郎將大道秀、郎將庾方與戰，克之。遜寧不敢復進，遣人促降。成宗遣和通使閤門舍人張瑩往契丹營。遜寧曰：『宜更以大臣送軍前面對。』瑩還，成宗會羣臣問曰：『誰能往契丹營，以口舌却兵，立萬世之功乎？』羣臣無有應者。熙獨奏曰：『臣雖不敏，敢不惟命。』王出餞江頭，執手慰借而送之。熙奉國書如遜寧營，使譯者問相見禮。遜寧曰：『我大朝貴人，宜拜於庭。』熙曰：『臣之於君，拜下禮也。兩國大臣相見，何得如是。』往復再三，遜寧不許。熙怒，還卧所館不起。遜寧心異之，乃許升堂行禮。於是熙至營門，下馬而入，與遜寧分庭揖升行禮，東西對坐。遜寧語熙曰：『汝國興。新羅地，高勾麗之地，我所有也，而汝侵蝕之。又與我連壤而越海事宋，故有今日之師，若割地以獻而修朝聘，可無事矣。』熙曰：『非也。我國即高勾麗之舊也。故號高麗，都平壤。若論地界，上國之東京，皆在我境，何得謂之侵蝕乎？且鴨綠江内外，亦我境内，今女真盜據其間，頑黠變詐，道途梗澁，甚於涉海，朝聘之不通，女真之故也。若令逐女真，還我舊地，築城堡，通道路，則敢不修聘。將軍如以臣言達之天聰，豈不哀納。』辭氣慷慨，遜寧知不可强，遂具以聞。契丹帝曰：『高麗既請和，宜罷兵。』遜寧欲宴慰，熙曰：『本國雖無失道，而致上國勞師遠來，故上下皇皇，操戈執鋭，暴露有日，何忍宴樂？』遜寧曰：『兩國大臣相見，可無歡好之禮乎？』固請，然後許之，極歡乃罷。熙留契丹營七日而還，遜寧贈以駝十首、馬百匹、羊千頭，錦綺羅紈五百匹。成宗大喜，出迎江頭，即遣良柔爲禮幣使入覲。熙復奏曰：『臣與遜寧約，盪平女真，收復舊地，然後朝覲可通。今纔收江内，請俟及江外，修聘未晚。』成宗曰：『久不修聘，恐有後患。』遂遣之。」

東國通鑑載高麗成宗十三年（統和十二年）蕭遜寧致高麗書云：「近奉宣命，但以彼國信好早通，境土相接，雖以小事大，固有規儀；而原始要終，須存悠久。若不設於預備，慮中阻於使人，遂與彼國商議，使於要衝路陌，創築城池者，尋准宣命，自便斟酌。擬於鴨江西創築五城，取三月初擬到築城處，下手修築。伏請大王預先指揮，從安北府至鴨江東，計二百八十里，踏行穩便田地，酌量地里遠近，並令築城。發遣役夫，同時下手，其合築城數，早與回報。所貴交通車馬，長開貢覲之途；永奉朝廷，自協安康之計。」

〔三〕明年二字原闕，從和朔奴討兀惹，爲統和十三年秋七月事，並見本史卷一三聖宗紀及卷八五奚和朔奴傳，據補。

高麗史卷九四徐熙傳云：「（成宗）十三年，率兵逐女真，城長興、歸化二鎮，郭、龜二州。明年，又率兵城安義、興化二鎮。又明年，城宣、孟二州。」

〔四〕高麗史卷九四姜民瞻傳：「顯宗時，以大將軍副姜邯贊，大破契丹蕭遜寧於興化鎮，遜寧引兵直趨京都，民瞻追及於慈州來口山，又大敗之。」

〔五〕景宗睿智皇后。

〔六〕按本史卷一三聖宗紀統和十五年七月，「高麗遣韓彦敬奉幣弔越國公主之喪」。卷一一五高麗外記云：「（統和）十五年，韓彦敬來納聘幣，弔駙馬蕭恒德妻越國公主薨。」

〔七〕恒德亦死於統和十五年。

匹敵，字蘇隱，一名昌裔。生未月，父母俱死，育于禁掖。既長，尚秦晉王公主，〔一〕拜駙馬都尉，爲殿前副點檢。開泰八年，改北面林牙。〔二〕太平四年，遷殿前都點檢，出爲國舅詳穩。九年，渤海大延琳叛，刼掠鄰部，與南京留守蕭孝穆往討。孝穆欲全城降，乃築重城圍之，數月，城中人陰來納款，遂擒延琳，東京平，以功封蘭陵郡王。

十一年，聖宗不豫，先是，欽哀與仁德皇后有隙，以匹敵嘗爲后所愛，忌之。時護衛馮家奴上變，誣后弟浞卜〔三〕與匹敵謀逆，〔四〕以皇后攝政，徐議當立者。公主竊聞其謀，謂匹敵曰：「爾將無罪被戮。與其死，何若奔女直國以全其生！」匹敵曰：「朝廷詎肯以飛語害忠良。寧死弗適他國。」及欽哀攝政，殺之。〔五〕

〔一〕秦晉王公主即指秦晉國王隆慶女韓國長公主。見本史卷三七地理志一頭下軍州渭州。

〔二〕開泰原誤統和，按上文恒德夫婦於統和十五年俱死，時匹敵生未月，匹敵生於統和十五年，何得於統和八年以前尚主、任官，八年又改北面林牙？下文有太平四年，統和應是開泰之訛。據改。

〔三〕后弟，「后」字原脫。浞卜爲仁德皇后弟，據上下文義補。浞卜又作啜不、鉏不，即景福元年與匹敵同時賜死之駙馬蕭鉏不里，漢名紹業。尚聖宗女晉國公主巖母堇。本史卷三七地理志一：「成州，長慶軍，聖宗女晉國長公主以上賜媵臣户置。」卷六五公主表：「聖宗女巖母堇，嫁蕭啜不。」遼東行部志：「同昌，舊名成州長慶軍，始建於遼聖宗女晉國公主黏米（巖母堇），世傳『公主成州』者是也。」按本史卷三九地理志三：「成州，興府軍，晉國長公主以媵户置，軍曰長慶，隸上京（後没入，屬中京）。復改軍名。」檢卷一六聖宗紀太平元年三月，「駙馬蕭紹業建私城，賜名睦州，軍曰長慶」。卷一七聖宗紀太平六年十月，「以駙馬蕭紹業（爲）平章政事」。七年七月，詔諭駙馬蕭鉏不、公主粘米衮（巖母堇）」，卷一八興宗紀太平十一年（即景福元年）六月，興宗即位，「尊母元妃蕭氏爲皇太后，皇太后賜駙馬蕭鉏不里死」。成州應即此時没入。契丹國志卷八：「承天太后以楚國公主嫁其弟蕭姑從撒（徒姑撒），爲築城以居之，曰陸州（睦州），號長慶軍。」此是傳誤。嫁蕭徒古撒（漢名孝惠）者爲聖宗女槊古，其城曰懿州。

〔四〕按高麗史卷九四王可道傳：「遣工部郎中柳喬、郎中金行恭如契丹會葬，且賀（興宗）即位。可道奏，契丹與我通好交贄，然每有并吞之志，今其主殂，駙馬匹梯叛據東京，宜乘此時，請毁鴨緑城橋，歸所留我行人，若不聽，可與之絶。乃附表請之，契丹不從，王命羣臣議。王從可道及訥等議，停賀正使，仍用聖宗太平年號。」

〔五〕按本史卷一八興宗紀景福元年六月，「皇太后賜駙馬蕭鉏不里、蕭匹敵死」。仁德皇后爲匹敵姨母。

〔補〕耶律元寧，字安世。祖曷魯轄麥哥，父開里，東京統軍使、鎮國軍節度使、檢校太師、同政事門下平章事。母蕭氏，封蘭陵郡夫人。元寧以族繫北大王府，會南征，從祖弟以失旗鼓之利求支援，元寧率驍騎不滿百人，深入敵陣，俄而俱得所遺兵器而還。以軍功宣署北大王府管軍司徒。

後以宋軍來擾邊疆，凌犯都邑，景宗命諸將分兵防禦，北大王惕隱備西軼之敵，元寧奉命備東路。兩路齊進夾攻，敗之。以功授奉國軍節度使、管内觀察處置等使，行辰州刺史、兼御史大夫柱國。元寧奉詔蒞任，經畫治理，未一年而俗變，越再考而政成。遂移權東京統軍兵馬都監。

會高麗罷貢，時與駙馬蘭陵〔一〕王奉命征討，元寧首爲前鋒，始遇敵於建安之南，敵卒尚三千餘衆。掎角繞龍，剪戮殆盡，高麗請降，願爲藩臣，故歲時之貢，不絶於此，亦元寧之力也。因是建來遠城，留元寧主之，爲兵馬都部署。復以仿翰之功，聞於宸極之上。不數歲，授金紫崇禄大夫、檢校太保、守右監門衛上將軍、兼御史大夫、上柱國。未幾，遷東京中臺省左平章事，加忠義奉節功臣。進封漆水縣開國子，食邑五百户。後加檢校太尉。

無何，於統和二十六年夏六月遘疾，逝于中京東南之行在，年七十。其年冬，歸葬於黄柏嶺之東原其父塋墓之西，與蘭陵夫人蕭氏合祔。夫人即西南路招討都監太尉之長女，以夫貴，封乙失娩。

子三人：孟曰天王奴，仲曰歎阿鉢，季曰寶奴。女二人：長曰蒲蘆不，早亡。次曰渠劣迷，已適西南路招討都監太尉之孫耻哥。

元寧風度嚴明，宇量弘遠，自臻于北府，至官于中省，向四十年，歷八九任，皆以公忠許國，端方律人。尤通諸部之言，頗得小經〔二〕之義。或罷宴樂，即專吟咏。亦爲一時之豪者也。

參耶律元寧墓誌銘

〔一〕本史卷一三聖宗紀：「統和十年十二月，以東京留守蕭恒德等伐高麗。」恒德拜駙馬都尉，追封蘭陵郡王，參見本卷蕭恒德傳。

〔二〕唐以易、書、公羊傳、穀梁傳爲小經；宋以孟子、莊子、列子爲小經。參見本書卷六一補藝文志經部經總類。

耶律資忠，字沃衍，小字札剌，系出仲父房。兄國留善屬文，聖宗重之。時妻弟之妻阿古與奴通，將奔女直國，國留追及奴，殺之，阿古自經。阿古母有寵于太后，事聞，太后怒，將殺之。帝度不能救，遣人訣別，問以後事。國留謝曰：「陛下憫臣無辜，恩漏九泉，死且不朽！」既死，人多冤之。在獄著兔賦、寤寐歌，爲世所稱。

資忠博學，工辭章，年四十未仕。聖宗知其賢，召補宿衞。數問以古今治亂，資忠對無隱。開泰中，授中丞，眷遇日隆。

初，高麗内屬，取女直六部地以賜。至是，貢獻不時至，詔資忠往問故。高麗無歸地意。由是權貴數短於上，出爲上京副留守。四年，再使高麗，〔一〕留弗遣。資忠每懷君親，輒有著述，號西亭集。帝與羣臣宴，時一記憶曰：「資忠亦有此樂乎？」九年，高麗上表謝罪，始送資忠還。帝郊迎，同載以歸，命大臣宴勞，留禁中數日。謂曰：「朕將屈卿爲樞密，何如？」資忠對曰：「臣不才，不敢奉詔。」乃以爲林牙，知惕隱事。初，資忠在高麗也，弟昭爲著帳郎君，坐罪没家產。至是，乃復横帳，且還舊產，詔以外戚女妻之。

是時，樞密使蕭合卓、少師蕭把哥有寵，資忠不肯俛附，詆之。帝怒，奪官。數歲，出知來遠城事，歷保安、昭德二軍節度使。〔二〕

聖宗崩，表請會葬。既至，伏梓宫大慟曰：「臣幸遇聖明，横被構譖，不獲盡犬馬報。」氣絶而蘇，興宗命醫治疾。久之，言國舅侍中無憂國心，〔三〕陛下不當復用唐景福舊號，於是用事者惡之，遣歸鎮，卒。弟昭，有傳。

〔一〕按本史卷一五聖宗紀資忠於開泰二年六月使高麗，八月還。高麗史卷四作耶律行平，續通鑑作耶律行成。

本史卷一五聖宗紀開泰三年二月復使高麗，卷一六聖宗紀開泰九年五月還。此云四年，再使高麗，與紀歧。續通鑑考異真宗大中祥符七年（遼開泰三年）二月云：「高麗史云：顯宗六年四月，契丹使將軍耶律行成又索六州，拘留弗遣。顯宗六年即開泰四年，似當從傳。然遼於三年夏末，已用師於高麗，四年春夏間，搆兵未已，無庸遣使索地，以事勢度之，當是三年遣使索地，逮地既不歸，使復被羈，遂以是爲舉兵之詞耳。」

〔二〕按本史卷一七聖宗紀太平十年四月，「以耶律行平爲廣平軍節度使」。

〔三〕國舅侍中指蕭惠，紀亦作侍中管寧、貫寧，本史卷九三有傳。傳中言及「是時帝欲一天下，謀取三關，集羣臣議」。蕭惠主張進軍；蕭孝穆主張持重。帝從惠言，乃遣使索宋十城，會諸軍於燕。宋人重失十城，增歲幣請和。資忠言侍中無憂國心，即指蕭惠主戰言。興宗採强硬政策，資忠之言未用。景福年號僅使用一年，實際是半年即改爲重熙。

耶律瑤質，字拔里堇，積慶宮人。父侯古，室韋部節度使。瑤質篤學廉介，有經世志。統和十年，累遷至積慶宮使。聖宗嘗諭瑤質曰：「聞卿正直，是以進用。國有利害，爾言宜無所隱。」由是所陳多見嘉納。

上征高麗，破康肇軍于銅州，瑤質之力爲多。王詢乞降，羣臣議皆謂宜納。瑤質曰：「王詢始一戰而敗，遽求納款，此詐耳；納之，恐墮其姦計。待其勢窮力屈，納之未晚。」已而詢果遁，清野無所獲。其衆阻險而壘，攻之不下，瑤質以計降之。擢拜四蕃部詳穩。

時招討使耶律頗的爲總管，瑤質耻居其下，上表曰：「臣先朝舊臣，今既垂老，乞還新命，覬得常侍左右。」帝曰：「朕不使汝久處是任。」且命無隸招討，得專奏事到部。戢暴懷善，政績顯著。卒于官。

耶律弘古，字盆訥隱，遥輦鮮質可汗之後。

統和初，嘗以軍事任爲拽剌詳穩，尋徙南京統軍使。十三年，徇地南鄙，克敵於四岳橋，斬首百餘級。攻宋，以戰功遷東京留守，封楚國公。後伐高麗，副先鋒耶律盆奴，擒康肇于銅州。

三十年，西北部叛，從南府宰相耶律奴瓜討之。及典禁軍，號令整肅，諸部多降。尋遷侍中，卒。

高正，不知何郡人。統和初，舉進士第，〔一〕累遷政事舍人、宗正卿、〔二〕樞密直學士。上將伐高麗，遣正先往諭意。〔三〕及還，遷右僕射。時高麗王詢表請入覲，上許之，遣正率騎兵千人迓之。館于路，爲高麗將卓思正所圍。正以勢不可敵，與麾下壯士突圍出，士卒死傷者衆。上悔輕發，釋其罪。

明年，遷工部侍郎，爲北院樞密副使。〔四〕開泰五年卒。

〔一〕按本史卷一二聖宗紀統和七年八月，「放進士高正等二人及第」。

〔二〕以上七字據以下事實補。

宋史卷二九〇曹利用傳：「（統和二十二年）利用再使契丹，契丹母曰：『晉德我，畀我關南地，周世宗取之，今宜還我。』利用曰：『晉人以地畀契丹，周人取之，我朝不知也。若歲求金帛以佐軍，尚不知帝意可否，割地之請，利用不敢以聞。』（宋會要、長編作接伴政事舍人）其政事舍人高正始遽前曰：『我引衆以來，圖復故地，若止得金帛歸，則媿吾國人矣。』利用曰：『子盍爲契丹熟計，使契丹用子言，恐連兵結釁，不得而息，非國利也。』契丹度不可屈，和議遂定。」長編：「景德二年（統和二十三年）十二月庚子，契丹遣使保静軍節度使耶律乾寧，副使宗正卿高正來賀來年正旦。」宋會要同。

本史卷一四聖宗紀：「統和二十三年十一月，太后遣太師盆奴、政事舍人高正使宋賀正旦。」

〔三〕本史卷一五聖宗紀：「統和二十八年九月，遣樞密直學士高正、引進使韓杞宣問高麗王詢。」高麗史卷四作：「顯宗元年十月，契丹遣給事中高正、閤門引進使韓杞來告興師。」

〔四〕本史卷一五聖宗紀統和二十九年三月，「樞密直學士高正爲北院樞密副使」。開泰二年二月，「遣北院樞密副使高正按察諸道獄」。

耶律的琭，字耶寧，仲父房之後。習兵事，爲左皮室詳穩。〔一〕統和二十八年，伐高麗，的琭率本部軍與盆奴等擒康肇、李玄蘊于銅州。帝壯之曰：「以卿英才，爲國戮力，真吾家千里駒也！」乃賜御馬及細鎧。

明年，爲北院大王，出爲烏古敵烈部都詳穩。年七十二卒。

〔一〕按本史卷一五聖宗紀統和二十八年十一月及卷一一五高麗外記並作「右皮室詳穩耶律敵魯」。高麗史亦作敵魯。

大康乂，渤海人。開泰間，累官南府宰相，出知黄龍府，善綏撫，東部懷服。榆里底乃部長伯陰與榆烈比來附，送于朝。且言蒲盧毛朶界多渤海人，乞取之。詔從其請。康乂領兵至大石河駝準城，掠數百户以歸。未幾卒。

論曰：高句驪弒其君誦而立詢，遼興問罪之師，宜其簞食壺漿以迎，除舍以待；而乃乘險旅拒，俾智者竭其謀，勇者窮其力。雖得其要領，而顓顓獨居一海之中自若也。豈服人者以德而不以力歟？况乎殘毁其宫室，係累其民人，所謂以燕伐燕也歟？嗚呼！朱崖之棄，捐之之力也，敵烈之諫有焉。

〔補〕董匡信，字仲孚，先世濟陰人。父興，字叔達。匡信即其第五子。自幼端雅，長而好文。統和二十三年，始籍名于三班院，在職臨財以廉平，涖事以勤敬，先是監上谷作坊，屬歲多没人守法，置執之外，必早暮躬至，視其疾苦。仍復自備净食，時爲齋設，誘之趣善，饒益頗多。至於居常公務之暇，專以奉佛延僧，持誦經教爲急。以重熙二十二年卒于大同府長清縣，年六十八。官至右班殿直、銀青崇禄大夫、檢校國子祭酒兼監察御史雲騎尉。妻王氏，卒于重熙二十年，年六十六。

子三人：長世濟，次曰聿、次曰庠。

庠正直孤高，舉進士第，授著作佐郎。累遷朝散大夫、守殿中少監、〔一〕知惠州軍州事，賜紫金魚袋。咸雍三年六月，宋主即位，以崇禄少卿爲如宋賀即位副使。〔二〕娶崇禄少卿、知儒州軍州事張保庸女，以廕封縣君。〔三〕四子：純孝、純德、監孫、吉孫。女端正，適殿試進士劉嗣卿。〔四〕

參董匡信及妻王氏墓誌、董庠妻張氏墓誌、宋會要、長編

〔一〕全遼文卷八董匡信及妻王氏墓誌銘：「幼子，守將作監、侍御史知雜庠。」

〔二〕見宋會要蕃夷二治平四年九月。

〔三〕全遼文卷八董匡信及妻王氏墓誌銘：「(庠)娶故崇禮少卿知儒州軍州事張公保庸之女，封清河縣君。」

〔四〕全遼文卷八董匡信及妻王氏墓誌銘題：「大遼故右班殿直、銀青崇禄大夫、檢校國子祭酒兼監察御史、雲騎尉、濟陰董府君夫人太原王氏墓誌銘并序。」據文内知是王言敷所撰。全遼文卷九董庠妻張氏墓誌銘題：「清河縣君墓誌銘并引」。撰人：「朝請大夫、守司農少卿、權中京内省使、騎都尉、南陽縣開國男、食邑一百户、賜紫金魚袋韓詵撰。」

遼史補注卷八十九

列傳第十九

耶律庶成 庶箴 蒲魯 楊皙 耶律韓留
楊佶 耶律和尚 〔補〕張思忠

耶律庶成，字喜隱，小字陳六，季父房之後。父吴九，檢校太師。

庶成幼好學，書過目不忘。善遼、漢之字，於詩尤工。重熙初，補牌印郎君，累遷樞密直學士。與蕭韓家奴各進四時逸樂賦，帝嗟賞。初，契丹醫人鮮知切脈審藥，上命庶成譯方脈書行之，自是人皆通習，雖諸部族亦知醫事。時入禁中，參決疑議。偕林牙蕭韓家奴等撰實録及禮書。與樞密副使蕭德修定法令，〔一〕上詔庶成曰：「方今法令輕重不倫。法令者，爲政所先，人命所繫，不可不慎。卿其審度輕重，從宜修定。」庶成參酌古今，刊正訛謬，成書以進。帝覽而善之。〔二〕

庶成方進用，爲妻胡篤所誣，以罪奪官，絀爲「庶耶律」。〔三〕使吐蕃凡十二年，清寧間始歸。帝知其誣，詔複本族，仍遷所奪官，卒。

庶成嘗爲林牙，〔四〕夢善卜者胡呂古卜曰：「官止林牙，因妻得罪。」及置於理，法當離婚。胡篤適有娠，至期不産而死。剖視之，其子以手抱心，識者謂誣夫之報。有詩文行于世。弟庶箴。

〔一〕蕭德，原誤「耶律德」。按本史卷一八興宗紀耶律德曾於重熙六年十二月使宋，無修訂法令事。卷九六蕭德傳：「累遷北院樞密副使，詔與林牙耶律庶成修律令。」據改。

〔二〕按本史卷一一五西夏外記，重熙七、八年間：「李元昊與興平公主不諧，公主薨。遣北院承旨耶律庶成持詔問之。」

〔三〕武溪集卷一七契丹官儀：「胡人從行之官，大臣之外，惕隱司掌宗室；國舅司掌蕭氏；常衮司掌庶姓耶律氏。其宗室爲横帳，庶姓爲摇（遥）輦。其未有官者呼舍利，猶中國之呼郎君也。不在此籍，即屬十宫院及南、北王府矣。」長編：「慶曆二年（重熙十一年）十二月，契丹國母遣林牙、河西節度使耶律庶成等來賀正旦。」

〔四〕「爲」原誤「謂」。索隱卷八謂當作「爲」。按本史卷九六蕭德傳、卷一〇四耶律谷欲傳，並有林牙耶律庶成，據改。卷四七百官志三：「翰林都林牙，興宗重熙十三年見翰林都林牙耶律庶成。」

庶箴，字陳甫，善屬文。〔一〕重熙中，爲本族將軍。咸雍元年，同知東京留守事，俄徙烏衍突厥部節度使。九年，知薊州事。

明年，遷都林牙。上表乞廣本國姓氏曰：「我朝創業以來，法制修明；惟姓氏止分爲二，耶律與蕭而已。始太祖制契丹大字，取諸部鄉里之名，續作一篇，著于卷末。臣請推廣之，使諸部各立姓氏，庶男女婚媾有合典禮。」帝以舊制不可遽釐，不聽。

大康二年，出耶律乙辛爲中京留守，庶箴與耶律孟簡表賀。頃之，乙辛復爲樞密使，專權恣虐。庶箴私見乙辛泣曰：「前抗表，非庶箴之願也。」乙辛信其言，乃得自安。聞者鄙之。〔二〕八年，致仕，卒。子蒲魯。

〔一〕契丹文仁懿皇后哀册（見全遼文附録三圖版）末署契丹字即「陳甫奉敕撰」。

〔二〕長編：「熙寧九年（大康二年）四月，遼主遣興復軍節度使耶律庶箴（宋史誤庶幾），太常少卿、史館修撰韓君授來賀同天節。」

蒲魯，字乃展。幼聰悟好學，甫七歲，能誦契丹大字。習漢文，未十年，博通經籍。重熙中，舉進士第。主文以國制無契丹試進士之條，聞于上，以庶箴擅令子就科目，鞭之二百。尋命蒲魯爲牌印郎君。應詔賦詩，立成以進。帝嘉賞，顧左右曰：「文才如此，必不能武事。」蒲魯奏曰：「臣自蒙義方，兼習騎射，在流輩中亦可周旋。」帝未之信。會從獵，三矢中三兔，帝奇之，轉通進。

是時，父庶箴嘗寄戒諭詩，蒲魯答以賦，衆稱其典雅。寵遇漸隆。清寧初卒。

楊晳，〔一〕字昌時，安次〔二〕人。幼通五經大義。聖宗聞其穎悟，詔試詩，授祕書省校書郎。太平十一年，擢進士乙科，爲著作佐郎。重熙十二年，累遷樞密都承旨，權度支使。〔三〕登對稱旨，進樞密副使。〔四〕歷長寧軍節度使，〔五〕山西路轉運使，〔六〕知興中府。清寧初，入知南院樞密使，〔七〕與姚景行同總朝政。請行柴册禮。封趙國公。以足疾，復知興中府。〔八〕咸雍初，徙封齊，召賜同德功臣、尚書左僕射，兼中書令，拜樞密使，改封晉，〔九〕給宰相、樞密使兩廳傔從，封趙王。〔一〇〕屢請歸政，益賜保節功臣，致仕。大康五年，例改遼西郡王，薨。〔一一〕

二子：規正，知順州，太傅；規中，亦作貴忠，知興中府。〔一二〕

〔一〕晳應作晳，因墓碑及陳襄語録、長編並作楊晳。房山石經題記在相同官銜、相同事迹下，既作楊晳又作楊晳。按字書晳音哲，與哲通，明也。晳音析，明辨也。循其「字昌時」求之，義並可通。遼史百衲本、同文本本傳均作楊晳，本紀作楊績。又複出楊績傳（本史卷九七），可見當時晳、晳、績已交互使用。今仍之。全遼文卷八耶律仁先墓誌銘作楊庶績。續通考記楊晳事作「馬績」，誤。

〔二〕民國安次縣志有楊晳碑，王鼎撰。民國安次縣志卷一古蹟：「楊晳墓，在舊州西南二里。舊傳有石器碑文，今無考。」畿輔通志卷一四〇金石畧三云：「此碑王鼎撰。」光緒順天府志卷一二八金石二：「尚書左僕射中書令遼西郡王楊晳碑，未見。畿輔碑目：『王鼎撰，正書。』」檢樊彬畿輔碑目：東安縣志「舊州西南二里有遼遼西郡王楊晳墓，没葬於鄉。碑文王鼎撰，正書。」（東安即安次，今廊坊。）績傳作「良鄉人」，良鄉、安次毗鄰，按「没葬於鄉」之文，兹從安次。

〔三〕長編：「慶曆五年（重熙十四年）四月，契丹主遣臨海軍節度使耶律運、少府監楊晳來賀乾元節（宋仁宗生辰）。」

〔四〕按績傳在進士及第後，作「累遷南院樞密副使。與杜防、韓知白等擅給進士堂帖，降長寧軍節度使，徙知涿州。」本史卷二〇興宗紀：「重熙十九年十一月，出南府宰相韓知白爲武定軍節度使，樞密副使楊績長寧軍節度使。」

〔五〕續傳於降長寧軍節度使後有「徙知涿州」。按房山石經題記，自重熙二十四年三月二十三日至四月二十四日有「正議大夫、尚書吏部侍郎、知涿州軍州事兼管内巡檢安撫屯田勸農等使、上柱國、洪農郡開國公、食邑三千户、食實封三百户、賜紫金魚袋楊晳提點書鐫」。楊晳此銜在題記中出現五次，有全有簡，其中亦有一次作楊哲。按石經題記重熙二十二年四月十六日有知涿州事蕭惟忠，清寧二年八月二十一日有知涿州事蕭惟平，楊晳知涿州，應即在題記銜名期間。洪農，唐人諱弘作洪農，宋人亦避太祖匡胤之父弘殷諱。

〔六〕本史卷四八百官志：「南面財賦官。楊晳，興宗重熙二十年爲山西轉運使。」

〔七〕本史卷二一道宗紀：「清寧元年十二月，以知涿州楊績參知政事兼同知樞密院事」。續傳：「清寧初，拜參知政事，兼同知樞密院事，爲南府宰相。」此稱入知南院樞密使即由外官調入朝内。卷四七百官志：「門下省。楊晳，清寧初爲門下侍郎。」全遼文卷八耶律仁先墓誌銘：「咸雍八年四月薨於位。詔長寧軍節度使檢校太傅楊庶績充勑祭發引使。」

〔八〕續傳：「（清寧）九年，聞重元亂，與姚景行勤王，上嘉之。十年，知興中府。」若前知興中府無複出，則續傳清寧十年知興中府。應即指此復知興中府。

〔九〕本史卷二二道宗紀咸雍元年三月，「以知興中府事楊績知樞密院事」。（卷四八百官志南面大蕃府官即以此咸雍元年見知興中府事楊績爲南院樞密使。」楊績傳：「咸雍初，入知樞密院事。二年，乞致仕，不許，拜南院樞密使。帝以績舊臣，特詔燕見，論古今治亂，人臣邪正。帝曰：『方今羣臣忠直，耶律玦、劉伸而已，然伸不及玦之剛介。』績拜賀曰：『何代無賢，世亂則獨善其身，主聖則兼濟天下。陛下銖分邪正，升黜分明，天下幸甚。』」

〔一〇〕本史卷二三道宗紀：「咸雍八年六月，封北府宰相楊績爲趙王。」楊績傳：「累表告歸，不許，封趙王。」

〔一一〕本史卷二四道宗紀：「大康五年十月，以趙王楊績爲遼西郡王。」績傳：「大康中，以例改王遼西，致仕，加守太保。薨。」

〔一二〕本段十九字，據績傳及陳襄語録增補。績傳末有「子貴忠，知興中府」七字。陳襄語録：「（咸雍三年）五月十七日，到順州，知州太傅楊規正郊迎，規正即宰相哲之長子，規中之兄。」規中即績傳之貴忠，是年三十三歲，以太常少卿與泰州觀察使蕭好古接伴宋使陳襄、孫坦。

耶律韓留，字速寧，仲父隋國王之後。有明識，篤行義，舉止嚴重，工爲詩。

統和間，召攝御院通進。開泰三年，稍遷烏古敵烈部都監，俄知詳穩事。敵烈部叛，將宮分軍，從樞密使耶律世良討平之，加千牛衛大將軍。

重熙元年，累遷至同知上京留守，改奚六部禿里太尉。性不苟合，爲樞密使蕭解里所忌。上欲召用韓留，解里言目病不能視，議遂寢。四年，召爲北面林牙。帝曰：「朕早欲用卿，聞有疾，故待之至今。」韓留對曰：「臣昔有目疾，才數月耳；然亦不至于昏。第臣駑拙，不能事權貴，是以不獲早覲天顔。非陛下聖察，則愚臣豈有今日耶！」詔進述懷詩，上嘉歎。方將大用，卒。

楊佶，字正叔，南京人。幼穎悟異常，讀書自能成句，識者奇之。弱冠，聲名籍甚。統和二十四年，舉進士第一，歷校書郎、大理正。開泰六年，轉儀曹郎，典掌書命，加諫議大夫。出知易州，治尚清簡，徵發期會必信。入爲大理少卿。累遷翰林學士，文章號得體。〔一〕八年，燕地饑疫，民多流殍，以佶同知南京留守事，發倉廩，振乏絶，貧民鬻子者計傭而出之。〔二〕宋遣梅詢賀千齡節，詔佶迎送，多唱酬，詢每見稱賞。〔三〕復爲翰林學士。重熙元年，陞翰林學士承旨。丁母憂，起復工部尚書。歷忠順軍節度使，朔、武等州〔四〕觀察、處置使，天德軍節度使，加特進、檢校太師、同中書門下平章事，復拜參知政事，〔五〕兼知南院樞密使。

十五年，出爲武定軍節度使。境内亢旱，苗稼將槁。視事之夕，雨澤霑足。百姓歌曰：「何以蘇我？上天降雨。誰其撫我？楊公爲主。」灤陽水失故道，〔六〕歲爲民害，乃以己俸創長橋，人不病涉。及被召，羣民攀轅泣送。上御清涼殿宴勞之，即日除吏部尚書，兼門下侍郎、同中書門下平章事。〔七〕上曰：「卿今日何減呂望之遇文王！」佶對曰：「呂望比臣遭際有十年之晚。」上悦。其居相位，以進賢爲己任，事總大綱，責成百司，人人樂爲之用。

三請致政，許之，月給錢粟傔隸，四時遣使存問。卒。有登瀛集行于世。

〔一〕長編：「天禧元年（開泰六年）十二月己丑，契丹遣使長寧軍節度使蕭質、副使禮部侍郎、知制誥楊佶，來賀明年正旦。」

〔二〕按全遼文卷六太平四年所撰張琪墓誌銘署「政事舍人楊佶」。（見全遼文作者索引及事蹟考。）本史卷一七聖宗紀太平七年十一月，以楊佶爲刑部侍郎。

〔三〕按本史卷一七聖宗紀宋遣梅詢來賀千齡節，在太平十年十二月。長編作工部郎中、龍圖閣待制梅詢。

〔四〕按本史卷一九興宗紀重熙十年十二月，「以宣政殿學士楊佶爲吏部尚書，判順義軍節度使事」。順義軍爲朔州軍號。忠順軍爲蔚州軍號。下文武定軍爲奉聖州軍號。

〔五〕按本史卷一九興宗紀重熙十三年三月，「以宣政殿學士楊佶參知政事」。

〔六〕索隱卷八：「灅今桑乾河，陽今洋河。洋河古名于延水，水經濕水注：濕水又東，左得于延水口，于延水右注雁門水，自下通謂之于延水。雁門水今名南洋河，合名洋河。一統志引舊志云：桑乾河東徑保安州南一里，至州東南二十里與洋河合，如燕尾然，亦名燕尾河，此二河並在遼武定軍境，故合言之漯陽，灅爲濕水之本字，陽則今洋河同聲字，皆延聲之轉也。」

〔七〕全遼文卷六重熙十五年撰秦晉大長公主墓誌銘題：「天雄軍節度，魏州管内觀察處置等使，特進，檢校太師行吏部尚書，參知政事，修國史，同中書門下平章事，行魏州大都督府長史，上柱國，弘農郡開國公，食邑三千五百户，食實封肆佰户楊佶。」同卷重熙二十二年撰張儉墓誌銘，署「宣政殿學士，崇禄大夫，行禮部尚書兼知制誥，修國史，上柱國，弘農郡開國公，食邑三千五百户，食實封叁佰伍拾户楊佶」。

耶律和尚，字特抹，系出季父房。善滑稽。

重熙初，補祇候郎君。時帝篤于親親，凡三父之後，皆序父兄行第，於和尚尤狎愛。然每侍宴飲，雖詼諧，未嘗有一言之過，由是上益重之。歷積慶、永興宮使，累遷至同知南院宣徽使事、南面林牙。十六年，出爲懷化軍節度使，俄召爲御史大夫。二十三年，因大册，加天平軍節度使、檢校太師，徙中京路按問使，卒。

和尚雅有美行，數以財恤親友，人皆愛重。然嗜酒不事事，以故不獲柄用。或以爲言，答曰：「吾非不知，顧人生如風燈石火，不飲將何爲？」晚年沈湎尤甚，人稱爲「酒仙」云。

論曰：庶成定法令，治民者不容高下其手。庶箴雖嘗表請廣姓氏，以秩典禮；其隨勢俯仰，則有愧於其子蒲魯矣。楊晳爲上寵遇，迭封王爵，而功業不少概見。然得愛民治國之要，其楊佶哉。

〔補〕張思忠，〔一〕祖父諫，朔州節度使，上將軍。〔二〕父正嵩，濟州刺史。思忠幼穎悟。始授東西頭供奉官，權閤門通事舍人，後任職諸司，力著勤劬，超授黄龍府節度副使。又以奉命遠使，及還，疊遷黔、義等州刺史，〔三〕改授濟州刺史、知上京南中作使。將赴任，忽染沉疴，於重熙七年冬卒。年六十四。

子七人：可舉，上京省倉兼車子院都監。可從，王府文學。〔四〕可奂，乾州内庫都監。可巽，在閑。吴哥，出家。公獻，内供奉班祇候。公謹，習進士業。

參張思忠墓誌銘

〔一〕全遼文卷七張思忠墓誌銘前題：「故銀青崇禄大夫、檢校司空、使持節濟州諸軍事、濟州刺史、知上京南中使兼御史大夫、上柱國、清河縣開國伯、食邑七百户張思忠墓誌銘并序。」

〔二〕諫，本書卷七六有補傳。

〔三〕黔、義等州之上，墓誌有空格缺字。

〔四〕思忠先娶李太尉女，生二男一女，女適進士郝正辭。繼娶大將軍太原王延玉之女，生五男一女，女適上京前大盈庫副使王息。男婦四人：一故彭城節院劉守訓女，一前錦州倉庫都監于延泰女，一殿直李壽廣女，一金州防禦使大守節女。著其戚誼，用見當時社會聯姻關係。

遼史補注卷九十

列傳第二十

蕭阿剌 〔補〕別里剌 耶律義先 信先 蕭陶隗

蕭塔剌葛 耶律敵禄

蕭阿剌，字阿里懶，漢名知足，〔一〕北院樞密使孝穆之長子也。〔二〕幼養宫中，興宗尤愛之。重熙六年，爲弘義宫使。〔三〕累遷同知北院樞密使，加同中書門下平章事，出爲東京留守。二十一年，拜西北路招討使，封西平郡王。〔四〕尋尚秦晉國王公主，拜駙馬都尉。清寧元年，遺詔拜北府宰相，兼南院樞密使，〔五〕進王韓。明年，改北院樞密使，徙王陳，與蕭革同掌國政。革諂諛不法，阿剌争之不得，告歸。上由此惡之，除東京留守。會行瑟瑟禮，入朝陳時政得失。革以事中傷，帝怒，縊殺之。〔六〕皇太后營救不及，大慟曰：「阿剌何罪而遽見殺？」帝乃優加賻贈，葬乾陵之赤山。

阿剌性忠果，曉世務，有經濟才。議者以謂阿剌若在，無重元、乙辛之亂。

子五人：別里剌，漢名德温，有補傳；余里也，漢名德良，在姦臣傳；德恭，中正軍節度留後；德儉，章愍宮漢兒渤海都部署，太保；德讓，諸行宮副都部署，駙馬都尉，尚興宗長女魏國公主。〔七〕

〔一〕以上四字原缺，據全遼文卷七重熙五年畫像發願記事碑，卷九蕭德温墓誌銘及歐陽文忠公事迹補。

〔二〕「長」字原缺。據畫像發願記事碑及全遼文卷九蕭德温墓誌銘補。

〔三〕本史卷一八興宗紀重熙六年六月，「以蕭阿剌里、耶律烏魯斡……爲各宮都部署」。

〔四〕西平郡王，「平」原誤「北」，據本史卷二〇興宗紀重熙二十一年四月改。

〔五〕按本史卷二一道宗紀清寧元年八月作「北府宰相，仍權知南院樞密使事」。歐陽文忠公事迹：「清寧元年歐陽脩使遼，北宰相蕭知足押宴。」

〔六〕按本史卷二一道宗紀：「清寧二年十二月以韓王蕭阿剌爲北院樞密使。」全遼文卷九蕭德温墓誌銘云：「故資忠盡節致理經邦功臣、樞密使、保義軍節度使、陜、虢等州觀察處置等使、開府儀同三司、特進、守太師兼中書令、採訪使、陜、虢等州大都督府長史、上柱國、陳王、贈大丞相諱知足，則烈考也。」

〔七〕以上六十九字，據全遼文卷九蕭德温墓誌銘及本史卷一一一補。

〔補〕別里剌，一作鼈里剌，漢名德温，字好謙。阿剌長子。興宗仁懿皇后之姪，初仕爲祗候郎君。

別里剌謙冲温厚，事君盡忠，養親盡孝。咸雍十年十二月，仁懿皇后覆誕之辰，詔授左金吾衞上將軍。大康元年三月，卒于遼水西之行帳，年四十五。訃聞，道宗與皇太后爲之零涕傷悼者累日，出宮中衣一襲以斂之，葬于黑山先塋。〔一〕

女爲道宗惠妃，大康二年，耶律乙辛譽之，選入掖庭，册爲皇后。追封后父別里剌爲趙王。〔二〕子酬斡、太子衞率府率；烏魯八；霞抹。酬斡有傳。〔三〕

參紀、傳、蕭德温墓誌銘

〔一〕全遼文卷九蕭德温墓誌銘：「即以其年五月二十四日，祔葬於黑山之先塋，禮也。公有弟四人：今同中書門下平章事、西北路招討使，駙馬都尉諱德良（卷一一一有傳），尚故齊國長公主；次曰德恭，中正軍節度留後；次曰德儉，故章愍宮漢兒、渤海都部署，授太保；次曰德讓，諸行宮副都部署，駙馬都尉，尚帝之長女魏國公主。」

〔二〕墓誌：「女八人，長曰某，次曰某，次曰某某。」未言惠妃册爲皇后及降爲庶人事。墓誌：「有子二人：長曰酬窩，太子衛率府率；次曰烏魯八。」未言霞抹。

〔三〕墓誌題：「大遼國左金吾衛上將軍蕭公墓誌銘并序。國舅判官、承務郎、守太子中允、武騎尉、賜緋魚袋張臣言撰。」酬斡傳在本史卷一〇〇。

耶律義先，于越仁先之弟也。美風姿，舉止嚴重。重熙初，補祗候郎君班詳穩。十三年，車駕西征，爲十二行糺都監，戰功最，改南院宣徽使。

時蕭革同知樞密院事，席寵擅權，義先疾之。因侍讌，言于帝曰：「革狡佞喜亂，一朝大用，必誤國家！」言甚激切，不納。它日侍宴，上命羣臣博，負者罰一巨觥。義先當與革對，憮然曰：「臣縱不能進賢退不肖，安能與國賊博哉！」帝止之曰：「卿醉矣！」義先厲聲詬不已。上大怒，賴皇后救，得解。翌日，上謂革曰：「義先無禮，當黜之。」革對曰：「義先天性忠直，今以酒失而出，誰敢言人之過？」上謂革忠直，益加信任。義先鬱鬱不自得，然議事未嘗少沮。又於上前博，義先祝曰：「向言人過，冒犯天威。今日一擲，可表愚款。」俄得堂印。上愕然。

十六年，爲殿前都點檢，討蒲奴里，多所招降，獲其酋長陶得里以歸，手詔褒獎，以功改南京統軍使，封武昌郡王。奏請統軍司錢營息，以贍貧民。〔一〕未期，軍器完整，民得休息。二十一年，拜惕隱，〔二〕進王富春，薨，年四十二。

義先常戒其族人曰：「國中三父房，皆帝之昆弟，不孝不義尤不可爲。」其接下無貴賤賢否，皆與均禮。其妻晉國長公主之女，每遇中表親，非禮服不見，故內外多化之。清寧間，追贈許王。弟信先。

信先，興宗以其父瑰引爲刺血友，幼養于宮。善騎射。重熙十四年爲左護衛太保，同知殿前點檢司事。十八年，兼右祇候郎君班詳穩。上問所欲，信先曰：「先臣瑰引與陛下分如同氣，然不及王封。儻使蒙恩地下，臣願畢矣。」上曰：「此朕遺忘之過。」追封燕王。是年，從蕭惠伐夏，敗於河南，例被責。清寧初，爲南面林牙，〔三〕卒。

〔一〕新唐書卷五五食貨志：「諸司置公廨本錢，以番官貿易取息，計員多少爲月料。」

〔二〕按本史卷二〇興宗紀重熙二十一年十二月，「以契丹行宫都部署耶律義先爲惕隱」。全遼文卷八耶律仁先墓誌銘：「弟曰義先，大内惕隱。富春郡王。」

〔三〕全遼文卷八耶律仁先墓誌銘：「信先，南面林牙，果州居閑養素。餘三弟，先於王逝。」餘三弟謂義先、禮先、智先。

蕭陶隗，字烏古鄰，宰相轄特六世孫。剛直，有威重。咸雍初，任馬羣太保。素知羣牧名存實亡，悉閲舊籍，除其羸病，録其實數，牧人畏服。陶隗上書曰：「羣牧以少爲多，以無爲有。上下相蒙，積弊成風。不若括見真數，著爲定籍，分私兩濟。」從之。畜産歲以蕃息。

大康中，累遷契丹行宫都部署。上嘗謂羣臣曰：「北樞密院軍國重任，久闕其人，耶律阿思、蕭斡特剌二人孰愈？」羣臣各譽所長，陶隗獨默然。上問：「卿何不言？」陶隗曰：「斡特剌〔一〕懦而敗事；阿思有才而貪，將爲禍基。不得已而用，敗事猶勝基禍。」上曰：「陶隗雖魏徵不能過，但恨吾不及太宗爾！」然竟以阿思爲樞密使。由是阿思銜之。

九年，西圉不寧，阿思奏曰：「邊隅事大，可擇重臣鎮撫。」上曰：「陶隗何如？」阿思曰：「誠如聖旨。」遂拜西南面招討使。阿思陰與蕭阿忽帶誣奏賊掠漠南牧馬及居民畜産，陶隗不急追捕，罪當死，詔免官。〔二〕久之，起爲塌母城節度使。未行，疽發背卒。

陶隗負氣，怒則須髯輒張。每有大議，必毅然決之。雖上有難色，未嘗遽已。見權貴無少屈，竟爲阿思所陷，時人惜之。二子，曰圖木、轄式。阿思死，始獲進用。

〔一〕斡特剌，「斡」字原作「訛」。據上下文改。

〔二〕按本史卷二五道宗紀：「大安七年六月，以權知東京留守蕭陶隗爲契丹行宮都部署。」是否同名，待考。

蕭塔剌葛，字陶哂，六院部人。素剛直。太祖時，坐叔祖臺哂謀殺于越釋魯，没入弘義宫。世宗即位，以舅氏故，出其籍，補國舅别部敞史。

或言泰寧王察割有無君心。塔剌葛曰：「彼縱忍行不義，人孰肯從！」他日侍宴，酒酣，塔剌葛捉察割耳，强飲之曰：「上固知汝傲很，然以國屬，曲加矜憫，使汝在左右，且度汝才何能爲。若長惡不悛，徒自取赤族之禍！」察割不能答，强笑曰：「何戲之虐也！」

天禄末，塔剌葛爲北府宰相，及察割作亂，塔剌葛醉詈曰：「吾悔不殺此逆賊！」尋爲察割所害。

耶律敵禄，字陽隱，孟父楚國王之後。性質直，多膂力。察割作亂，敵禄聞之，入見壽安王，慷慨言曰：「願得精兵數百，破賊黨。」王嘉其忠。穆宗即位，爲北院宣徽使。上以飛狐道狹，詔敵禄廣之。明年，將兵援河東，至太原，與漢王會于高平，擊周軍，敗之，仍降其衆。〔一〕忻、代二州叛，將兵討之。會耶律撻烈至，敗周師於忻口。師還，〔二〕卒。

〔一〕通鑑後周紀太祖顯德元年二月據晉陽聞見録、世宗實録稱北漢請兵於契丹，「契丹遣其武定節度使、政事令楊衮將萬餘騎如晉陽」。楊衮即耶律敵禄字。殿本考證疑敵禄本是楊衮而獲賜姓者。不合。

〔二〕長編：「咸平二年十一月丙子，工部侍郎集賢學士錢若水言：『臣嘗讀前史，周世宗即位之始，劉崇結契丹入寇，遣大將楊衮領騎數萬隨崇至高平，當時懦將樊愛能、何徽等臨陳不戰，世宗知之。翌日，大陳宴會，斬愛能、徽等，拔偏裨十餘人，分兵擊太原。劉崇聞之，股慄不敢出，契丹即日而遁。』」

論曰：忠臣惟知有國，而不知有身，故惡惡不避其患。阿剌以諂諛不法折蕭革，陶隗以用必基禍言阿思，塔剌葛以忍行不義徒自取赤族之罪責察割，其心可謂忠矣。言一出而禍輒隨之。吁，邪正既不辨，國焉得無亂哉！

遼史補注卷九十一

列傳第二十一

耶律韓八　耶律唐古　蕭朮哲 藥師奴
耶律玦　耶律僕里篤

耶律韓八，字嘲隱，倜儻有大志，北院詳穩古之五世孫。〔一〕

太平中，游京師，寓行宫側，惟囊衣匹馬而已。帝微服出獵，見而問之曰：「汝爲何人？」韓八初不識，漫應曰：「我北院部人韓八，來覓官耳。」帝與語，知有長才，陰識之。會北院奏南京疑獄久不決，帝召韓八馳驛審録，舉朝皆驚。韓八量情處理，人無冤者。上嘉之。籍羣牧馬，闕其二，同事者考尋不已；韓八畧不加詰，即先馳奏，帝益信任。景福元年，爲左夷離畢，徙北面林牙，眷遇優異。重熙六年，改北院大王，政務寬仁，復爲左夷離畢。十二年，再爲北院大王。〔二〕入朝，帝從容謂曰：「卿守邊任重，當實府庫、振貧乏以報朕。」既受詔，愈竭忠謹，知無不言，便益爲多。十七年〔三〕卒，年五十五。上聞，悼惜。死之日，篋無舊蓄，椸無新衣，遣使弔祭，給葬具。

韓八平居不屑細務，喜愠不形。嘗失所乘馬，家僮以同色者代之，數月不覺。

〔一〕本史卷七五耶律古傳作右皮室詳穩。

〔二〕按本史卷一九興宗紀重熙十二年正月，「以韓八（爲）南院大王」，與此歧。又「十三年四月，南院大王耶律高十奏党項等部叛附夏國」。「十五年十一月，以耶律仁先（爲）南院大王」。十六年，仁先遷北院大王，見卷九六本傳。卷二〇興宗紀：「重熙十七年十月，南院大王耶律韓八薨。」似韓八由十二年任北院大王，至十六年遷南院大王。

〔三〕以上三字據紀補。

耶律唐古，字敵隱，于越屋質之庶子。廉謹，善屬文。

統和二十四年，述屋質安民治盜之法以進，補小將軍，遷西南面巡檢，歷豪州刺史、〔一〕唐古部詳穩。嚴立科條，禁姦民鬻馬於宋、夏界。因陳弭私販，〔二〕安邊境之要。太后嘉之，詔邊郡遵行，著爲令。

朝議欲廣西南封域，黑山之西，綿亘數千里，唐古言：「戍壘太遠，卒有警急，赴援不及，非良策也。」從之。西蕃來侵，詔議守禦計，命唐古勸督耕稼以給西軍，田于臚朐河側，是歲大熟。明年，移屯鎮州，凡十四稔，積粟數十萬斛，斗米數錢。

重熙間，改隗衍党項部節度使。先是，築可敦城以鎮西域。諸部縱民畜牧，反招寇掠。重熙四年，上疏曰：「自建可敦城已來，西蕃數爲邊患，每煩遠戍。〔三〕歲月既久，國力耗竭。不若復守故疆，省罷戍役。」不報。是年，致仕。乞勒其父屋質功于石，帝命耶律庶成製文，勒石上京崇孝寺。卒，年七十八。

〔一〕豪州，本史卷一五聖宗紀開泰二年四月、卷二九天祚帝紀保大三年正月同；卷三七地理志一、卷三六兵衛志下並作壕州。

〔二〕當時邊境有私販。

〔三〕此西蕃指阻卜。

蕭朮哲，一作朮者，〔一〕字石魯隱，孝穆弟高九之子。以戚屬加監門衛上將軍。

重熙十三年，將衛兵討李元昊有功，遷興聖宮使。蒲奴里部長陶得里叛，朮哲爲統軍都監，從都統耶律義先擊之，擒陶得里。〔二〕朮哲與義先不協，誣義先罪，免官。稍遷西南面招討都監，坐事下獄，以太后言，杖而釋之。

清寧初，爲國舅詳穩、西北路招討使，私取官粟三百斛，及代，留畜産，令主者鬻之以償。后族弟胡覩到部發其事，帝怒，決以大杖，免官。尋起爲昭德軍節度使，徵爲北院宣徽使。九年，上以朮哲先爲招討，威行諸部，復爲西北路招討使。訓士卒，增器械，省追呼，嚴號令。人不敢犯，邊境晏然。十年，入朝，封柳城郡王。

咸雍二年，拜北府宰相，〔三〕爲北院樞密使耶律乙辛所忌，誣朮哲與護衛蕭忽古等謀害乙辛。詔獄無狀，罷相，出鎮順義軍。〔四〕卒，追王晉、宋、梁三國。姪藥師奴。

〔一〕以上四字，據本紀增，參注〔二〕、〔三〕、〔四〕。

〔二〕按本史卷二〇興宗紀重熙十七年八月，「以東北面詳穩耶律朮者爲監軍」。即蕭朮哲，「耶律」字訛。

〔三〕按本史卷二二道宗紀咸雍二年七月，「以西北路招討使蕭朮者爲北府宰相」。朮者即朮哲。

〔四〕按本史卷二二道宗紀咸雍二年十二月，「以蕭朮者爲武定軍節度使」。

藥師奴，漢名德崇，〔一〕幼穎悟，謹禮法，補祗候郎君。大康中，爲興聖宫使，累遷同知殿前點檢司事。上嘉其宿衛嚴肅，遷右夷離畢。〔二〕夏王李乾順爲宋所攻，求解，帝命藥師奴持節使宋，請罷兵通好，宋從之。拜南面林牙，改漢人行宫副部署。〔三〕

乾統初，出爲安東軍節度使，卒。

〔一〕以上四字據長編、宋會要補，參注〔二〕。

〔二〕按本史卷二六道宗紀壽昌三年十一月「以同知南院樞密使事蕭藥師奴知右夷離畢（事）」，四年十一月「知右夷離畢事蕭藥師奴、樞密直學士耶律儼使宋，諷與夏和」。五年五月，「藥師奴等使宋回」。長編哲宗元符二年、宋會要蕃夷二並作「左金吾衛上將軍、簽書樞密院事蕭德崇」，德崇殆即藥師奴之漢名。耶律儼，本史卷九八有傳。

〔三〕按本史卷二六道宗紀壽昌五年六月「以知右夷離畢事蕭藥師奴（爲）南面林牙，兼知契丹行宫都部署事」。

耶律玦，字吾展，遥輦鮮質可汗之後。

重熙初，召修國史，補符寶郎，累遷知北院副部署事。入見太后，后顧左右曰：「先皇謂玦必爲偉人，果然。」除樞密副使，出爲西南面招討都監，歷同簽南京留守事、南面林牙。皇弟秦國王爲遼興軍節度使，以玦同知使事，多所匡正。十年，復爲樞密副使。咸雍初，兼北院副部署。及秦國王爲西京留守，請玦爲佐，從之。歲中獄空者三，召爲孟父房敞穩。

玦不喜貨殖，帝知其貧，賜宫户十。嘗謂宰相曰：「契丹忠正無如玦者，漢人則劉伸而已。然熟察之，玦優於伸。」先是，西北諸部久不能平，上遣玦問狀，執弛慢者痛繩之。以酒疾卒。

耶律僕里篤，字燕隱，六院林牙突吕不也四世孫。〔一〕

開泰間，爲本班郎君。有捕盜功，樞密使蕭朴薦之，遷率府率。太平中，同知南院宣徽事，累遷彰聖軍節度使。

重熙十六年，〔二〕知興中府，以獄空聞。十八年，伐夏，攝西南面招討使。十九年，夏人侵金肅軍，敗之，斬首萬餘級，加右武衛上將軍。時近邊羣牧數被寇掠，遷倒塌嶺都監以治之，桴鼓不鳴。二十年，知金肅軍事。宰相趙惟節總領邊城橋道蒭粟，請貳，帝命僕里篤副之，以稱職聞。

清寧初，歷長寧、匡義二軍節度使，致仕。咸雍間卒。子阿固質，終倒塌嶺都監。

論曰：韓八因帝微行，才始見售。及任以事，落落知大體，不負上之知矣。唐古、朮哲經畧西北邊，勸農積粟，訓練士卒，敵人不敢犯。玦以忠直見稱於上，僕里篤以幹敏爲宰相佐，在鎮俱以獄空聞。之數人者，豈特甲胄之士，抑亦李牧、程不識之亞歟。

〔一〕突呂不，本史卷七五有傳。卷九二耶律古昱傳亦作突呂不。「也」字若非衍文，應是「之」字或在「四世孫」三字下。

〔二〕重熙二字原脱。按太平止十一年，以後爲重熙。據補。

遼史補注卷九十二

列傳第二十二

蕭奪剌　蕭普達　耶律侯哂　耶律古昱
耶律獨攧　蕭韓家　蕭烏野

蕭奪剌，字挼懶，遥輦洼可汗宫人。祖涅魯古，北院樞密副使。父撒抹，字胡獨堇，重熙初補祗候郎君，累遷北面林牙。十九年，從耶律宜新、蕭蒲奴伐夏，至蕭惠敗績之地，獲偵候者，知人煙聚落，多國人陷没而不能還者，盡俘以歸，拜大父敞穩，知山北道邊境事。清寧初，歷西南面、西北路招討使，加同中書門下平章事，卒。

奪剌體貌豐偉，騎射絶人。由祗候郎君陞漢人行宫副部署。後爲烏古敵烈統軍使，克敵有功，加龍虎衛上將軍，授西北路招討使。因陳北邊利害，請以本路諸部與倒塌嶺統軍司連兵屯戍。再表，不納。改東北路統軍使。

乾統元年，以久練邊事，復爲西北路招討使。北阻卜耶覩刮率鄰部來侵，奪剌逆擊，追奔數十里。二年，乘耶覩刮無備，以輕騎襲之，獲馬萬五千疋，牛羊稱是。先是，有詔方面無事，招討、副統軍、都監内一員入覲。是時同僚皆闕，奪剌以軍事付幕吏而朝，坐是免官。改西京留守，復爲東北路統軍使。卒于官。

蕭普達，字彈隱。統和初，爲南院承旨。開泰六年，出爲烏古部節度使。七年，敵烈部叛，討平之，徙烏古敵烈部都監。遣敵烈騎卒取北阻卜名馬以獻，賜詔褒獎。〔一〕重熙初，改烏古敵烈部都詳穩，討諸蕃有功。

普達深練邊事，能以悦使人。有所俘獲，悉散麾下，由是大得衆心。歷西南面招討使。党項叛入西夏，普達討之，中流矢，殁于陣。帝聞，惜之，賻贈加厚。

〔一〕按本史卷一七聖宗紀太平十年十二月，「烏古部節度使蕭普達爲乙室部大王」。

耶律侯哂，字禿寧，北院夷離菫蒲古只之後。祖查只，北院大王。父忽古，黄皮室詳穩。

侯哂初爲西南巡邊官，以廉潔稱，累遷南京統軍使，尋爲北院大王。〔一〕重熙十一年，党項部人多叛入西夏，侯哂受詔，巡西邊沿河要地，多建城堡以鎮之，徙東京留守。十三年，與知府蕭歐里斯討蒲盧毛朵部有功，〔二〕加兼侍中。致仕，卒。

〔一〕按本史卷一八興宗紀重熙六年六月，「以北院大王侯哂爲南京統軍使」。

〔二〕蕭歐里斯，本史卷一九興宗紀重熙十三年四月作知黄龍府事耶律歐里斯，是。

耶律古昱，字磨魯堇，北院林牙突呂不四世孫。有膂力，工馳射。開泰間，爲烏古敵烈部都監。會部人叛，從樞密使耶律世良討平之，以功詔鎮撫西北部。教以種樹、畜牧，不數年，民多富實。中京盜起，命古昱爲巡邏使，悉擒之。上親征渤海，〔一〕將黄皮室軍，有破敵功，累遷御史中丞，尋授開遠軍節度使，徙鎮歸德。重熙二十一年，〔二〕改天成軍節度使，卒于官，年七十，贈同中書門下平章事。二子：宜新，兀没。

宜新，重熙間從蕭惠討西夏。惠敗績，宜新一軍獨全，拜北院大王。〔三〕乙辛誣害太子，詞連兀没，帝釋之。是秋，乙辛兀没，大康三年爲漢人行宫副部署。乙辛誣害太子，詞連兀没，帝釋之。是秋，乙辛復奏與蕭楊九私議宫壼事，被害。乾統間，追贈同中書門下平章事。〔四〕

〔一〕按開泰間親征，即開泰四年用兵事，應指高麗非渤海。

〔二〕重熙二字原脱。按開泰、太平均無二十一年。太平之後爲重熙，據補。

〔三〕按本史卷二三道宗紀：「咸雍九年十二月，以知北院樞密使事耶律宜新爲中京留守。」

〔四〕「追」字原脱，按時間是追贈，據補。

耶律獨攧，字胡獨堇，太師古昱之子。〔一〕

重熙初，爲左護衛，將禁兵從伐夏有功，授十二行糺司徒。再舉伐夏，獨攧括山西諸郡馬。還，遷拽剌詳穩。西南未平，命獨攧同知金肅軍事，夏人來侵，擊敗之，進涅剌奥隗部節度使。

清寧元年，召爲皇太后左護衛太保。四年，改寧遠軍節度使。東路饑，奏振之。歷五

國、烏古部、遼興軍三鎮節度使，四捷軍詳穩。大康元年卒，追贈同中書門下平章事。子阿思，有傳。〔二〕

〔一〕此太師古昱與宜新之父古昱爲同姓名。本史卷一七聖宗紀太平七年十一月，「以左千牛衛上將軍耶律古昱爲北院大王」。此北院大王是否同姓名，或爲二人中之某一人，尚待考。

〔二〕按傳在本史卷九六。

蕭韓家，〔一〕國舅之族。性端簡，謹愿，動循禮法。清寧中，爲護衛太保。大康二年，遷知北院樞密副使。三年，經畫西南邊天池舊塹，立堡砦，正疆界，刻石而還，爲漢人行宮都部署。是年秋獵，墮馬卒。

〔一〕按本史卷二三道宗紀大康三年七月、八月，並作蕭韓家奴。

蕭烏野，字草隱，其先出興聖宫分，觀察使塔里直之孫也。性孝悌，尚禮法，雅爲鄉黨所稱。

重熙中，補護衛，興宗見其勤恪，遷護衛太保。清寧九年，佐耶律仁先平重元亂，〔一〕以功加團練使。時敵烈部數爲鄰部侵擾，民多困弊，命烏野爲敵烈部節度使，恤困窮，省傜役，不數月，部人以安。尋以母老，歸養于家。母亡，尤極哀毁。服闋，歷官興聖、延慶二宫使，卒。

論曰：烏古敵烈，大部也，奪剌爲統軍，克敵有功；普達居詳穩，悦以使人。西北，重鎮也，侯哂巡邊以廉稱；古昱鎮撫而民富；獨攧駐金肅而夏人不敢東獵。噫！部人内附，方面以寧，雖朝廷處置得宜，而諸將之力，抑亦何可少哉。

〔一〕「清寧九年」四字原缺，按本史卷二二道宗紀，平重元事在清寧九年，據補。

遼史補注卷九十三

列傳第二十三

蕭惠 慈氏奴　蕭迂魯 鐸盧斡　蕭圖玉　耶律鐸軫

〔補〕蕭袍魯　〔補〕陳覺　〔補〕白萬德

蕭惠，字伯仁，小字脱古思，又作管寧、貫寧，〔一〕淳欽皇后弟阿古只五世孫。〔二〕初以中宮親，爲國舅詳穩。從伯父排押徵高麗，至奴古達北嶺，高麗阻險以拒，惠力戰，破之。及攻開京，以軍律整肅聞，授契丹行宫都部署。開泰二年，改南京統軍使。未幾，爲右夷離畢，加同中書門下平章事。朝議以遼東重地，非勳戚不能鎮撫，乃命惠知東京留守事。改西北路招討使，封魏國公。

太平六年，討回鶻阿薩蘭部，徵兵諸路，獨阻卜酋長直剌後期，立斬以徇。進至甘州，攻圍三日，不克而還。時直剌之子聚兵來襲，阻卜酋長烏八密以告，惠未之信。會西阻卜叛，襲三剋軍，都監涅魯古、突舉部節度使諧理、阿不吕等將兵三千來救，遇敵于可敦城〔三〕

西南。諧理、阿不吕戰殁，士卒潰散。惠倉卒列陣，敵出不意攻我營。衆請乘時奮擊，惠以我軍疲敝，未可用，弗聽。烏八請以夜斫營，惠又不許。阻卜歸，惠乃設伏兵擊之。前鋒始交，敵敗走。惠爲招討累年，屢遭侵掠，士馬疲困。〔四〕七年，左遷南京侍衛親軍馬步軍都指揮使，尋遷南京統軍使。〔五〕

興宗即位，知興中府，歷順義軍節度使、東京留守、西南面招討使，加開府儀同三司、檢校太師，兼侍中，封鄭王，賜推誠協謀竭節功臣。重熙六年，復爲契丹行宫都部署，加守太師，徙王趙。拜南院樞密使，更王齊。〔六〕

是時帝欲一天下，謀取三關，集羣臣議。惠曰：「兩國强弱，聖慮所悉。宋人西征有年，師老民疲，陛下親率六軍臨之，其勝必矣。」蕭孝穆曰：「我先朝與宋和好，無罪伐之，其曲在我；况勝敗未可逆料。願陛下熟察。」帝從惠言，〔七〕乃遣使索宋十城，會諸軍于燕。惠與太弟帥師壓宋境，宋人重失十城，增歲幣請和。惠以首事功，進王韓。十二年，兼北府宰相，同知元帥府事，又爲北院樞密使。〔八〕

十三年，夏國李元昊誘山南党項諸部，帝親征。元昊懼，請降。〔九〕惠曰：「元昊忘奕世恩，萌姦計，車駕親臨，不盡歸所掠。天誘其衷，使彼來迎。天與不圖，後悔何及？」帝從之。詰旦，進軍。夏人列拒馬于河西，蔽盾以立，惠擊敗之。元昊走，惠麾先鋒及右翼邀之。夏人千餘潰圍出，我師逆擊。大風忽起，飛沙眯目，軍亂，夏人乘之，蹂踐而死者不可勝計。詔班師。

十七年，尚帝姊秦晉國長公主，拜駙馬都尉。〔一〇〕明年，帝復征夏國。惠自河南進，戰艦糧船綿亘數百里。既入敵境，偵候不遠，鎧甲載于車，軍士不得乘馬。諸將咸請備不虞，惠曰：「諒祚必自迎車駕，何暇及我？無故設備，徒自弊耳。」數日，我軍未營。候者報夏師至，惠方詰妄言罪，諒祚軍從阪而下。惠與麾下不及甲而走。追者射惠，幾不免，軍士死傷尤衆。師還，以惠子慈氏奴歿于陣，詔釋其罪。

十九年，請老，詔賜肩輿入朝，策杖上殿。辭章再上，乃許之，封魏國王。詔冬夏赴行在，參決疑議。既歸，遣使賜湯藥及他錫賚不絕。每生日，輒賜詩以示尊寵。清寧二年薨，年七十四，遺命家人薄葬。訃聞，輟朝三日。

惠性寬厚，自奉儉薄。興宗使惠恣取珍物，惠曰：「臣以戚屬據要地，禄足養廉，奴婢千餘，不爲闕乏。陛下猶有所賜，貧於臣者何以待之。」帝以爲然。故爲將，雖數敗衄，不之罪也。

弟虚列，武定軍節度使。〔一一〕二子：慈氏奴，兀古匿。兀古匿終北府宰相。〔一二〕

上將軍。

慈氏奴，字寧隱。太平初，以戚屬補祗候郎君。上愛其勤慎，陞閘撒狘，加右監門衛上將軍。

西邊有警，授西北路招討都監，領保大軍節度使。政濟恩威，諸部悦附。入爲殿前副點檢，歷烏古敵烈部詳穩。征李諒祚，爲統軍都監，與西北路招討使敵魯古率蕃部諸軍由北路趨涼州，獲諒祚親屬。夏人扼險以拒，慈氏奴中流矢卒，年五十一，贈中書門下平章事。〔一三〕

〔一〕以上六字，按本史卷一八興宗紀重熙六年五月、卷一九興宗紀重熙十年十二月補。

〔二〕按自阿古只歷安團、割烈、排押至惠凡五世。

〔三〕據禹貢半月刊六卷十一期（一九三七年十二月）松井等契丹可敦城考，此是額濟納河之可敦城。與鎮州可敦城、西京雲内州古可敦城同名異地。

〔四〕按本史卷一七聖宗紀太平六年五月，「遣西北路招討使蕭惠將兵伐甘州回鶻」。八月，「蕭惠攻甘州不克，師還。自是阻卜諸部皆叛，遼軍與戰，皆爲所敗。監軍涅里姑、國舅帳太保曷不吕死之」。十一月，「西北路招討司小校掃姑訴招討蕭惠三罪，詔都監奥骨禎按之」。涅里姑即涅魯古，曷不吕即阿不吕。

〔五〕按本史卷一七聖宗紀太平七年六月，「詔蕭惠再討阻卜」。十年十一月，「以權燕京留守兼侍中蕭惠爲燕京統軍使」。

〔六〕按本史卷一八興宗紀重熙六年五月，「以侍中管寧（爲）行宮都部署」。十一月，「以契丹行宮都部署蕭惠爲南院樞密使」。

〔七〕按本史卷一九興宗紀，興宗與南院樞密使蕭貫寧、北院樞密使蕭孝穆議此事，在重熙十年十二月。貫寧主親征，孝穆反對。興宗幸張儉（時已致政）第，徐問以策，儉極陳利害，且曰：「第遣一使問之，何必遠勞車駕。」上悦而止。遂遣蕭英、劉六符使宋。

〔八〕按本史卷二〇興宗紀，重熙十九年應作韓國王，非韓王。北院樞密使，原脱「院」字，並據卷一九興宗紀重熙十三年九月補。

〔九〕宋史卷四八五夏國傳：「是歲，遼夾山部落呆兒族八百户歸元昊，興宗責還，元昊不遣，遂親將兵十萬出金肅城，弟天齊王馬步軍大元帥將騎七千出南路，韓國王將兵六萬出北路，三路濟河長驅。興宗入夏境四百里，不見敵，據得勝寺南壁以待，八月五日韓國王自賀蘭北與元昊接戰，數勝之，遼兵至者日益，夏乃請和。」

〔一〇〕按本史卷六五公主表，聖宗第二女巖母堇，封秦晉國長公主。初嫁蕭啜不，改適蕭海里，又適蕭胡覩，後適韓國王蕭惠。

〔一一〕按本史卷二〇興宗紀重熙二十一年十二月，「以鄭王虚烈（爲）北府宰相」。卷二一道宗紀清寧元年八月，「以遺詔命北府宰相蕭虚烈爲武定軍節度使」。

〔二〕兀古匿又作窩匿，本史卷六五公主表：興宗長女跋芹，又嫁蕭窩匿。卷六七外戚表原作乙古匿，乙是兀字之誤。卷二二道宗紀：「清寧十年十二月，以北院大王蕭兀古匿爲契丹行宫都部署。」

〔三〕按本史卷二〇興宗紀：「重熙十八年十月，北道行軍都統耶律敵魯古率阻卜諸軍至賀蘭山，遇夏人三千來戰，殪之；烏古敵烈部都詳穩蕭慈氏奴死焉。十九年正月，贈蕭慈氏奴同中書門下平章事。」

蕭迂魯，字胡突堇，五院部人。父約質，歷官節度使。

迂魯重熙間爲牌印郎君。清寧九年，國家既平重元之亂，其黨郭九〔一〕等亡，詔迂魯追捕，獲之，遷護衛太保。咸雍元年，使宋議邊事，稱旨，〔二〕知殿前副點檢事。

五年，阻卜叛，爲行軍都監，擊敗之，俘獲甚衆。初軍出，止給五月糧，過期糧乏，士卒往往叛歸。迂魯坐失計，免官，降戍西北部。未行，會北部兵起，迂魯將烏古敵烈兵擊敗之，每戰以身先，由是釋前罪，命總知烏古敵烈部。

九年，敵烈叛，都監耶律獨迭以兵少不戰，屯臚朐河。敵烈合邊人掠居民，迂魯率精騎四百力戰，敗之，盡獲其輜重。繼聞酋長合朮三千餘騎掠附近部落，縱兵躡其後，連戰二日，斬數千級，盡得被掠人畜而還。值敵烈黨五百餘騎劫捕鷹户，逆擊走之，俘斬甚衆，自是敵烈勢沮。

時，敵烈方爲邊患，而阻卜相繼寇掠，邊人以故疲弊。朝廷以地遠，不能時益援軍，而使疆圉帖然者，皆迂魯力也。帝嘉其功，拜左皮室詳穩。

會宋求天池之地，詔迂魯兼統兩皮室軍屯太牢古山以備之。〔三〕大康初，阻卜叛，遷西北招討都監，從都統耶律趙三征討有功，改南京統軍都監、黄皮室詳穩。未幾，遷東北路統軍都監，卒。弟鐸盧斡。

〔一〕本史卷二二道宗紀清寧九年七月作「旗鼓拽剌詳穩耶律郭九」。

〔二〕宋史卷一三英宗紀：治平二年六月甲寅，「詔遣官與契丹定疆界」。

〔三〕太牢古山，按本史卷二六道宗紀壽隆五年七月、卷二七天祚帝紀天慶三年三月、卷八六耶律頗的傳並作「大牢古山」。

鐸盧斡，字撒板。幼警悟異常兒。三歲失母，哭盡哀，見者傷之。及長，魁偉沉毅，好學，善屬文，有才幹。年三十始仕，爲朝野推重，給事北院知聖旨事。

大康二年，乙辛再入樞府，鐸盧斡素與蕭巖壽善，誣以罪，謫戍西北部。坐皇太子事，特恩減死，仍錮終身。在戍十餘年，太子事稍直，始得歸鄉里，屏居謝人事。一日臨流，聞雉鳴，三復孔子「時哉」語，作古詩三章見志。當時名士稱其高情雅韻，不減古人。壽隆六年卒，年六十一。乾統初，贈彰義軍節度使。

蕭圖玉，字兀衍，北府宰相海瓈之子。

統和初，皇太后稱制，以戚屬入侍。尋爲烏古部都監。討速母縷等部有功，遷烏古部節度使。十九年，總領西北路軍事。後以本路兵伐甘州，降其酋長牙懶。〔一〕既而牙懶復叛，命討之，克肅州，盡遷其民于土隗口故城。師還，詔尚金鄉公主，拜駙馬都尉，加同政事令門下平章事。

上言曰：「阻卜今已服化，宜各分部，治以節度使。」上從之。自後，節度使往往非材，部民怨而思叛。開泰元年十一月，石烈太師阿里底殺其節度使，西奔窩魯朵城，蓋古所謂龍庭單于城也。〔二〕已而，阻卜復叛，圍圖玉于可敦城，勢甚張。圖玉使諸軍齊射却之，屯于窩魯朵城。明年，北院樞密使耶律化哥引兵來救，圖玉遣人誘諸部皆降。帝以圖玉始雖失計，後得人心，釋之，仍領諸部。請益軍，詔讓之曰：「叛者既服，兵安用益？且前日之役，死傷甚衆，若從汝謀，邊事何時而息。」遂止。

會公主坐殺家婢，降封郡主，圖玉罷使相。〔三〕尋起爲烏古敵烈部詳穩。以老代，還卒。子雙古，南京統軍使。孫訛篤斡，尚三韓郡王合魯之女骨浴公主，終烏古敵烈部統軍使，以善戰名于世。

〔一〕牙懶，本史卷一四聖宗紀統和二十六年十二月作耶剌里。

〔二〕十一月，原作「七月」。按本史卷一五聖宗紀，此事繫於十一月，據改。又紀作七部太師阿里底。

〔三〕按本史卷一五聖宗紀開泰六年二月作「降公主爲縣主，削圖玉同平章事」。

耶律鐸軫，字敵輦，積慶宫人。仕統和間。性疏簡，不顧不節，人初以是短之。後侵宋，分總羸師以從。及戰，取緋帛被介胄以自標顯，馳突出入敵陣，格殺甚衆。太后望見喜，召謂之曰：「卿勠力如此，何患不濟！」厚賞之。由是多以軍事屬任。俄授東北詳穩。開泰二年，進討阻卜，克之。

重熙間，歷東北路統軍使、天德軍節度使。十七年，城西邊，命鐸軫相地及造戰艦，因成樓船百三十艘。上置兵，下立馬，規制堅壯，稱旨。及西征，詔鐸軫率兵由别道進，會于河濱。敵兵阻河而陣，帝御戰艦絶河擊之，大捷而歸，親賜卮酒。仍問所欲，鐸軫對曰：「臣幸被聖恩，得効駑力，萬死不能報國，又將何求？」帝愈重之，手書鐸軫衣裙曰：「勤國忠君，舉世無雙。」卒于官，年七十。子低烈，歷觀察、節度使。

論曰：初，遼之謀復三關也，蕭惠贊伐宋之舉，而宋人增幣請和。狃於一勝，移師西夏，而勇智俱廢，敗潰隨之。豈非貪小利，迷遠圖而然。況所得不償所亡，利果安在哉？同時諸將撫綏邊圉，若迂魯忠勤不伐，鐸魯斡高情雅韻，鐸軫雖廉不逮蕭惠，〔一〕而無邀功啓釁之罪，亦庶乎君子之風矣。

〔一〕原鐸魯斡與鐸軫倒舛，誤作「鐸軫高情雅韻，鐸魯斡雖廉不逮蕭惠」，據本傳傳文改。又鐸魯斡，傳文作鐸盧斡。

〔補〕蕭袍魯，〔一〕出契丹望族。自遥輦至太祖開國而後，將相盈門。曾祖割輦，北宰相，金印紫綬，首居丞相之尊。祖解里，未仕，父奥斡，官至遥輦尅，以子貴，特贈同中書門下平章事。

袍魯姿貌岐嶷，喜議論王霸，尤尚刑政之學。早懷大志，嘗自比管仲、樂毅，興宗見而器之。寘以近班，入衛周廬，出陪制蹕。處事謹密忠勤，尋差知兵帳。

重熙中，興宗親征西夏，命押領殿中司一行兵馬，遂奮勇先登，連挫勁敵，洎王師凱旋，祖宮飲至賞功，授本府敞史。歷左金吾詳穩，改授松山州刺史，以能遷歸州觀察使，歲滿，遥領静江軍節度使，累遷匡義、彰聖、開遠、臨海等軍節度使。

國家以東鄙別部，風俗桀驁，難於鎮撫，命爲湯河女真詳穩，蒞任之後，德威兼施，衆畏而懷風，特授太子太傅，歲滿，大安元年冬，以南女直詳穩召拜北宰相。晚年願悠游林下，累乞還里，敦諭彌切，遂乃復起視事。俄於大安五年〔二〕以疾卒。年七十二。詔贈潞州節度使、同中書門下平章事，仍遣東京警巡使、司農少卿張可及充勑祭使，司農少卿、知遼西州軍州事楊恂如充勑葬使。以大安六年春歸葬於祺州娘子莊。娶耶律氏，橫帳前節度使曷魯不之女，早亡。次娶耶律氏，北大王帳故静江軍節度使陳家奴女，以爲繼室，亦早亡。繼娶次夫人妹，亦先逝。二子：撻烈，北面護衛；俞都姑。二女：渤魯里，適遥輦耶律猪兒。移信，適北面護衛耶律王七。孫五人：延郁、和尚、烏奪剌、割只哥、落姑。孫女二：曰特里得，曰烏者。

袍魯出累相之門，位處重臣，富而好禮，貴不期驕。而復尊賢好士，矜孤恤貧，亦盛矣哉。參蕭袍魯墓誌、紀

〔一〕本史卷二四道宗紀大安元年十一月，「以南女直詳穩蕭袍里爲北府宰相」。

〔二〕全遼文卷九蕭袍魯墓誌銘（原文作裕魯）作正月二十三日以疾卒。歸葬祺州，在六年三月十九日。

〔補〕陳覺，不知其里貫世系。自幼承隆慶秦晉國妃厚待。〔一〕妃固契丹貴婦中之佼佼者，知書能文，識治體。覺嘗奉妃教誨，令其就學，迨至登科出仕，得承獎掖之恩。咸雍三年（宋治平四年），宋英宗崩殂，覺奉命爲祭奠弔慰副使。〔二〕及妃薨，奉詔爲妃撰墓誌。銜署「翰林學士、中散大夫、行中書舍人、簽諸行宮都部署司事、輕車都尉、賜紫金魚袋臣陳覺奉敕撰」。覺精習佛典，貫通顯密。與圓通法師交誼甚厚，時相過從。嘗撰顯密圓通

成佛心要集序云：

昔如來居出世之尊，垂化人之道，闡揚大教，誘掖羣迷。開種種之門，方便雖陳於萬法；入圓圓之海，旨趣皆歸於一乘。然而顯教密宗，該性含相。顯之義，派分五教，總名素怛覽；密之部，囊括三藏，獨號陁羅尼。習顯教者，且以空有禪律而自違，不盡究竟之圓理；學密部者，但以壇印字聲而爲法，未知秘奥之神宗。遂使顯教密教，矛盾而相攻；性宗相宗，鑿枘而難入。互成非毁，謗議之心生焉；竟執邊隅，圓通之性懵矣。向非至智，孰融異端；事必有成，人能弘道。今顯密圓通法師者，時推英悟，天假辯聰。髫齡禮於名師，十五歷於學肆。參禪訪道，博達多聞。内精五教之宗，外善百家之奥。利名不染，愛惡非交。既而厭處都城，肆志巖壑。積累載之勤悴，窮大藏之淵源。撮樞要而誠誦在心、剖義理而若指諸掌。以謂所閲大小之教，不出顯密之兩途。皆證聖之要津，入真之妙道。覽其文體，則異猶盤盂，自列於方圓；歸乎正理，則同若器室，咸資於無有。而學者妄生異議，昧此通方。因是錯綜靈編，纂集心要。文成一卷，理盡萬途。會四教總歸於圓宗，收五密咸入於獨步。和乳酪之味，都作醍醐；採雲霞之滋，並爲甘露。誠諸部之會要，爲後人之指南。使披覽者，似獲隨意之珠，所求皆遂；遵依者，如食善見之果，無疾不瘳。覺學愧荒虚，辭非華麗，曾因暇日，得造吾師。每親揮麈之談，頗廣窺斑之見。屬當傳世，爰託

撰文。素慚舒理之能，聊作冠篇之引。讀其文，想見其爲人，由儒入釋，亦見當時風尚之一斑。參紀、宋會要、秦晉國妃墓誌銘

〔一〕覺若非蕭家宮分人，則或是其父、祖爲妃伴讀。全遼文卷八秦晉國妃墓誌銘：「臣爰自妙齡，幸蒙厚顧。嘗面奉誨諭，勗令就學，迨至登科，獎勵之恩也。故妃之徽懿，頗得諳悉。」

〔二〕宋會要禮二九歷代大行喪禮上：「治平四年六月，遼祭奠弔慰副使右諫議大夫、知制誥陳覺入奠大行皇帝神御於皇儀殿。」

〔補〕白萬德，真定人。爲契丹貴將，統緣邊兵七百餘帳。寧邊有豪傑，即萬德姻族，往往出境外見之，知軍柳開因使説萬德爲内應，挈幽州納王師，許以裂地封侯之賞，萬德許諾，來請師期，使未及還，會詔徙開知全州，事遂寢。參長編雍熙四年十二月

遼史補注卷九十四

列傳第二十四

耶律化哥　耶律斡臘　耶律速撒　蕭阿魯帶　耶律那也

耶律何魯掃古　耶律世良　〔補〕王澤　紀　綱　安裔

〔補〕韓資道

耶律化哥，字弘隱，孟父楚國王之後。善騎射。

乾亨初，爲北院林牙。統和四年，南侵宋，化哥擒諜者，知敵由海路來襲，即先據平州要地。事平，拜上京留守，遷北院大王。〔一〕十六年，復侵宋，爲先鋒，破敵于遂城，以功遷南院大王，尋改北院樞密使。〔二〕

開泰元年，伐阻卜，阻卜棄輜重遁走，俘獲甚多。帝嘉之，封豳王。〔三〕後邊吏奏，自化哥還闕，糧乏馬弱，勢不可守，上復遣化哥經畧西境。〔四〕化哥與邊將深入。聞蕃部逆命居翼只水，〔五〕化哥徐以兵進。敵望風奔潰，獲羊馬及輜重。

路由白拔烈，〔六〕遇阿薩蘭回鶻，掠之。都監裹里繼至，謂化哥曰：「君誤矣！此部實效順者。」化哥悉還所俘。諸蕃由此不附。上使按之，削王爵。以侍中遥領大同軍節度使，卒。

〔一〕按本史卷一二聖宗紀：「統和六年九月，化哥與朮不姑、春古里來貢。」似在上京留守任内。卷一三聖宗紀：「統和八年六月，以北院林牙磨魯古爲北院大王。」則化哥遷北院大王，應即在統和六年九月至八年六月期間。

〔二〕按本史卷一四聖宗紀，統和十六年五月始祭山告南伐，南伐在十七年九月。十八年正月，還南京賞有功將士。十九年十月南伐，當月以泥淖班師。二十年三月，遣北府宰相蕭繼遠等南伐。二十二年閏九月南伐，十一月次澶淵，宋請和。十二月班師。二十三年三月，以惕隱化哥爲南院大王。由統和八年至二十三年，在九年二月，耶律王六爲惕隱，十二年正月，耶律碩老爲惕隱。化哥爲惕隱，應在碩老任後。以功遷南院大王即侵宋戰功。卷一五聖宗紀：「統和二十九年六月，以南院大王化哥爲北院樞密使。」

〔三〕按本史卷一五聖宗紀：「北院樞密使耶律化哥封豳王。」在開泰二年正月。

〔四〕按本史卷一五聖宗紀在開泰二年五月。

〔五〕今額爾齊斯河。

〔六〕據伯希和考證，即別失八里以東之獨山城。

耶律斡臘，字斯寧，奚迭剌部人。趫捷有力，善騎射。保寧初，補護衛。車駕獵頡山，適豪猪伏叢莽，帝射中，猪突出。御者托滿捨轡而避，厩人鶻骨翼之，斡臘復射而斃。帝嘉賞。及獵赤山，適奔鹿奮角突前，路隘不容避，垂犯蹕。斡臘以身當之，鹿觸而顛。帝謂曰：「朕因獵，兩瀕于危，賴卿以免，始見爾心。」遷護衛太保。

從樞密使耶律斜軫破宋將楊繼業軍于山西。統和十三年秋，爲行軍都監，從都部署奚王和朔奴伐兀惹烏昭度，數月至其城。昭度請降。和朔奴利其俘掠，令四面急攻。昭度率衆死守，隨方捍禦。依埤垸虚構戰棚，誘我軍登陴，俄撤枝柱，登者盡覆。和朔奴知不能下，欲退。蕭恒德謂師久無功，何以藉口，若深入大掠，猶勝空返。斡臘曰：「深入，恐所得不償所損。」恒德不從，略地東南，循高麗北鄙還。道遠糧絶，人馬多死。詔奪諸將官，惟斡臘以前議得免。

尋加同政事門下平章事，爲東京留守。開泰中卒。

耶律速撒，字阿敏，性忠直簡毅，練武事。

應曆初，爲侍從，累遷突吕不部節度使。歷霸、濟、祥、順、聖五州都總管，〔一〕俄爲敦睦宮太師。保寧三年，改九部都詳穩。四年，伐党項，屢立戰功，〔二〕手詔勞之。

統和初，皇太后稱制，西邊甫定，速撒務安集諸蕃，利害輒具以聞，太后益信任之。〔三〕凡臨戎，與士卒同甘苦，所獲均賜將校。賞順討逆，威信大振。在邊二十年卒。

〔一〕按本史卷四八百官志四作「義、霸、祥、順、聖五州都總管」。

〔二〕按本史卷八景宗紀耶律速撒等獻党項俘在保寧七年三月，卷一〇聖宗紀乾亨四年十二月討阻卜。

〔三〕按本史卷一〇聖宗紀：「統和元年正月獻阻卜俘。以速撒破阻卜，下詔褒美。仍諭與大漢討党項諸部。二月，速撒奏討党項捷，遣使慰勞。十月，速撒奏敵烈部及叛蕃來降，悉復故地。二年十一月，速撒等討阻卜，殺其酋長撻剌干。」卷八五耶律題子傳：「統和二年，將兵與西邊詳穩耶律速撒討陀羅斤，大破之。」卷一〇聖宗紀統和三年閏九月，「速撒奏朮不姑諸部至近淀」。卷一一聖宗紀統和四年六月，「聞所遣宣諭回鶻、覈列哥國度里、亞里等爲朮不姑邀留，詔速撒賜朮不姑貨幣，諭以朝廷來遠之意，使者由是乃得行」。

蕭阿魯帶，字乙辛隱，烏隗部人。父女古，仕至糺詳穩。〔一〕阿魯帶少習騎射，曉兵法。清寧間始仕，累遷本部司徒，改烏古敵烈統軍都監。〔二〕大安七年，遷山北副部署。九年，達理得、拔思母二部來侵，率兵擊却之。達理得復劫牛羊去，阿魯帶引兵追及，盡獲所掠，斬渠帥數人。是冬，達理得等以三百餘人梗邊，復戰却之，斬首二百餘級，加金吾衞上將軍，封蘭陵縣公。壽隆元年，第功，加同中書門下平章事，進爵郡公，改西北路招討使。乾統三年，坐留宋俘當遣還者爲奴，免官。後被徵，以老疾致仕，卒。

〔一〕按張建立墓誌（一九八三年遼寧凌源縣宋杖子鄉出土）應作乣，不作糺。

〔二〕按本史卷二三道宗紀咸雍八年二月，「以討北部功，都監蕭阿魯帶（爲）烏古敵烈部詳穩，加左監門衞上將軍」。

耶律那也，字移斯輦，夷離菫蒲古只之後。

父斡，嘗爲北剋，〔一〕從伐夏戰歿。季父趙三，始爲宿直官，累遷至北面林牙。〔二〕咸雍四年，拜北院大王，改西南面招討使。大康中，西北諸部擾邊，議欲往討，帝以爲非趙三不可，遂拜西北路招討使，兼行軍都統，平之，以功復爲北院大王。

那也敦厚才敏。上以其父斡死王事，九歲加諸衛小將軍，爲題里司徒，尋召爲宿直官。大康三年，爲遥輦剋。〔三〕大安九年，爲倒塌嶺節度使。明年冬，以北阻卜長磨古斯叛，與招討都監耶律胡吕率精騎二千往討，破之。那也薦胡吕爲漢人行宫副部署。壽隆元年，復討達理得、拔思母等有功，〔四〕賜詔褒美，改烏古敵烈部統軍使，邊境以寧。部民乞留，詔許再任。乾統六年，拜中京留守，改北院大王，薨。

那也爲人廉介，長于理民，每有鬭訟，親覈曲直，不尚威嚴，常曰：「凡治人，本欲分别是非，何事迫脅以立名。」故所至以惠化稱。

〔一〕按本史卷二〇興宗紀重熙十八年十月及卷一一五西夏外記並作「南剋耶律斡里」。

〔二〕按本史卷二二道宗紀咸雍四年六月作北院林牙。

〔三〕按本史卷二四道宗紀大安二年六月，「以同知南京留守事耶律那也知右夷離畢事」。卷二五道宗紀大安四年六月，「以知右夷離畢事耶律那也同知南院樞密使事」。五年五月，「以同知南院樞密使事耶律那也知右夷離畢事」。

〔四〕原作「達里、拔里」，據本卷蕭阿魯帶傳補。本史卷二五道宗紀大安九年十月、十年二月，達理得亦作達理底。

耶律何魯掃古，字烏古鄰，孟父房之後。

重熙末，補祗候郎君。清寧初，加安州團練使。大康中，歷懷德軍節度使、奚六部禿里太尉。詔與樞密官措畫東北邊事，改左護衛太保。侍上，言多率易，察無他腸，以故上優貸之。

大安八年，知西北路招討使事。〔一〕時邊部耶覩刮等來侵，何魯掃古誘北阻卜酋豪磨古斯攻之，俘獲甚衆，以功加左僕射。復討耶覩刮等，誤擊磨古斯，北阻卜由是叛命。遣都監張九討之，〔二〕不克，二室韋與六院部、特滿羣牧、宮分等軍俱陷于敵。何魯掃古不以實聞，坐是削官，決以大杖。

壽隆間，累遷惕隱，兼侍中，賜保節功臣。道宗崩，與宰相耶律儼總山陵事。乾統中，〔三〕致仕，卒。

〔一〕大安八年，大安二字原脱。按何魯掃古，紀、屬國表亦作阿魯掃古，大康中未任西北路官職，惟紀、表大安九年三月，並有西北路招討使耶律阿魯掃古追磨古斯還，八年應是大安八年，據補。官名互歧。或有遷昇。

〔二〕按本史卷二五道宗紀大安九年三月與卷七〇屬國表並作都監蕭張九。

〔三〕按本史卷二六道宗紀壽隆六年五月，「以東京留守何魯掃古爲惕隱」。卷二七天祚帝紀乾統三年十一月，「以惕隱耶律何魯掃古爲南院大王」。

耶律世良，小字斡，六院部人。才敏給，練達國朝典故及世譜，上書與族弟敵烈争嫡庶，帝始識之。

時北院樞密使韓德讓病，帝問：「孰可代卿？」德讓曰：「世良可。」北院大王耶律室魯復問北院之選，德讓曰：「無出世良。」統和末，爲北院大王。

開泰初，因大册禮，加檢校太尉、同政事門下平章事。時邊部拒命，詔北院樞密使耶律化哥將兵，以世良爲都監，往禦之。明年，化哥還，將罷兵。世良上書曰：「化哥以爲無事而還，不思師老糧乏，敵人已去，焉能久守？若益兵，可克也。」帝即命化哥益兵，與世良追之。至安真河，大破而還。〔一〕自是，邊境以寧。以功王岐，拜北院樞密使。

三年，命選馬駝于烏古部。會敵烈部人夷剌殺其酋長稍瓦而叛，〔二〕鄰部皆應，攻陷巨母古城。世良率兵壓境，遣人招之，降數部，各復故地。

四年，伐高麗，爲副部署。都統劉慎行逗留失期，執還京師，世良獨進兵。明年，至北都護府，破追兵于郭州。〔三〕以暴疾卒。

論曰：大之懷小也以德，制之也以威。德不足懷，威不足制，而欲服人也難矣。化哥利俘獲，而諸蕃不附，何魯掃古誤擊磨古斯，而阻卜叛命，是皆喜於一旦之功，而不圖後日之患，庸何議焉。若斡臘之戒深入，速撒之務安集，亦鐵中之錚錚者邪！

〔一〕按本史卷一五聖宗紀開泰二年三月，「化哥以西北路畧平，留兵戍鎮州，赴行在」。五月，「復命化哥等西討」。七月，「化哥等破阻卜酋長烏八之衆」。索隱卷八：「安真河今名翁金河，一統志：河東南流，凡七百餘里，止於呼拉哈五郎泊，距河套西北可八百里。」

〔二〕按本史卷一五聖宗紀開泰三年九月，「八部敵烈殺其詳穩稍瓦，皆叛」。

〔三〕按本史卷一五聖宗紀開泰五年正月，「耶律世良、蕭屈烈與高麗戰於郭州西，破之，斬首數萬級，盡獲其輜重。師次南海軍，耶律世良薨於軍」。

〔補〕王澤字霑新，燕京人。祖讓，燕京染院使。父英，亦官燕京染院使。澤性純慈，好讀書，開泰七年登進士第。釋褐，授秘書省校書郎，次授營州軍事判官，尋宣充樞密院令史。太平五年，遷吏房令史，權主事。進士隸院職，自澤始也。七年，出爲武定軍節度判官，當年宣召授都官員外郎，充史館修撰，與故翰林學士承旨陳邈〔一〕同典是職，承命摛藻，多中旨意。霑新即聖宗賜字也。兼權大理少卿，次改除析津判官，時幽薊民饉，寇盜繁滋，獄憲輒以寬恤爲念，臨事直平，行己無玷，時譽推之。次授彰國軍節度副使。前後兩督鹺務，膏畬無潤，常調之外，復增一萬緡。重熙五年，興宗幸燕，澤以勳蘊饒羨求賞來覲，適子綱進士及第，授澤樞密副都承旨，加衛尉少卿，未踰旬，超授都丞旨、夏州觀察使。六年，充賀宋正旦副使，〔二〕使還復職數月，以本官知順州軍州事，朝廷以析津之地，兵戎重鎮，賦入當國計之半。民豐物阜，形勝之區，乃加給事中、知副留守事，改授漢人行宫都部署司事、知詳覆院事，當選儒宗，付以文柄，奉詔與散騎常侍張渥〔三〕考試析津貢舉，俄丁母憂，〔四〕奪情起復前職。十四年知涿州軍州事，〔五〕超授廣德軍節度使。

澤素重佛乘，淡於權利，懇乞致仕，不允。越明年，移鎮奉陵軍〔六〕節度使，未久，去職。遂燕居不仕，自妻李氏〔七〕殁後，十年未續繼室，惟與僧侶過從，間年，看法華經千三百餘部，每日持陁羅尼數十本，全藏教部，讀覽未竟，尤輕財喜施，精進修行，〔八〕於重熙二十二年〔九〕卒於私第，年六十五。

弟四人：惟善，在班祇候，早卒。清，西頭供奉官。滋，登進士第，右司郎中，史館修撰。潤，析津府文學。二子，紀、綱。〔一〇〕

紀，進士登第。知延慶宫提轄，〔一一〕上京留守推官，〔一二〕歷太常少卿，終於西京府少尹。〔一三〕子安裔。

綱，重熙五年，興宗御元和殿試進士時及第。十年，奉命與右監門衛上將軍蕭福善以光禄少卿、崇文館直學士銜入宋賀乾元節。〔一四〕十四年，又以樞密直學士、中書舍人、史館修撰與保静軍節度使耶律翰使宋，齎西征所獲馬三百匹、羊二萬只、九龍車一乘見於紫宸殿。〔一五〕二十二年自爲其父撰墓誌銘。興宗性高曠，崇佛道，僧有拜三公三師兼政事令者凡二十人，綱與姚景熙、〔一六〕馮立輩皆道流中人，曾遇帝於微行，後皆爲顯官。

安裔，自幼至壯，矢志好學，未曾有子弟之過。既而攻詞賦，大康五年進士及第，七年初出官，簽書涿州軍倅公事。九年，移授中京内省判官。大安二年，改澤州神山縣令。踐揚三任，每裁事疏通，流譽藹於時輩。三年卒。〔一七〕年四十七。娶天成軍節度使張少微之女，以子遼膺，封清河郡太君。

二子：遼，鄭州防禦使、知侍衛馬軍都虞候。慥，内供奉班祗候、左承制。女六人，二人出家，長者紫衣，次者德號。

參紀、長編、宋會要、契丹國志、王澤墓誌、王澤妻李氏墓誌、王安裔墓誌

〔一〕本史卷一七聖宗紀：太平九年六月，以耶律思忠、陳邈等充賀宋兩宮生辰及來歲正旦使副。

〔二〕長編仁宗景祐四年十二月作衛尉卿王澤。

〔三〕本史卷一八興宗紀重熙七年十一月，「以耶律元方、張泥、韓至德、蕭傅充賀宋生辰正旦使副」。長編仁宗寶元二年四月張泥作張渥，是。

〔四〕全遼文卷七王綱撰王澤墓誌銘：「公之先母李氏，盛年蚤逝，繼親仇氏，慕崇覺行，落髮爲尼。公伏臘給供，既豐且腆。」

〔五〕全遼文卷七重熙十四年王澤撰王澤妻李氏墓誌銘署：「夫大中大夫、行給事中、知涿州軍州事兼管内巡檢安撫屯田勸農等使、上柱國、開國侯、賜紫金魚袋王澤撰。」

〔六〕全遼文卷一一王安裔墓誌銘作廣陵軍。

〔七〕王澤妻李氏墓誌銘：「重熙十二年夏六月一日夜疾，薨於燕京永平坊之私第，春秋五十有三。」

〔八〕高麗史卷七：「文宗二年（重熙十七年）正月，契丹遣千牛衛大將軍王澤等來致國信。」

〔九〕王澤墓誌銘：「二月二十四日初夜，禮誦云畢，神色不渝，奄然而謝，次夕，薨於本第之正寢。」

〔一〇〕按王澤墓誌銘：「女三人，長法微，講大小乘經律。次適度支判官鄭濤。次崇辯，亦講大小乘經律。」

〔一一〕見王澤妻李氏墓誌銘。

〔一二〕見王澤墓誌銘。

〔一三〕見王安裔墓誌銘。

〔一四〕見長編仁宗慶曆元年四月。

〔一五〕見宋會要蕃夷二、長編仁宗慶曆五年十月。

〔一六〕姚景熙即景禧。本史避天祚諱作景行。卷九六有傳。

〔一七〕王安裔墓誌銘：「三年正月二十二日，疾終於故里私第。」

〔補〕韓資道，佐命功臣韓延徽六世孫也。曾祖倬，歷彰國、〔一〕遼興軍節度使，累贈至中書令。祖紹文，守太子太師、同中書門下平章事、魯國公致仕。〔二〕父造，諸宮制置使、檢校太尉。〔三〕母張氏，即守司徒兼中書令克恭〔四〕之女。資道成童志於學，弱冠善於書。清寧初，以廕授銀青崇禄大夫，檢校國子祭酒，行右衛率府副率，次奉宣閤門祗候，〔五〕旋加禮賓副使。次授供軍副使。莅事二年，功績顯著。續遷六宅副使、檢校工部尚書、宣省市買都監。尋轉西頭供奉官。〔五〕咸雍五年卒於燕京私第，〔六〕年三十一。葬於宛平縣魯郭里祖塋。子迎恩奴。

參墓誌、紀、傳、長編、高麗史、王師儒墓誌、陳襄語録

〔一〕本史卷一〇聖宗紀：「統和二年十月，以右武衛大將軍韓倬爲彰國軍節度使兼侍衛親軍兵馬都指揮使。」

〔二〕長編：「慶曆七年（重熙十六年，一〇四七）四月，契丹國母遣安肅軍節度使蕭德潤、給事中韓紹文來賀乾元節。」高麗史卷六：「靖宗九年（重熙十二年）十一月，契丹遣册封使蕭慎微、使副韓紹文等來，詔曰：『……今遣使左監門衛上將軍蕭慎微，使副尚書禮部侍郎韓紹文持節備禮册命。』」册文亦稱遣使蕭慎微、使副韓紹文。本史卷二一道宗紀：「清寧元年十二月，以參知政事、同知樞密院事韓紹文爲上京留守。」

〔三〕長編：「嘉祐四年（清寧五年）十二月，契丹國母遣歸德軍節度使耶律思寧、泰州觀察留後韓造來賀元正。」全遼文卷八耶律宗允墓誌銘：「清寧十年，申命晉州觀察使、金紫崇禄大夫、檢校太傅、遼西路錢帛都提點韓造充勑祭發引使。」本史卷二三道宗紀：「大康元年六月，知三司使事韓操以錢穀增羨，授三司使。」韓操即韓造。卷九八劉伸傳：「適燕、薊民飢，伸與致政趙徽、韓造日濟以糜粥，所活不勝算。」全遼文卷一〇王師儒墓誌銘：「夫人故同中書門下平章事、判三司使事兼贈中書令韓造之女，以公累封豐國夫人。天慶四年二月二十八日，終于燕京齊禮坊之第。」

〔四〕本史卷一六聖宗紀開泰七年十二月，「放進士張克恭等三十七人及第」。太平二年十月，「遣堂後官張克恭充賀夏國王李德昭生日使」。卷一八興宗紀重熙七年十二月，以宰臣張克恭守司空。全遼文卷八韓資道墓誌銘：「君即先夫人張氏所出，即守司徒兼中書令克恭之外孫也。」

〔五〕咸雍三年陳襄語録：「（燕京）有西頭供奉官韓資道賜臣等酒菓。」

〔六〕韓資道墓誌銘：「咸雍五年二月十二日終於燕京北羅坊之私第。以其年五月十九日葬於宛平縣房仙鄉魯郭里。」誌題「大遼國故六宅副使、銀青崇禄大夫、檢校工部尚書韓府君墓誌銘并序」。又「丞務郎、守祕書省著作郎、飛騎尉、賜緋魚袋李炎撰」。